# 일본어 구어역 마가복음의 언어학적 분석 Ⅳ

A Linguistic Anlaysis of the Colloquial Japanese Version of the Gospel of Mark Ⅳ

이성규

도서출판 시간의물레

『이 저서는 인하대학교의 지원에 의하여 연구되었음』
『This work was supported by INHA UNIVERSITY Research Grant』

일본어 구어역 마가복음의 언어학적 분석 IV
A Linguistic Anlaysis of the Colloquial Japanese Version of the Gospel of Mark IV

이성규

## 머리말

본 저서는『일본어 구어역 마가복음의 언어학적 분석Ⅰ·Ⅱ·Ⅲ』의 후속편으로 일본어 구어역(口語訳) 신약성서(新約聖書)의 마가복음(マルコによる福音書) 제14장에서 제16장까지를 언어자료로 삼아, 성서학적인 입장에서가 아니라 일본어학적 관점에서 그곳에 사용된 다양한 언어 소재를 분석함으로써 통상 일본어학이나 일본어 교육에서 주제로 삼지 않거나 지면이 제약되어 있는 어휘, 문형, 문법, 경어법까지 연구 대상에 포함하여 검토하는 것을 목적으로 한다.

일본어 성서에는 (1)日本聖書協会(1954)『聖書』日本聖書協会. (2)日本聖書協会(1978)『新約聖書』共同訳 日本聖書協会. (3)新改訳聖書刊行会(1970)『新改訳聖書』日本聖書刊行会. (4)日本聖書協会(1987)『聖書』(新共同訳) 日本聖書協会. (5)新約聖書翻訳委員会(1995)『岩波翻訳委員会訳』岩波書店. (6)回復訳編集部(2009)『オンライン聖書 回復訳』http://www.recoveryversion.jp/ 등의 소위 협회본(協会本) 및 (7)前田護郎(1983)『新約聖書』中央公論社. (8)柳生直行(1985)『新約聖書』新教出版社. (9)尾山令仁(2001)『現代訳聖書』現代訳聖書刊行会. (10) 高橋照男·私家版(2003)『塚本虎二訳 新約聖書·電子版03版』. (11)高橋照男編(2004)『BbB - BIBLE by Bible 聖書で聖書を読む』http://bbbible.com/ 등의 개인번역본이 있다.

『구어역성서(口語訳聖書)』는 제2차 세계대전 이후 개신교 신자들이 결성

한 일본성서협회(日本聖書協会)가 히브리어의 구약성서와 그리스어의 신약성서를 처음으로 일본어 구어체(口語体)로 발행한 성서이다.

메이지 이후 일본에서는 선교사 등의 기독교 신자 등이 성서를 문어체(文語体) 일본어로 번역한 「문어역성서(文語訳聖書)」를 발행했지만, 제2차 세계대전 이후에는 구어체 즉 현대어에 의한 일본어 번역이 뒤를 이었다. 그 중에서도 「구어성서(口語聖書)」「구어역성서(口語訳聖書)」 혹은 성서에 관해 단순히 「구어역(口語訳)」이라고 하면, 제일 먼저 가리키는 것이 「구어역성서(口語訳聖書)」이다. 신약성서는 1954년에, 구약성서는 1955년에 완성되는데, 제이외전(第二外典)은 포함되어 있지 않다.[1]

구어역 성서는 문어역 성서보다 이해하기 쉬워졌다고 하는 호평도 있지만, 한편으로 독자에 대한 호소력이나 논리적 명쾌성, 나아가 문장으로서의 기품 그리고 특히 문체(文体)에 관해서는 악평도 존재한다. 그밖에 인칭대명사를 부자연스럽게 통일시킨 점, 대우표현에 있어서의 일관성도 지적되고 있다. 그러나 다른 한편으로 영어 성서 [Revised Standard Version]에 기초하여 번역했다는 점에서 성서 번역의 질적 향상에 크게 기여했다고 긍정적인 평가를 내리는 주장도 있다.

구어역 마가복음에서는 일본어의 고유어와 한어가 다양하게 사용되고 있는데, 그 의미·용법에 있어서는 현대어와 일치하는 것도 있지만 그 중에는 고전어적인 어감을 살린 예도 존재한다.

구어역은 현대어역이기 때문에 그곳에 사용된 문형이나 문법 사항은 대체적으로 현대어와 일치하지만, 구어역에서만 사용되고 있는 예도 산견된다. 특히 조사, 부사, 지시사, 접속사, 조동사, 추론을 나타내는 형식, 연어, 접사어류에 관해서는 졸자가 기 집필한 도서나 관련 서적 그리고 인터넷 검색 등을 통해 다양한 용례를 인용하여 향후 이를 일본어교육에도 원용

---

1) 出典: フリー百科事典『ウィキペディア(Wikipedia)』
　https://ja.wikipedia.org/wiki/%E5%8F%A3%E8%AA%9E%E8%A8%B3%E8%81%96%E6%9B%B8에서 인용하여 일부 번역함.

할 수 있게끔 하였다.

특히 성서에서는 구어역(口語訳)에 국한되지 않고 높여야 할 대상 즉 경의 주체[하나님·예수]가 존재하고 있기 때문에 복수의 존경어 형식이 사용되고 있다. 또한 구어역 성서에서는 동작이나 작용을 분석적으로 표현하기 위해 일반 사전에 탑재되지 않는 복합동사를 포함하여 다양한 유형의 복합동사가 등장하고 있다. 일본어 성서를 적확히 이해하기 위해서는 이들 일본어 복합동사의 의미·용법을 상세히 검토할 필요가 있다.

연구의 최종 결과물은 한국어 번역이란 모습으로 제시되겠지만, 일본어 성서의 한국어 번역이란 점에서 기존의 한국어 성서와는 입장과 서술 내용이 다르기 때문에 색다른 언어 경관이 전개될 것으로 예상된다. 일본어 자료에 기초한 언어학적 관점에서의 결과이기에 접속사나 부사 등에 있어서 동어 반복이나 용장감 등으로 인하여 다소 어색하거나 부자연스러운 면이 있더라도 가능한 한 의역을 피하고 축어역(逐語訳)하는 방식으로 진행했다.

일본과 한국에서는 여러 유형의 성서가 발간되어 있는데, 이들 성서를 대조언어학적 관점에서 조감하여 양자 간의 유사성과 차이점을 살펴보고 의미 있는 내용에 관해서는 번역 단계에서 적극 반영했다

2020년 4월

李成圭

**[범례(凡例)]**

1. 본 저서는 日本聖書協会(1954)에서 간행한 『聖書』(口語訳)[pp. (新)1-(新)409]을 저본(底本)을 하되, 표기에 있어서는 일본어학 및 일본어교육의 편익을 도모하고자 본문 비판을 행하고 「平仮名」로 되어 있는 부분을 다수 「漢字」로 바꾸었다.

2. 저본에서 장절(章節)로 구성되어 있는 본문을 フランシスコ会聖書研究所(1984)에서 간행한 『新約聖書』에 따라 단락 구분을 해 두었다.

3. 인명과 지명 등의 고유명사의 한글 표기에 관해서는 대한성서공회(2001)에서 간행한 『표준새번역 성경』에 따른다.

# Contents

**XIV**

マルコによる福音書(ふくいんしょ)
第14章

〖88〗[マルコによる福音書 14:1 – 14:2] ……… 10
〖89〗[マルコによる福音書 14:3 – 14:9] ……… 14
〖90〗[マルコによる福音書 14:10 – 14:11] …… 33
〖91〗[マルコによる福音書 14:12 – 14:16] …… 36
〖92〗[マルコによる福音書 14:17 – 14:21] …… 48
〖93〗[マルコによる福音書 14:22 – 14:25] …… 58
〖94〗[マルコによる福音書 14:26 – 14:31] …… 64
〖95〗[マルコによる福音書 14:32 – 14:36] …… 76
〖96〗[マルコによる福音書 14:37 – 14:42] …… 88
〖97〗[マルコによる福音書 14:43 – 14:50] …… 95
〖98〗[マルコによる福音書 14:51 – 14:52] …… 105
〖99〗[マルコによる福音書 14:53 – 14:54] …… 106
〖100〗[マルコによる福音書 14:55 – 14:61] …… 108
〖101〗[マルコによる福音書 14:61 – 14:64] …… 116
〖102〗[マルコによる福音書 14:65] …………… 128
〖103〗[マルコによる福音書 14:66 – 14:72] …… 130

## XV

マルコによる福音書(ふくいんしょ)
第15章

⟦104⟧ [マルコによる福音書 15:1 – 15:5] ……… 141
⟦105⟧ [マルコによる福音書 15:6 – 15:15] ……… 148
⟦106⟧ [マルコによる福音書 15:16 – 15:19] ……… 172
⟦107⟧ [マルコによる福音書 15:20 – 15:22] ……… 178
⟦108⟧ [マルコによる福音書 15:23 – 15:24] ……… 182
⟦109⟧ [マルコによる福音書 15:25 – 15:28] ……… 185
⟦110⟧ [マルコによる福音書 15:29 – 15:32] ……… 190
⟦111⟧ [マルコによる福音書 15:33 – 15:41] ……… 196
⟦112⟧ [マルコによる福音書 15:42 – 15:47] ……… 216

## XVI

マルコによる福音書(ふくいんしょ)
第16章

⟦113⟧ [マルコによる福音書 16:1 – 16:8] ……… 226
⟦114⟧ [マルコによる福音書 16:9 – 16:11] ……… 242
⟦115⟧ [マルコによる福音書 16:12 – 16:13] ……… 246
⟦116⟧ [マルコによる福音書 16:14 – 16:18] ……… 249
⟦117⟧ [マルコによる福音書 16:19 – 16:20] ……… 256

색인 ……………………………………………………………………… 264
참고문헌 일람 ………………………………………………………… 274

# XIV. マルコによる福音書 第14章

⟪88⟫ [マルコによる福音書 14:1 - 14:2]

> さて、[1]過越(すぎこし)と[2]除酵(じょこう)との祭(まつ)りの二日(ふつか)前(まえ)になった。祭司長(さいちょう)たちや律法(りっぽう)学者(がくしゃ)たちは、[3]策略(さくりゃく)をもってイエスを[4]捕(とら)えた上(うえ)、[5]何(なん)とかして殺(ころ)そうと計(はか)っていた。[マルコによる福音書 14:1]
> (그런데, 유월절과 무교절 이틀 전이 되었다. 대제사장들과 율법학자들은 책략으로 예수를 잡은 후에 어떻게 해서든지 죽이려고 획책하고 있었다.[14:1])

[1]過越(すぎこし)の祭(まつ)り: 유월절. 오순절. 페사흐[Passover].
　페사흐[Pessah]는 이집트에서 노예 생활을 하던 이스라엘 민족이 모세의 인도로 이집트를 벗어난 출애굽 사건을 기념하는 날이다. 유월절(逾越節)이라고도 하며 오순절(五旬節), 초막절(草幕節)과 함께 유대교의 3절기 중 하나로 불리는 페사흐는 이스라엘 민족의 희망과 구원에 관한, 유대교에서 가장 중요한 축제다. 유대 달력으로 1월인 니산(Nisan)월 14번째 날에 시작해 7일 동안 이어지는데, 그레고리력으로는 보통 3월 말에서 4월 사이에 해당한다.[2]

[2]除酵(じょこう)の祭(まつ)り : 무교절[無酵節, the Feast of Unleavened Bread].
　유월절(1월 14일) 다음날부터 7일간 지키는 절기(출 12:17; 23:15; 34:18; 레 23:6;

---

[2] [네이버 지식백과] 페사흐 [Passover] (세계의 축제·기념일 백과, 다빈치 출판사)에서 인용.
https://terms.naver.com/entry.nhn?docId=2076176&cid=42836&categoryId=42836

대하 35:17). 절기 동안 무교병을 먹는다 하여 붙여진 이름이다. 출애굽 전날 밤 무교병을 먹으며 출애굽을 준비한 데서 기원한다. 히브리 종교력으로 1월인 아빕 월(양력 3-4월경) 15일부터 21일까지 지켜졌다.

무교절을 지키는 방법으로는 ① 우선 집안에서 누룩을 모두 제할 것(출 12:19). ② 7일 동안 무교병을 먹을 것(레 23:6). ③ 첫날에 성회로 모이며 아무 노동도 하지 말 것(출 12:16; 레 23:7; 민 28:18, 25). ④ 7일 동안 매일 여호와께 화제(火祭)를 드릴 것(레 23:8). ⑤ 제7일에도 성회로 모이고 아무 노동도 하지 말 것(레 23:8) 등이다.

한편, 유월절과 무교절은 절기를 지키는 날짜나 절기의 기원, 그리고 절기의 의미에 있어 차이가 없기 때문에 훗날에는 구분 없이 지켜졌으며, 신약에서는 '유월절이라 하는 무교절'로 불리기도 하였다(눅 22:1).[3]

[3] 策略(さくりゃく)をもって : 책략으로 「〜をもって」는 수단·방법을 나타낸다.

[4] 捕(と)らえた上(うえ) : 잡은 다음. 잡고 나서. 「〜上(うえ)·〜上(うえ)で」는 「동작성 명사+の+上(うえ)·上(うえ)で」나 「동사의 과거형+上(うえ)·上(うえ)で」로 쓰여 「XしてからYする ; {X하고 나서·X한 다음·X한 결과에 기초하여} Y하다」의 의미를 나타낸다. 그리고 미래의 의지적인 행위(예정·결의 등)를 표현할 때에도 사용할 수 있다.

[예] 予約(よやく)の時間(じかん)を確認(かくにん)のうえ、ご来店(らいてん)ください。
(예약 시간을 확인하고 나서 상점에 오시기 바랍니다.)
応募(おうぼ)用紙(ようし)に必要事項(ひつようじこう)を記入(きにゅう)のうえ、参加店(さんかてん)に備付(そなえつけ)の応募(おうぼ)ボックスに投函(とうかん)するか、郵送(ゆうそう)でご応募(おうぼ)ください。
(응모 용지에 필요 사항을 기입한 다음, 참가 상점에 비치된 응모박스에 투함하든가 우송으로 응모해 주십시오.)

---

3) [네이버 지식백과] 무교절 [無酵節, the Feast of Unleavened Bread] (라이프성경사전, 2006. 8. 15., 생명의말씀사)에서 인용. https://terms.naver.com/entry.nhn?docId=2392185&cid=50762&categoryId=51387

よく検討(けんとう)した上(うえ)で、ご判断(はんだん)ください。
(잘 검토하고 나서 판단해 주십시오.)
両親(りょうしん)と相談(そうだん)した上(うえ)で、イギリスへの留学(りゅうがく)を決(き)めた。
(부모님과 상의하고 나서 영국으로의 유학을 결정했다.)
本物(ほんもの)か偽物(にせもの)かどうかよく調(しら)べた上(うえ)で、購入(こうにゅう)を決(き)めた。
(진짜인지 가까인지 어떤지 잘 조사하고 나서 구입을 결정했다.)
滞在先(たいざいさき)の治安(ちあん)を確認(かくにん)した上(うえ)で、旅行(りょこう)へ行(い)くかどうか決(き)めましょう。
(체재할 곳의 치안을 확인한 다음, 여행을 갈까 어떨까 결정합시다.)
もう一度(いちど)診断(しんだん)をした上(うえ)で、手術(しゅじゅつ)の日時(にちじ)を決(き)めることにしよう。
(다시 한 번 진단을 받고 나서 수술 일시를 정하기로 하자.)
近々(ちかぢか)、お電話(でんわ)差(さ)し上(あ)げました上(うえ)、お目(め)にかかりたく存(ぞん)じておりますので、その節(せつ)はいろいろとご指導(しどう)いただきたく存(ぞん)じております。
(근간 전화 드리고 나서 만나 뵙고 싶사오니 그 때는 여러 가지로 지도해 주시기를 부탁드리옵니다.)

[5] 何(なん)とかして : 어떻게 해서든지. 여러 가지 노력을 해서. 꼭.

　[例] 容易(ようい)に尻尾(しっぽ)はつかませないだろうが、何(なん)とかして証拠(しょうこ)をつかみたいんだよ。
(쉽게 꼬리를 잡히게 하지 않겠지만, 어떻게 해서든지 증거를 잡고 싶어.)
広子(ひろこ)さんも家族(かぞく)の気持(きも)ちが良(よ)く分(わ)かるし、自分(じぶん)でも何(なん)とかして家族(かぞく)の期待(きたい)に応(こた)えたいと思(おも)っている。

(히로코 씨도 가족의 기분을 잘 알고 있고, 스스로도 어떻게 해서든지 가족의 기대에 부응하고 싶다고 생각하고 있다.)

> 彼(かれ)らは、「祭(まつり)の間(あいだ)は[1]いけない。[2]民衆(みんしゅう)が[3]騒(さわ)ぎを起(お)こすかも知(し)れない」と言(い)っていた。[マルコによる福音書 14:2]
> (그들은 "명절 기간 동안은 안 된다. 민중이 소동을 일으킬지도 모른다."고 말했다.[14:2])

[1]いけない : 좋지 않다. 안 된다. 바람직하지 못하다.
　[例] あの人のどこがいけないのですか。
　　　(그 사람의 어디가 좋지 않습니까?)
　　　かぜをひくといけないから、早(はや)く帰(かえ)って休(やす)んでください。
　　　(감기에 걸리면 안 되니까, 빨리 돌아가 쉬세요.)
　　　有利(ゆうり)な条件(じょうけん)を得(え)るために戦争(せんそう)終結(しゅうけつ)の時期(じき)を逸(いっ)することはいけない。
　　　(유리한 조건을 얻기 위해 전쟁 종결 시기를 놓치는 것은 좋지 않다.)
[2] 民衆(みんしゅう)が騒(さわ)ぎを起(お)こすかも知(し)れない」と言(い)っていた : 민중이 소동을 일으킬지도 모른다고 말했다. 「~と言(い)っていた」는 전문(伝聞)을 나타내는 형식으로 한국어의 「~라고 (말)했다」에 대응하기 때문에 단순 과거를 나타내는 「~と言(い)った : ~라고 (말)했다」와 구별이 안 되니 주의한다.
　[例] 帰(かえ)りが遅(おそ)くなると言(い)っていたので、食事(しょくじ)の用意(ようい)をしてなかったんです。
　　　(귀가가 늦어진다고 했기 때문에 식사 준비를 하지 않았습니다.)
　　　安蘇(あそ)に向(む)かって夫婦(ふうふ)は「一心(いっしん)同体(どうたい)」ではなく「二心(にしん)異体(いたい)」だと言(い)っていた。

(아소를 향해 부부는 「일심동체」가 아니라 「이심이체」라고 했다.)

3時(さんじ)の飛行機(ひこうき)で着(つ)くと言(い)っていたから、もうそろそろ現(あらわ)れるはずです。

(3시 비행기로 도착한다고 했으니까 이제 슬슬 나타날 겁니다.)

「主(しゅ)は、ほんとうによみがえって、シモンに現(あらわ)れなさった」と言(い)っていた。[口語訳 / ルカによる福音書 24:34]

("주께서 정말로 다시 살아나셔, 시몬에게 나타나셨다." 라고 했다.)[누가복음 24:34]

[3] 騒(さわ)ぎを起(お)こす : 소동을 일으키다.

[例]「お静(しず)かにお帰(かえ)り願(ねが)います」騒(さわ)ぎを起(お)こさないでくれと言(いっ)ているのだ。

(「조용히 돌아가 주시기를 부탁드립니다.」소동을 피우지 말라고 말하는 것이다.)

自分(じぶん)の賭(か)けている側(がわ)の選手(せんしゅ)が不利(ふり)になると、わざと混乱(こんらん)や騒(さわ)ぎを起(お)こして試合(しあい)を不成立(ふせいりつ)にもっていくという手(て)もよく使(つか)われたという。

(자기가 걸고 있는 쪽의 선수가 불리해지면 일부러 혼란이나 소동을 일으켜서 시합을 불성립으로 가지고 가는 수도 자주 사용된다고 한다.)


《89》 [マルコによる福音書 14:3 - 14:9]

イエスがベタニヤで、[1]重(おも)い皮膚病(ひふびょう)の人(ひと)シモンの家(いえ)にいて、[2]食卓(しょくたく)に着(つ)いておられたとき、一人(ひとり)の女(おんな)が、非常(ひじょう)に[3]高価(こうか)で純粋(じゅんすい)な[4]ナルドの香油(こうゆ)が入(い)れてある[5]石膏(せっこう)のつぼを持(も)って来

(き)て、それをこわし、[6]香油(こうゆ)をイエスの頭(あたま)に注(そそ)ぎか
けた。[マルコによる福音書 14:3]
(예수께서 베다니에서 심한 피부병을 앓고 있는 사람 시몬의 집에 있
다가 식탁을 앉아 계셨을 때 한 여자가 대단히 비싸고 순수한 나드 향
유가 들어 있는 석고 항아리를 가지고 와서 그것을 깨뜨리고 향유를
예수의 머리에 끼얹었다.[14:3])

[1]重(おも)い皮膚病(ひふびょう)の人(ひと) : 심한 피부병을 앓고 있는 사람.

[2]食卓(しょくたく)に着(つ)いておられる : 식탁에 앉아 계시다.「着(つ)いておられる」
는「着(つ)いている」의 レル형 경어.

[例]するとそのとき、その町(まち)で罪(つみ)の女(おんな)であったものが、パリサイ人
(びと)の 家(いえ)で食卓(しょくたく)に着(つ)いておられることを聞(き)いて、香油
(こうゆ)が入(い)れてある石膏(せっこう)のつぼを持(も)ってきて、[口語訳 / ルカ
による福音書 7:37]
(그러자 그때 그 동네에서 죄를 지은 여자였던 사람이 바리새파 사람의
집에서 식탁에 앉아 계시다는 것을 듣고, 향유가 들어 있는 석고로 만든
항아리를 가지고 와서,)[누가복음 7:37]

[3]高価(こうか)で純粋(じゅんすい)だ : 고가이고 순수하다. 비싸고 순수하다. 2개의
형용동사가 단순 연결되어 뒤에 오는「ナルドの香油(こうゆ) ; 나드 향유」를 수
식·한정하고 있다.

[例]そのため、国際関係(こくさいかんけい)や文化(ぶんか)·芸能(げいのう)の仕事
(しごと)に携(たずさ)わる者(もの)は、東京(とうきょう)での高価(こうか)で狭小
(きょうしょう)な住居(じゅうきょ)を強(し)いられる。
(그 때문에 국제관계나 문화·예능 일에 종사하는 사람은 도쿄에서의 고
가에 협소한 주거를 강요받는다.)
高価(こうか)で希少(きしょう)なゴールデンドラゴンウーロンなど、そのラインアッ

プはマニアも驚(おどろ)くほど。

(고가에 희소한 골든 드래건 우롱 등, 그 라인업은 마니어도 놀랄 정도.)

高価(こうか)で贅沢(ぜいたく)な品物(しなもの)は、その前(まえ)に延(の)びる道路(どうろ)を少(すこ)し行(い)った大(おお)きな店(みせ)でなければ買(か)えなかった。

(고가에 사치스러운 물건은 그 앞에 연장된 도로를 조금 간, 큰 가게가 아니면 살 수 없었다.)

この絣(かすり)が複雑(ふくざつ)であればあるほど、高価(こうか)で貴重(きちょう)な結城(ゆき)であるという証明(しょうめい)でもあります。

(이 「가스리(붓으로 살짝 스친 것 같은 잔무늬가 있는 천)」가 복잡하면 복잡할수록 비싸고 귀중한 유키라고 하는 증거이기도 합니다.)

現在(げんざい)でも、天然産(てんねんさん)は非常(ひじょう)に高価(こうか)で、品薄(しなうす)だと聞(き)いております。

(현재도 천연산은 대단히 고가이고 상품이 달린다고 듣고 있습니다.)

[4]ナルドの香油(こうゆ)が入(い)れてある : 나드 향유가 들어 있다. 「入(い)れてある」는 결과의 상태로 쓰이고 있다.

[例]がらんとした部屋(へや)の中(なか)には冷蔵庫(れいぞうこ)が用意(ようい)されており、中(なか)には数日分(すうじつぶん)の食糧(しょくりょう)が入(い)れてある。

(텅 빈 방 안에는 냉장고가 준비되어 있고, 안에는 며칠 분의 식량이 들어 있다.)

そこに、酢(す)いぶどう酒(しゅ)がいっぱい入(い)れてある器(うつわ)がおいてあったので、人々(ひとびと)は、このぶどう酒(しゅ)を含(ふく)ませた海綿(かいめん)をヒソプの茎(くき)に結(むす)びつけて、イエスの口(くち)もとにさし出(だ)した。

[口語訳 / ヨハネによる福音書 19:29]

(거기에 신 포도주가 가득 담긴 그릇이 놓여 있어서, 사람들은 이 포도주를 듬뿍 적신 해면을 히솝[hyssop] 줄기에 매어 예수의 입가에 내밀었다.)

[요한복음 19:29]

[5]石膏(せっこう)のつぼ : 석고 항아리.

[6]香油(こうゆ)を頭(あたま)に注(そそ)ぎかける : 향유를 머리에 붓다[끼얹다]. 「注(そそ)ぎかける」는 복합동사 「注(そそ)ぎ＋かける」

[例]煮(に)えたぎったものを上(うえ)から注(そそ)ぎかけて賊兵(ぞくへい)を全滅(ぜんめつ)させた。
(펄펄 끓어오르는 것을 위에서 끼얹어, 반군을 전멸시켰다.)

彼(かれ)はミモザを作(つく)るためにオレンジジュースをグラスに注(そそ)ぎかけたが、妙(みょう)な光景(こうけい)がくっきりと脳裏(のうり)に浮(う)かんで見(み)えた。
(그는 미모사 샐러드를 만들기 위해 오렌지 주스를 글라스에 부었는데, 묘한 광경이 또렷이 뇌리에 떠올라 보였다.)

> すると、ある人々(ひとびと)が[1]憤(いきどお)って[2]互(たがい)に言(い)った、「何(なん)のために香油(こうゆ)をこんなに[3]無駄(むだ)にするのか。[マルコによる福音書 14:4]
> (그러자, 어떤 사람들이 분개하며 서로 이야기했다. "무엇 때문에 향유를 이렇게 허비하느냐?"[14:4])

[1]憤(いきどお)る : 분개하다. 성내다. 화를 내다.

[例]たいていは自分(じぶん)のことは棚(たな)に上(あ)げて、他人(たにん)の聞(き)く態度(たいど)に憤(いきどお)っているのである。
(대개는 자기에 관한 것을 짐짓 모른 체하며 문제 삼지 않고 다른 사람이 듣는 태도에 분개한다.)

俺(おれ)が憤(いきどお)っているうちに、なんと、新手(しんて)の「山手線(やまのてせん)」の電車(でんしゃ)がホームに滑(すべ)り込(こ)んで来(き)たのだった。
(내가 화를 내고 있는 사이에, 아니, 신형 「야마노테센」 전철이 홈에 미끄러져 들어왔다.)

[2]互(たが)いに言(い)った : 서로 이야기했다. 「互(たが)いに」가 발화동사 「言(い)う」와 같이 쓰이는 예를 들면 다음과 같다.

[例]二人(ふたり)は黙(だま)った。互(たが)いに言(い)うべきことは言(い)い尽(つ)くした。

(두 사람은 말을 하지 않았다. 서로 말해야 할 것은 다 말했다.)

お互(たが)い言(い)わなくても察(さっ)するような思(おも)いやりを重視(じゅうし)します。

(서로 말하지 않아도 헤아리는 그런 배려를 중시합니다.)

枚数(まいすう)、値段(ねだん)をお互(たが)いに言(い)い合(あ)って、条件(じょうけん)が近(ちか)ければ交渉(こうしょう)に入(はい)るし、条件(じょうけん)が違(ちが)いすぎればさようならだ。

(매수, 가격을 서로 말하고 조건이 맞으면 교섭에 들어가고 조건이 너무 다르면 끝이다.)

[3]無駄(むだ)にする : 낭비하다. 허비하다. 헛되이 쓰다. 형용동사 「無駄(むだ)だ ; 헛되다」의 연용형 「無駄(むだ)に」가 부사적으로 사용되어 「する」와 결합한 것.

[例]このような状況(じょうきょう)のもとでは時間(じかん)を無駄(むだ)にするわけにはいかないからね。

(이와 같은 상황 하에서는 시간을 허비할 수는 없으니까요.)

基本的(きほんてき)に食(た)べ物(もの)を無駄(むだ)にするのは嫌(きら)いですが、他人(たにん)が箸(はし)をつけたものを食(た)べることはできないと思(おも)います。

(기본적으로 음식을 허비하는 것은 싫어합니다만, 다른 사람이 젓가락을 댄 것을 먹을 수 없다고 생각합니다.)

---

この香油(こうゆ)を[1]三百(さんびゃく)デナリ以上(いじょう)にでも売(う)って、[2]貧(まず)しい人(ひと)たちに[3]施(ほどこ)すことができたのに」。そして女(おんな)を[4]厳(きび)しく咎(とが)めた。[マルコによる福音書 14:5]

> (이 향유를 3백 데나리온 이상에 팔아서, 가난한 사람들에게 베풀 수가 있었을 텐데." 그리고 여자를 엄히 책망했다.[14:5])

[1] 三百(さんびゃく)デナリ以上(いじょう)にでも売(う)る : 3백 데나리온 이상으로[이상으로라도] 팔아서. 「～にでも売(う)る」의 「～にでも」는 격조사 「～に」에 부조사 「～でも」가 삽입된 것.

  [例] 最初(さいしょ)は狭(せま)い島(しま)だから誰(だれ)にでも売(う)るわけにはいかないと、持(も)ち主(ぬし)からはいい返事(へんじ)が返(かえ)ってこなかった.
  (처음에는 섬이 좁으니 누구에게나 팔 수 없다고 소유자로부터는 좋은 대답이 돌아오지 않았다.)

[2] 貧(まず)しい人(ひと)たちに施(ほどこ)す : 가난한 사람들에게 베풀다[주다].

  [例] したがって、恩恵(おんけい)を施(ほどこ)すためには、まず刑罰(けいばつ)を厳(きび)しくしなければならない.
  (따라서 은혜를 베풀기 위해서는 우선 형벌을 엄격하게 하지 않으면 안 된다.)
  そして必然的(ひつぜんてき)に有益(ゆうえき)な教訓(きょうくん)を、人々(ひとびと)に施(ほどこ)すことができなければ意味(いみ)がないからである.
  (그리고 필연적으로 유익한 교훈을 사람들에게 줄 수 없으면 의미가 없기 때문이다.)

[3] [施(ほどこ)す]ことができたのに : [베풀] 수가 있었을 텐데. 「～のに」는 역접을 나타내는 접속조사로 가능의 「～ことができる」의 과거에 접속되어 쓰이고 있다.

  [例] 私(わたし)には、一方(いっぽう)で、いつも彼女(かのじょ)の誓約(せいやく)を疑(うたが)うことができなかったのに、他方(たほう)で、彼女(かのじょ)の釈明(しゃくめい)は私(わたし)の理性(りせい)を満足(まんぞく)させなかった.
  (내게는 한편으로 언제나 그녀의 서약을 의심할 수 없었음에도 불구하고, 다른 한편으로 그녀의 해명은 내 이성을 만족시키지 않았다.)

住民票(じゅうみんひょう)があれば、これらの共有(きょうゆう)財産(ざいさん)を利用(りよう)することができたのに、住民権(じゅうみんけん)がなければ、たとえその町(まち)や村(むら)に住(す)むことができても、これらの共有(きょうゆう)財産(ざいさん)を利用(りよう)することはできなかった。
　　(주민표가 있으면 이들 공유 재산을 이용할 수 있었겠지만, 주민권이 없으면 설령 그 도시나 마을에 살 수 있어도 이들 공유 재산을 이용할 수는 없었다.)

[4]厳(きび)しく咎(とが)める : 엄히 책망하다.
　[例]授業中(じゅぎょうちゅう)であっても私語(しご)を厳(きび)しく咎(とが)めたりして、芽生(めば)えはじめてきたコミュニケーション能力(のうりょく)の萌芽(ほうが)を摘(つ)み取(と)るようなことだけは絶対(ぜったい)にしなかった。
　　(수업 중이라고 하더라도 잡담을 엄히 책망하거나 해서 싹트기 시작해 온 커뮤니케이션 능력의 맹아를 뜯는 그런 일만은 절대로 하지 않았다.)

> すると、イエスは言(い)われた、「[1]するままにさせておきなさい。なぜ女(おんな)[2]を困(こま)らせるのか。[3]わたしによい事(こと)をしてくれたのだ。[マルコによる福音書 14:6]
> (그러자 예수께서 말씀하셨다. "[그녀가] 하는 대로 하게끔 내버려 두어라. 왜 여자를 난처하게 만드느냐? 나를 위해 좋은 일을 했다."[14:6])

[1]するままにさせておく : 하는 대로 하게끔 내버려 두다. 「する」가 형식명사 「〜まま」와 격조사 「〜に」가 결합한 「〜ままに」에 접속해서 그것에 사역의 「させる」가 붙고 그 전체에 보조동사 「〜ておく」가 연결된 것. ← [[[する]+ままに]+させる]+ておく]
　[例]イエスは言(い)われた、「この女(おんな)のするままにさせておきなさい。わたしの葬(ほうむ)りの日(ひ)のために、それをとっておいたのだから。[口語訳 / ヨハネに

よる福音書 12:7]

(예수께서 말씀하셨다. 이 여자가 하는 대로 하게끔 내버려 두어라. 내 장례 날을 위해 그것을 간직해 둔 것이니까.)[요한복음 12:7]

二十年(にじゅうねん)経(た)とうが、三十年(さんじゅうねん)経(た)とうが、あきらめられるものか。死(し)んだままにさせておくわけにはいかないじゃないか、かわいそうに。

(20년이 지나든 30년이 지나든 포기할 수 있겠는가. 죽은 대로 내버려 둘 수는 없지 않느냐? 불쌍하게도.)

[2] 困(こま)らせる : 곤란하게 [난처하게] 만들다. 「困(こま)る」의 사역.

[例] 私(わたし)は付(つ)き合(あ)い始(はじ)めると一自分(じぶん)からは告白(こくはく)したことがありません一わざと彼(かれ)を困(こま)らせるようなことを平気(へいき)でやってしまいます。

(나는 사귀기 시작하면 – 제 쪽에서는 고백한 일이 없습니다 – 일부러 그를 난처하게 만드는 그런 일을 아무렇지도 않은 듯이 해 버립니다.)

[3] わたしによい事(こと)をしてくれたのだ : 내게 좋은 일을 해 주었다. 나를 위해 좋은 일을 했다. 「~てくれる」는 한국어의 「~해 주다」에 해당하는 수수표현으로 원래 상대나 상대 쪽에서 화자나 화자 쪽에 어떤 행위를 해 줄 때 쓰는 형식이다. 일본어의 수수표현은 한국어의 그것에 비해 언어적으로 분화되어 있어, 본문의「~てくれる」처럼「~해 주다」로 옮기면 어색한 경우가 있다. 즉「~てくれる」가「~해 주다」에 대응하지 않고「~하다」에 대응하는 예도 있으니 주의한다.

[例] 君(きみ)が早(はや)く仕事(しごと)に慣(な)れてくれないと、困(こま)るよ。

(자네가 빨리 일에 익숙해지지 않으면 곤란해.)

このカナリヤは、とてもいい声(こえ)で鳴(な)いてくれるんですよ。

(이 카나리아는 무척 아름다운 소리를 낸답니다.)

彼(かれ)の練習(れんしゅう)の時(とき)は、いつもコーチが一緒(いっしょ)に走(はし)ってくれるんです。

(그가 연습할 때는 언제나 코치가 함께 달립니다.)

学校(がっこう)の帰(かえ)りに弟(おとうと)さんに会(あ)いました。『こんにちは』って元気(げんき)よくあいさつしてくれましたよ。

(학교에서 돌아오는 길에 남동생을 만났습니다.『안녕하세요』라고 큰소리로 힘차게 인사를 하더군요.)

久(ひさ)しぶりで雨(あめ)が降(ふ)ってくれたので、農家(のうか)の人(ひと)たちは喜(よろこ)んでいます。

(오래간만에 비가 내렸기 때문에 농가 사람들은 기뻐하고 있습니다.)[4]

---

貧(まず)しい人(ひと)たちはいつもあなたがたと一緒(いっしょ)にいるから、したいときにはいつでも、[1]よい事(こと)をしてやれる。しかし、[2]わたしはあなたがたといつも一緒(いっしょ)にいるわけではない。[マルコによる福音書 14:7]

(가난한 사람들은 언제나 너희와 함께 있으니, 하고 싶을 때에는 언제라도 좋은 일을 해 줄 수 있다. 그러나 나는 너희와 늘 함께 있는 것은 아니다.[14:7])

---

[1]よい事(こと)をしてやれる : 좋은 일을 해 줄 수 있다. 「~てやる」는 화자나 화자 쪽에서 상대나 상대 쪽에 어떤 행위를 해 주는 것을 나타내는 형식으로 「してやれる」는 수수표현 「してやる ; 해 주다」의 가능동사이다.

1. 「~てやれる」
[例]そうでなければ、おそらく本郷(ほんごう)が永倉(ながくら)にしてやれることはない。
    (그렇지 않으면, 아마 혼고가 나가쿠라에게 해 줄 것은 없다.)
    それがその子(こ)にしてやれるただ一(ひと)つのお礼(れい)であった。あとは何

---

4) 李成圭等著(1996)『홍익나가누마 일본어3 해설서』홍익미디어. p. 245에서 인용하여 일부 수정.

(なに)も報(むく)いてやれる手段(しゅだん)はなかった。
(그것이 그 아이에게 해 줄 수 있는 단 하나의 감사였다. 나머지는 아무 것도 보답해 줄 수 있는 수단은 없었다.)
虎次郎(とらじろう)はほんとうによく勉強(べんきょう)が出来(でき)るねえ。お金(かね)があれば、私立(しりつ)の中学(ちゅうがく)へやってやれるのに。
(도라지로는 정말 공부를 잘 하네. 돈이 있으면 사립 중학교에 보내 줄 수 있는데.)
いまなら、何(なに)かをあいつに話(はな)してやれるかもしれない。納得(なっとく)はしないだろうが、伝(つた)えることはできるだろう。
(지금이라면 무엇인가 그 녀석에게 이야기해 줄 수 있을지도 모른다. 납득은 안 되지만, 전할 수는 있을 것이다.)

그리고「～てやる」계열에는 정중어에서 보통어로 이행 중인「～てあげる」와 겸양어I인「～て差(さ)し上(あ)げる」가 있는데,「～てあげる」와「～て差(さ)し上(あ)げる」의 가능표현의 예를 들면 다음과 같다. 그런데 현대 일본어에서「～て差(さ)し上(あ)げる」를 경어적 상위자에게 사용하는 것은 제약이 있기 때문에 그 가능표현도 제한적이다.


2.「～てあげられる」
[例]家(いえ)の中(なか)に売(う)れるものは無(な)いですか? あなたがしてあげられるのは同居(どうきょ)か、月(つき)に一(いち)、二万(にまん)の食費(しょくひ)程度(ていど)ですね。
(집 안에 팔 수 있는 것은 없습니까? 당신이 해 줄 수 있는 것은 동거나
한 달에 1, 2만 엔의 식비 정도이군요.)
そうすれば、きみを乗(の)せて行(い)ってあげられたよ。車(くるま)はぼくたち二人(ふたり)のためにあるんだから。でも、きみがどこの学校(がっこう)に行(い)った

のか、全然(ぜんぜん)わからなくて。
　(그렇게 하면 너를 태우고 가 줄 수 있었어. 차는 우리들 두 사람을 위해 있는 거니까. 그런데 네가 어디 학교에 갔는지 전혀 몰라서.)
この話(はなし)はできれば君(きみ)に黙(だま)っていたかった。辛(つら)い記憶(きおく)をまた甦(よみがえ)らせてしまうからね。でも、いずれは君(きみ)も知(し)ることになる。その時(とき)、僕(ぼく)はそばに<u>いてあげられない</u>かもしれない。
　(이 이야기는 가능하면 너한테 말하고 싶지 않았다. 괴로운 기억을 다시 생각하게 만들어 버리니까. 하지만 언젠가 너도 알게 된다. 그 때 나는 옆에 있어 줄 수 없을지도 모른다.)

3.「〜て差(さ)し上(あ)げられる」
[例]それは困(こま)るでしょうね。マネジャーに相談(そうだん)して、訪問(ほうもん)介護(かいご)を定期的(ていきてき)に行(い)くようにするとか工夫(くふう)するしかないですね。そのチャンスをお宅(たく)が作(つく)って<u>差(さ)し上(あ)げられ</u>たらいいですね。
　(그것은 곤란하겠군요. 매니저와 의논해서 방문 개호를 정기적으로 가도록 하든가 궁리할 수밖에 없군요. 그 찬스를 댁이 만들어 드릴 수 있으면 좋은데요.)

[2]わたしはあなたがたといつも一緒(いっしょ)にいるわけではない : 나는 너희와 늘 함께 있는 것은 아니다.「一緒(いっしょ)にいるわけではない」の「〜わけではない」나 그 축약형인「〜わけじゃない」는 부정의 의미를 강조할 때 쓰이는데 한국어로는「〜(이라는) 것은 아니다」에 해당한다. 그리고「〜わけではない」는「〜(という)ことではない」로 바꿔 쓸 수 있다.
　[例]誰(だれ)もが研究室(けんきゅうしつ)の本(ほん)を持(も)ち出(だ)してもよい<u>わけではない</u>。

(누구나 다 연구실 책을 가지고 나가도 된다는 것은 아니다.)

日本国(にほんこく)憲法(けんぽう)が占領軍(せんりょうぐん)の草案(そうあん)によるものだからといって、国民(こくみん)の同意(どうい)がない<u>わけではない</u>。
(일본국 헌법이 점령군 초안에 의한 것이라고 해도 국민의 동의가 없는 것은 아니다.)

わたしは魚(さかな)が嫌(きら)いだという<u>わけじゃない</u>が、肉(にく)が好(す)きなので、肉(にく)の方(ほう)よく食(た)べるんです。
(나는 생선을 싫어한다는 것은 아니지만, 고기를 좋아해서, 고기를 자주 먹습니다.)

あなた一人(ひとり)が悪(わる)いという<u>わけではありません</u>。
(당신 혼자가 나쁘다는 것은 아닙니다.)

何(なに)か誤解(ごかい)があるようですが、わたしはただそういう理由(りゆう)で反対(はんたい)した<u>わけではありません</u>。
(무슨 오해가 있는 것 같습니다만, 나는 그냥 그런 이유로 반대한 것은 아닙니다.)

今(いま)は郵便物(ゆうびんぶつ)の洪水(こうずい)だからね、郵便物(ゆうびんぶつ)を受(う)け取(と)っても、いちいち読(よ)む<u>わけじゃありません</u>。
(지금은 우편물 홍수이니까, 우편물을 받아도 일일이 읽는 것은 아닙니다.)

그리고 「〜わけではない・〜わけじゃない」는 다른 부정 표현과는 달리 앞에 오는 모든 요소나 의미 관계를 부정할 수가 있다.

[例] (1a) 彼(かれ)らは<u>常(つね)に</u>意見(いけん)が合(あ)わない。
　　　　[＝いつも対立(たいりつ)している]
　　　　(그들은 항상 의견이 맞지 않는다.)

[＝언제나 대립하고 있다]
(1b) 彼らは常に意見が合うというわけではない。

　　[＝時々(ときどき)対立(たいりつ)することもある]

　　(그들은 항상 의견이 맞는다고 하는 것은 아니다.

　　[＝종종 대립하는 경우도 있다].)

(2) 風(かぜ)が吹(ふ)けば、桶屋(おけや)がもうかるというわかけではない。

　　(바람이 불면 나무통 장수가 돈을 버는 것은 아니다.)

(3) このリストにある本(ほん)を全部(ぜんぶ)読(よ)めば、試験(しけん)に受(う)かるというわけではない。

　　(이 리스트에 있는 책을 전부 읽으면 시험에 붙는다는 것은 아니나.)

(1b)는 일반적으로 동사의 부정형으로는 부정하기 어려운「常(つね)に ; 항상」과 같은 문 부사를 부정하는 예이고, (2)(3)은 이유, 조건 등의 종속절과 주절의 의미관계, 즉 추론의 과정 그 자체를 부정하고 있는 예이다.[5]

> この女(おんな)は[1]できる限(かぎ)りの事(こと)をしたのだ。すなわち、わたしのからだに[2]油(あぶら)を注(そそ)いで、あらかじめ[3][4]葬(ほうむ)りの用意(ようい)をしてくれたのである。[マルコによる福音書 14:8]
> (이 여자는 할 수 있는 모든 것을 한 것이다. 즉 내 몸에 기름을 부어서 미리 장례 준비를 해 준 것이다.[14:8])

[1]できる限(かぎ)りの事(こと)をしたのだ : 할 수 있는 한의 일을 한 것이다. 할 수 있는 모든 것을 한 것이다.

　　[例]その他(た)、資料(しりょう)の作成(さくせい)等々(などなど)、私(わたくし)どもとしてもできる限(かぎ)りのことはしたい、かように考(かんが)えております。

---

5) 李成圭等著(1997)『홍익일본어독해2』홍익미디어. p.267에서 인용하여 일부 수정.

(그 밖에 자료 작성 등등, 저로서는 할 수 있는 모든 것을 하고 싶다, 이와 같이 생각하고 있습니다.)

[2] 油(あぶら)を注(そそ)ぐ : 기름을 붓다.

[3] 葬(ほうむ)り : 매장. 장례. 「葬(ほうむ)る ; 매장하다」의 연용형이 전성명사화한 것.

[4] 葬(ほうむ)りの用意(ようい)をする : 장례 준비를 하다. 「用意(ようい)する」는 한국어의 「준비하다」에 해당하는 말인데, 일본어에는 「준비(하다)」에 해당하는 표현이 많으니 그 사용에 주의가 요구된다. 그리고 「用意」는 한어명사의 특성상 「~の用意(ようい)をする ; ~의 준비를 하다」와 같이 한어와 「する」가 분리되어 쓰이는 경우도 있다.

[例] {金(かね)·傘(かさ)·車(くるま)·雨具(あまぐ)·資料(しりょう)}を用意(ようい)する。

({돈·우산·차·비옷·자료}를 준비하다.)

念(ねん)のために、お弁当(べんとう)を用意(ようい)しました。

(혹시 몰라서[만일의 경우를 생각해서] 도시락을 준비했습니다.)

彼(かれ)は真面目(まじめ)な学生(がくせい)で、毎日(まいにち)質問(しつもん)を用意(ようい)して来(き)て、先生(せんせい)に聞(き)きます。

(그는 착실한 학생으로 매일 질문을 준비해 와서 선생님에게 묻습니다.)

あしたの会議(かいぎ)に備(そな)えて、資料(しりょう)の用意(ようい)をしてください。

(내일 회의를 대비해서 자료 준비를 해 주세요.)

午後(ごご)から雨(あめ)が降(ふ)るそうですから、雨具(あまぐ)の用意(ようい)をして行(い)きなさい。

(오후부터 비가 온다고 했으니까, 비옷 준비를 하고 가요.)[6]

ㅁ 「準備(じゅんび)」「用意(ようい)」「支度(したく)」;「준비」

---

6) 李成圭等著(1996)『홍익나가누마 일본어3 해설서』홍익미디어. p. 293에서 인용.

일본어에는 한국어의「준비」에 해당하는 말이「準備(じゅんび)」이외에도「用意(ようい)」,「支度(したく)」가 있어, 한국어 번역으로는 구별이 안 된다.

일본어의「準備(じゅんび)」·「用意(ようい)」·「支度(したく)」는 서로 유의어(類義語) 관계에 있는 말로서 서로 동일한 의미 분야(意味分野)에 속하면서도, 다른 한편으로는 의미 영역(意味領域)을 조금씩 달리하고 있다. 따라서 서로 바꿔 쓸 수 경우가 있지만, 그렇지 못한 경우도 있다.

그런데 이들은 유사점과 차이점을 동시에 지니고 있다는 점에서 간단히 설명하는 것은 용이하지 않다. 여기에서는 각 단어의 기본적인 용법을 제시하고, 치환할 수 있는 경우와 치환하기 어려운 경우를 살펴보는 데에 그치겠다.

1.「準備(じゅんび)」

「準備(じゅんび)」는 어떤 일을 하기 전에 금방 시작할 수 있도록 물건을 갖추어 놓거나 준비해 두는 것을 말한다.

「準備」는 사용 범위가 가장 넓은 말로 일상적인 준비를 나타낼 때도 쓰이고「心(こころ)の準備(じゅんび);마음의 준비」「戦争(せんそう)の準備;전쟁 준비」「新(あたら)しい時代(じだい)の準備;새로운 시대에 대한 준비」와 같이 추상적이고 정신적인 준비에도 쓰이는데, 특히 후자의 경우에「準備」가 가장 잘 어울린다.

[例] 今夜(こんや)は泊(と)まるつもりでパジャマを持参(じさん)したの。{準備(じゅんび)·用意(ようい)}がいいでしょう。

　(오늘 밤은 묵을 생각으로 파자마를 가지고 왔어. 준비가 좋지요?)

　今週(こんしゅう)はいろいろと忙(いそが)しくて、仕事(しごと)の{準備(じゅんび)·支度(したく)}を始(はじ)めたのは、きのうになってからなんですよ。

　(이번 주는 여러 가지로 바빠서 어제가 되어서 일 준비를 시작했어요.)

　隊員(たいいん)たちは各自(かくじ)自分(じぶん)の部屋(へや)に戻(もど)って、あしたからの探検(たんけん)の準備(じゅんび)に取(と)り掛(か)かった。

(대원들은 각자 자기 방에 돌아가서 내일부터 시작할 탐험 준비에 착수했다.)
平和(へいわ)を喜(よろこ)ぶ催(もよお)しのかげでは、戦争(せんそう)の準備(じゅんび)が着々(ちゃくちゃく)と進(すす)められていた。
(평화를 기뻐하는 행사 뒤에서는 전쟁 준비가 착착 진행되고 있었다.)
長(なが)い入院(にゅういん)生活(せいかつ)でしたから、死(し)に対(たい)する心(こころ)の準備(じゅんび)はできていました。
(입원생활이 길었기 때문에 죽음에 대한 마음의 준비는 되어 있었습니다.)
「準備(じゅんび)期間(きかん); 준비기간」

2. 「用意(ようい)」
①「앞으로 할 일이 잘 진행되도록 미리 필요한 물건을 갖추다」를 뜻하는 경우에는 한국어의 「준비」의 뜻을 나타낸다. ( → 「準備(じゅんび)」「支度(したく)」)
[例] ご飯(はん)の{用意(ようい)・準備(じゅんび)・支度(したく)}ができましたよ。
(밥 준비가 되었어요.)
よいスピーチをするには、それなりの{用意(ようい)・準備(じゅんび)}が要(い)ります。
(좋은 연설을 하기 위해서는 그 나름대로의 준비가 필요합니다.)
嫁入(よめい)りの{用意(ようい)・準備(じゅんび)}が整(ととの)って、姉(あね)は幸(しあわ)せいっぱいです。
(시집갈 준비를 다 갖추어지자 누나는 몹시 행복한 모양이었습니다.)
会場(かいじょう)は、もう{用意(ようい)万端(ばんたん)・準備(じゅんび)万端(ばんたん)}整(ととの)って、お客様(きゃくさま)のお越(こ)しを待(ま)つだけです。
(회의장은 이미 만반의 준비가 갖추어져서 손님들이 오시기만을 기다리고 있습니다.)
救急車(きゅうきゅうしゃ)には、寝台(しんだい)が用意(ようい)してあります。
(구급차에는 침대가 준비되어 있습니다.)
ぼくらは、ヨーイ(用意)、ドンで一斉(いっせい)に頂上(ちょうじょう)を目指(めざ)し

て走(はし)った。

(우리들은 준비 땅 하는 소리에 일제히 정상을 향해 달렸다.)

다음 예를 보면, 「準備(じゅんび)」와 「用意(ようい)」의 차이를 엿볼 수 있다. 「準備(じゅんび)」는 이미 하기로 정해져 있는 일에 대한 준비를 의미하고, 「準備」는 내용이 복잡해서 일을 하는 데에 장시간을 요하는 일에 사용되는 것이 보통이다. 이에 대해 「用意(ようい)」는 예상하고 있던 일에 대해서도 사용하지만, 예측하지 못한 경우에도 사용한다. 그리고 「用意」는 내용이 간단해서 단시간에 끝낼 수 있는 일에도 사용된다.

[例] 「준비 체조 ; <u>準備(じゅんび)体操(たいそう)</u> · × 用意(ようい)体操(たいそう)」

「사전 준비 ; <u>下準備(したじゅんび)</u> · × 下用意(したようい)」

「준비! 땅 ; × 準備(じゅんび)!ドン · <u>用意(ようい)!ドン</u>」

그리고 「用意(ようい)」는 「이용에 대비해서 대상을 어느 장소에 둔다」고 하는 용법을 가지고 있다.

[例] 受験生(じゅけんせい)にHBの鉛筆(えんぴつ)を<u>用意(ようい)</u>すること。

　　× 受験生にHBの鉛筆を準備すること。

　　(수험생에게 HB 연필을 준비시킬 것.)

이때 해당 대상이 필요하다는 사실을 예측할 수 있는 경우도 있고 예측하지 못하는 경우도 있다.

[例] 出発(しゅっぱつ)の<u>用意(ようい)</u>をする。

　　(출발 준비를 하다.)

　　[금방 출발할 수 있는 태세를 갖춘다]

　　出発の<u>準備(じゅんび)</u>をする。

　　(출발 준비를 하다.)

[출발하기 아주 오래 전부터 돈을 준비하거나 짐을 싸거나 표를 예약하거나 하는 세밀한 일련의 작업을 의미한다.]

②「用意(ようい)」는 어떤 일에 대비해서 주의하거나 조심하는 것을 의미하는 경우에도 쓰인다.(→「注意(ちゅうい)」「用心(ようじん)」)
　[例]火災(かさい)に対(たい)する用意(ようい)を怠(おこた)らないようにしましょう。
　　(화재에 대한 주의를 게을리 하지 않도록 합시다.)
　　祖父(そふ)は実(じつ)に用意(ようい)周到(しゅうとう)な人(ひと)で、いつも何種類(なんしゅるい)の薬(くすり)を持(も)ち歩(ある)いている。
　　(할아버지는 실로 용의주도한 사람으로 언제나 몇 종류나 되는 약을 가지고 다닌다.)

③「用意(ようい)」는 돈 등이 급히 필요하게 되었을 때 곤란하지 않도록 모아 두는 것을 의미하는 경우에도 쓰인다.
　[例]わたしの家(いえ)にはお金(かね)の用意(ようい)がないので、それを買(か)うことができません。
　　(우리 집에는 돈 준비가 안 되어서 그것을 살 수가 없습니다.)
　　わたしたちは病気(びょうき)などのために、いつも少(すこ)しは用意(ようい)をしておきましょう。
　　(우리들은 아플 때 등을 대비해서 늘 약간의 돈을 준비해 둡시다.)

3.「支度(したく)」
「支度(したく)」는 무엇인가를 하기 전에 그것을 위해 여러 가지로 준비해 두는 것을 뜻하는데, 주로 일상생활과 관련된 행위에 많이 쓰인다.
　[例]食事(しょくじ)の{支度(したく)・準備(じゅんび)・用意(ようい)}ができましたから、席(せき)に着(つ)いてください。

(식사 준비가 되었으니, 자리에 앉으세요.)

あした旅行(りょこう)に行(い)くので、今日(きょう)、その{支度(したく)・準備(じゅんび)・用意(よう い)}をしなければなりません。
(내일 여행을 가니까 오늘 그 준비를 해야만 합니다.)

結婚式(けっこんしき)の{支度(したく)・準備(じゅんび)・用意(よう い)}はもう{整(ととの)いました・揃(そろ)いました・できました}。
(결혼식 준비는 이제 다 되었습니다.)

料理(りょうり)の上手(じょうず)な母(はは)は、不意(ふい)の来客(らいきゃく)があってもすぐに{支度(したく)・用意(よう い)}ができる。
(음식을 잘 하는 어머니는 예기치 않은 손님이 와도 금방 준비할 수 있다.)[7]

---

よく聞(き)きなさい。[1]全世界(ぜんせかい)のどこででも、福音(ふくいん)が宣(の)べ伝(つた)えられる所(ところ)では、この女(おんな)のした事(こと)も[2]記念(きねん)として[3]語(かた)られるであろう」。[マルコによる福音書 14:9]
(잘 들어라. 온 세상 어디에서든지 복음이 전파되는 곳에서는 이 여자가 한 일도 기념으로 이야기될 것이다.[14:9])

---

[1]全世界(ぜんせかい) : 전 세계. 온 세계. 온 세상.
[2]記念(きねん)として : 기념으로서.
  [例] 彼(かれ)は、記念(きねん)として少女(しょうじょ)に何(なに)か贈(おく)りたいと思(おも)ったが、あいにく何(なに)も用意(よう い)していなかった。
  (그는 기념으로 소녀에게 무엇인가 보내고 싶다고 생각했지만, 공교롭게도 아무 것도 준비하지 못했다.)
[3]語(かた)られる : 이야기되다. 「語(かた)る」의 수동.

---

7) 李成圭等著(1996)『홍익나가누마 일본어3 해설서』 홍익미디어. pp. 297-299에서 인용하여 일부 수정.

[例]『創世記(そうせいき)』第一章(だいいっしょう)で語(かた)られる第一(だいいち)の創造(そうぞう)の物語(ものがたり)について、ベンヤミンは、「あれかし」と神(かみ)は言(い)った、そして神(かみ)は造(つく)った、そして神(かみ)は命名(めいめい)した、というひとつの明確(めいかく)なリズムに注目(ちゅうもく)している。
(『창세기』제1장에서 이야기되는 첫 번째 창조 이야기에 관해서 벤야민은「있으라, 있을지어다.」라고 하나님이 말한, 그리고 하나님이 만든, 그리고 하나님이 명명했다고 하는 하나의 명확한 리듬에 주목하고 있다.)

⟨⟨90⟩⟩ [マルコによる福音書 14:10 - 14:11]

[1]ときに、十二弟子(じゅうにでし)の一人(ひとり)イスカリオテのユダは、イエスを祭司長(さいしちょう)たちに引(ひ)き渡(わた)そうとして、[2]彼(かれ)らの所(ところ)へ行(い)った。[マルコによる福音書 14:10]
(그런데, 12제자 중의 한 사람인 가롯 유다가 예수를 대제사장들에게 넘겨주려고 그들에게 갔다.[14:10])

[1]ときに : 그런데. 접속사적으로 화제를 바꾸는 데에 사용한다. =「ところで」「さて」.
　[例]ときに、あの件(けん)はどうなりましたか。
　　(그런데 그 건은 어떻게 되었습니까?)
　　ときに、お子(こ)さんはおいくつになりましたか。
　　(그런데 자제 분은 몇 살이 되었습니까?)
　　うむ、いい青年(せいねん)だよ。ときに、あの本(ほん)は読(よ)んだかい。
　　(음, 좋은 청년이군. 그런데 그 책은 읽었는가?)
　　ときに、通産大臣(つうさんだいじん)、行革(ぎょうかく)を含(ふく)めてどういうお考(かんが)えをお持(も)ちか、お聞(き)きしたいと思(おも)います。

(그런데 통산대신, 행혁(행정개혁의 준말)을 포함하여 어떤 생각을 가지고 계시는지 여쭤보고 싶다고 생각합니다.)

[2]彼(かれ)らの所(ところ)へ行(い)った : 그들에게 갔다. 「〜の所(ところ)」는 사람을 장소명사화하는 기능을 한다.

[例]わたしも彼(かれ)のところへ行(い)く途中(とちゅう)だったのです.

(나도 그에게 가는 도중이었습니다.)

東京(とうきょう)へ帰(かえ)ったら、真(ま)っ先(さき)に亜由美(あゆみ)のところへ行(い)ってあげよう.

(도쿄에 돌아가면 맨 먼저 아유미에게 가 주겠다.)

---

彼(かれ)らはこれを聞(き)いて喜(よろこ)び、[1]金(かね)を与(あた)える[2]ことを約束(やくそく)した。そこでユダは、どうかしてイエスを引(ひ)き渡(わた)そうと、[2]機会(きかい)をねらっていた。[マルコによる福音書 14:11]

(그들은 이것을 듣고 기뻐하며 돈을 주기로 약속했다. 그래서 유다는 어떻게 해서든지 예수를 넘겨주려고 기회를 노리고 있었다.[14:11])

---

[1]金(かね)を与(あた)える : 돈을 주다. 「与(あた)える」는 「〜が〜に〜を与(あた)える」와 같이 주격, 여격, 목적격을 지배하는 3항 술어이다.

[例]母(はは)は猛烈(もうれつ)に反対(はんたい)する父(ちち)の目(め)を盗(ぬす)んで、銀平(ぎんぺい)に幾(いく)ばくかの金(かね)を与(あた)えたのである.

(어머니는 맹렬히 반대하는 아버지 눈을 피해 몰래 긴페이에게 얼마간의 돈을 주었던 것이다.)

経済的(けいざいてき)には恵(めぐ)まれた環境(かんきょう)でしたが、余計(よけい)な贅沢(ぜいたく)はしない、子(こ)どもたちには不必要(ふひつよう)なお金(かね)を与(あた)えないというのが両親(りょうしん)の方針(ほうしん)でした.

(경제적으로는 혜택 받은 좋은 환경이었지만, 쓸데없는 사치는 부리지 않

は、아이들에게는 불필요한 돈을 주지 않는 것이 부모의 방침이었습니다.)
子(こ)どもの自立(じりつ)を阻(はば)んでいるのは、実(じつ)は母親(ははおや)だと加藤氏(かとうし)は考(かんが)えている。自立(じりつ)を阻(はば)み、子どもにクスリを買(か)う<u>金(かね)を与(あた)え</u>、結果的(けっかてき)には子どもの薬物(やくぶつ)依存(いそん)を陰(かげ)で支(ささ)える存在(そんざい)となってしまっている、という。

(아이의 자립을 방해하고 있는 것은 실은 어머니라고 가토 씨는 생각하고 있다. 자립을 방해하고 아이에게 약을 살 돈을 주고 결과적으로는 아이의 약물의존을 배후에게 지지하는 존재가 되고 말았다고 한다.)

そういえば、物(もの)をやり取(と)りする行為(こうい)もこちらから向(むこ)うへは「やる」と言(い)い、向(む)こうからこちらへは「くれる」「もらう」と言(い)う、この区別(くべつ)もハッキリしています。―これが英語流(えいごりゅう)だと、「彼(かれ)に<u>金(かね)を与(あた)える[give]</u>」「<u>彼(かれ)から時計(とけい)を与(あた)えられる[be given]</u>」、「与(あた)える」一語(いちご)だけ。

(그러고 보니, 물건을 주고받는 행위도 이쪽에서 건너편으로는「やる」라고 하고, 건너편에서 이쪽으로는「くれる」「もらう」라고 한다. 이 구별도 분명하다.―이것이 영어식이라면,「그에게 돈을 주다[give]」「그에게서 시계를 받다[be given]」,「주다」한 단어뿐이다.)

[2]金(かね)を与(あた)えることを約束(やくそく)した : 돈을 줄 것을 약속했다. 돈을 주기로 약속했다.

[例]岩波(いわなみ)は、西新宿(にししんじゅく)にある高層(こうそう)ホテルのロビーで<u>会(あ)うことを約束(やくそく)した</u>。
(이와나미는 니시신주쿠에 있는 고층 호텔 로비에서 만나기로 약속했다.)
その事件(じけん)があったその日(ひ)に家庭(かてい)訪問(ほうもん)をした。ことの子細(しさい)をお話(はな)しした。そして、全力(ぜんりょく)をあげて彼女(かのじょ)を<u>守(まも)ることを約束(やくそく)した</u>。

(그 사건이 있었던 그 날, 가정방문을 했다. 사건의 경위를 말씀드렸다. 그리고 전력을 다해 그녀를 지키기로 약속했다.)

[3]機会(きかい)をねらう: 기회를 노리다.

[例]山上(やまうえ)は機会(きかい)を狙(ねら)っていた。機会(きかい)は間(ま)もなくきた。

(야마우에는 기회를 노리고 있었다. 기회는 곧 왔다.)

男(おとこ)はどうかして、その恨(うら)みをはらそうと執念深(しゅうねんぶか)く機会(きかい)を狙(ねら)っている。

(남자는 어떻게 해서든지 그 원한을 풀려고 집요하게 기회를 노리고 있었다.)


## ⟪91⟫ [マルコによる福音書 14:12 - 14:16]

[1]除酵祭(じょこうさい)の第一日(だいいちにち)、すなわち過越(すぎこし)の[2]小羊(こひつじ)を[3]ほふる日(ひ)に、弟子(でし)たちがイエスに尋(たず)ねた、「わたしたちは、過越(すぎこし)の[4]食事(しょくじ)をなさる用意(ようい)を、どこへ行(い)ってしたらよいでしょうか」。[マルコによる福音書 14:12]
(제효제 첫째 날, 즉 유월절에 어린 양을 잡는 날에 제자들이 예수에게 물었다. "저희는 [선생님께서] 유월절 식사를 하실 준비를 어디에 가서 하면 좋을까요?"[14:12])

[1]除酵祭(じょこうさい) : 제효제. 유대교의 제일(祭日). 헤브라이어로 hag hamassot 라고 하며, <앙꼬없는 빵의 제사>라고도 번역된다. 본래 유대력의 니산월(태양력의 3월이나 4월) 14일 밤에 축하되는 과월제에 이은 1주일간의 일인데, 오래전부터 과월제에 도입되었다. 유대인의 선조가 이집트를 탈출한 밤, 앙꼬를 넣지 않은 빵을 가지고 나온 것을 기념해서 1주일간, 「마챠」라고 하는 앙꼬 없

는 빵을 먹었다.[8]

[2] 小羊(こひつじ) : 어린 양. 새끼 양.

[3] ほふる[屠る] : ①새나 짐승 등을 잡다. 도살(屠殺)하다. ②그리고 그 대상이 인간인 경우에도 사용하는 예도 존재한다. 도륙하다. 몰살하다. 전멸시키다.

[예] 清(きよ)めを要(よう)する人(ひと)、また家族(かぞく)がそれぞれ新(あら)たに雌牛(めうし)をほふる必要(ひつよう)はなかった。

(부정을 없애는 것을 필요로 하는 사람, 그리고 가족이 각각 새로 암소를 도살할 필요는 없었다.)

武装(ぶそう)した以上(いじょう)、彼女(かのじょ)にあるものは敵(てき)を屠(ほふ)る意思(いし)だけである。

(무장한 이상, 그녀에게 있는 것은 적을 도륙하는 의사뿐이다.)

征討軍(せいとうぐん)を屠(ほふ)ることや、戦意(せんい)を阻喪(そそう)させる術策(じゅっさく)も、すでにいくつか授(さず)けられている。

(정토군[정벌군]을 전멸시키는 것과 전의를 저상시키는 술책도 이미 몇 개 주어져 있다.)

同様(どうよう)に、キリストを屠(ほふ)るのにかかわった者(もの)たちも罪(つみ)を負(お)った。

(마찬가지로 그리스도를 도륙하는 데에 관여한 자들도 죄를 짊어졌다.)

砂金場(さきんば)の見張(みは)りを背後(はいご)から襲(おそ)って、一人(ひとり)残(のこ)らず屠(ほふ)る。

(사금 채취하는 곳의 망을 보는 사람을 배후에서 습격하여 한 사람도 남김없이 도륙한다.)

[4] 食事(しょくじ)をなさる : 식사를 하시다. 「なさる」는 「する」의 특정형 경어.

[예] 会社(かいしゃ)をおやめになって、今後(こんご)どうなさるおつもりでしょうか。

---

[8] [네이버 지식백과] 제효제 [除酵祭] (종교학대사전, 1998. 8. 20., 한국사전연구사)에서 인용.
https://terms.naver.com/entry.nhn?docId=630899&cid=50766&categoryId=50794

(회사를 그만두시고 앞으로 어떻게 하실 생각이신가요?)

井原(いはら)さんのＡＤというお仕事(しごと)は、現場(げんば)でどんなことをな<u>さる</u>んですか？

(이하라 씨의 조연출[ＡＤ(assistant director)]라는 일은 현장에서 어떤 일을 하시는 겁니까?)

北原(きたはら)先生(せんせい)夫妻(ふさい)がアメリカに演奏(えんそう)旅行(りょこう)をな<u>さる</u>のについていくんですって。

(기타하라 선생님 부처께서 미국에 연주 여행을 하시는 데에 따라 간다고 해.)

今日(きょう)は大切(たいせつ)なお客様(きゃくさま)たちを接待(せったい)しなくちゃならないのよ。ご一行(いっこう)がここの家(いえ)でお食事(しょくじ)をな<u>さる</u>ので、エミーはお昼寝(ひるね)ができないの。あなた、エミーの面倒(めんどう)を見(み)てくれるわね。

(오늘은 중요한 손님들을 접대해야 해요. 일행 분들이 여기 집에서 식사를 하시기 때문에 에미가 낮잠을 잘 수 없어요. 여보, 에미 좀 봐 주어요.)

1. 「なさる」는 「する」의 특정형 경어로서 특수 활용을 하는데 「～ます」에 접속될 때는 「なさり＋ます → なさいます」와 같이 된다.

   [例] 社長(しゃちょう)は休日(きゅうじつ)にはたいていゴルフをな<u>さいます</u>。
   (사장님은 휴일에는 대개 골프를 하십니다.)
   忘(わす)れ物(もの)をな<u>さいません</u>よう、お気(き)をつけください。
   (짐을 잊고 내리시지 않도록 주의하시기 바랍니다.)

2. 「なさる」 이외에, 「いらっしゃる」「おっしゃる」「くださる」와 같은 특정형 경어동사도 특수5단활용을 한다. 따라서 다른 5단동사와는 달리, 「～ます」에 접속될 때와 명령형이 「～い」가 된다.

   [例] 「なさる(하시다) → なさいます(하십니다)・なさい(해요)」

「いらっしゃる(계시다・오시다・가시다)
→ いらっしゃいます(계십니다・오십니다・가십니다)・いらっしゃい(있어요・와요・가요)」

「おっしゃる(말씀하시다) → おっしゃいます(말씀하십니다)・おっしゃい(말해요)」

「くださる(주시다) → くださいます(주십니다)・ください(주세요)」

3. 「専攻(せんこう)なさる・専攻(せんこう)される」「専攻(せんこう)する」와 같은 한어동사를 존경표현으로 만드는 방법에는 ①「ご＋한어＋になる」, ②「한어＋なさる」, ③「한어＋される」, ④「ご＋한어＋なさる」, ⑤「ご＋한어＋される」와 같이 다종다양하다. 단, 모든 한어동사가 이들 유형의 존경표현이 다 가능한 것은 아니다. 여기에서는 「する」의 특정형 경어 「なさる」를 이용하는 「[専攻]なさる」형식과 「する」의 レル형 경어인 「[専攻]される」형식을 살펴보는데, 경의도에 있어서는 전자가 후자보다 경의도 높다.

[例]こちらへはいつ{帰国(きこく)なさいましたか・帰国されましたか}。

(여기에는 언제 귀국하셨습니까?)

旅先(たびさき)でクレジットカードを{利用(りよう)なさいましたか・利用されましたか}。

(여행하신 데에서 신용카드를 이용하셨습니까?)

高橋(たかはし)さんの息子(むすこ)さんはどこに{就職(しゅうしょく)なさいましたか・就職されましたか}。

(다카하시 씨 아드님은 어디에 취직하셨습니까?)

田中(たなか)さんは今回(こんかい)の地方(ちほう)選挙(せんきょ)で誰(だれ)に{投票(とうひょう)なさいましたか・投票されましたか}。

(다나카 씨는 이번 지방선거에서 누구에게 투표하셨습니까?)[9]

---

[9] 李成圭等著(1996) 『홍익나가누마 일본어3 해설서』 홍익미디어. pp. 305-307에서 인용하여 일부 수정.

> そこで、イエスは二人(ふたり)の弟子(でし)を[1]使(つか)いに出(だ)して言(い)われた、「[2]市内(しない)に行(い)くと、[3]水(みず)がめを持(も)っている男(おとこ)に[4]出会(であ)うであろう。その人(ひと)について行(い)きなさい。
> [マルコによる福音書 14:13]
> (그래서 예수께서 제자 두 사람에게 심부름을 보내면서 말씀하셨다. "성 안에 가면 물동이를 들고 있는 남자를 만날 것이다. 그 사람을 따라 가라."[14:13])

[1]使(つか)いに出(だ)す : 심부름을 보내다.

   [例]自分(じぶん)だけ食(た)べて、小僧(こぞう)さんに一(ひと)つも食(た)べさせない。小僧(こぞう)さんを使(つか)いに出(だ)しては、その留守(るす)にこっそりと食(た)べてしまう。

   (자기만 먹고 사환 아이에게는 하나도 먹이지 않는다. 사환 아이에게 심부름을 보내고 나서는 그가 없는 동안에 몰래 먹어 버린다.)

[2]市内(しない)に行(い)くと : 시내에 가면. 성 안에 가면. 「~と」는 가정조건을 나타낸다. 「~と」에는 항상조건(恒常條件) 이외에도 「만일 ~면(자연히 ~하게 되다)」와 같은 가정조건을 나타내는데, 예에 따라서는 항상조건과 가정조건이 명확히 구별 안 되는 경우도 있다. 가정조건을 나타내는 예를 용언별로 정리하면 다음과 같다.

1. 「동사+と」(가정조건)

   [例]もし雨(あめ)が降(ふ)ると、遠足(えんそく)は中止(ちゅうし)です。

      (만일 비가 오면 소풍은 중지됩니다.)

      今(いま)円(えん)をドルになおすと、いくらですか。

      (지금 엔을 달러로 바꾸면 얼마입니까?)

      五時(ごじ)の電車(でんしゃ)に乗(の)ると、八時(はちじ)に着(つ)きます。

(5시 기차를 타면 8시에는 도착합니다.)

　もっと野菜(やさい)を食(た)べると、体(からだ)にいいですよ。

　　(야채를 더 먹으면 몸에 좋아요.)

　肉(にく)は炭火(すみび)で焼(や)くと、おいしいですよ。

　　(고기는 숯불로 구우면 맛있어요.)

　説明書(せつめいしょ)を読(よ)むと、すぐわかります。

　　(설명서를 읽으면 금방 알 수 있습니다.)


한편, 다음의「동사＋と」는 항상조건을 나타낸다.

[例]5(ご)から3(さん)をひくと、2(に)になります。

　　(5에서 3을 빼면 2가 됩니다.)

　2(に)に4(よん)をかけると、8(はち)になります。

　　(2에 4를 곱하면 8이 됩니다.)

　20(にじゅう)を4(よん)で割(わ)ると、5(ご)になります。

　　(20을 4로 나누면 5가 됩니다.)

　暗(くら)いところで本(ほん)を読(よ)むと、目(め)が悪(わる)くなります。

　　(어두운 곳에서 책을 읽으면 눈이 나빠집니다.)


2.「형용동사＋と」(가정조건)

　[例]もし体(からだ)が不調(ふちょう)だと、記録(きろく)は伸(の)びません。

　　(만일 몸이 안 좋으면 기록은 늘지 않습니다.)

　もし説明(せつめい)が複雑(ふくざつ)だと、生徒(せいと)はわかりません。

　　(만일 설명이 복잡하면 학생들은 이해를 못합니다.)

　もし駅(えき)から近(ちか)くて静(しず)かだと、家賃(やちん)はきっと高(たか)いですよ。

　　(만일 역에서 가깝고 조용하면 집세는 틀림없이 비싸요.)

3. 「형용사＋と」(가정조건)

　　[例]もっと安(やす)いと、たくさん売(う)れます。

　　　　(더 싸면 많이 팔립니다.)

　　　　もっと部屋(へや)の中(なか)が明(あか)るいと、いいですが。

　　　　(방안이 더 밝으면 좋겠는데요.)

　　　　もし家(いえ)が広(ひろ)いと、掃除(そうじ)するのが大変(たいへん)です。

　　　　(만일 집이 넓으면 청소하는 것이 힘들어요.)


　　한편, 다음의 「형용사＋と」는 항상조건을 나타낸다.

　　[例]空気(くうき)が悪(わる)いと、頭(あたま)が痛(いた)くなります。

　　　　(공기가 나쁘면 머리가 아파집니다.)

　　　　暑(あつ)いと、汗(あせ)をよくかきます。

　　　　(더우면 땀이 많이 납니다.)

　　　　寒(さむ)いと、よく風邪(かぜ)を引(ひ)きます。

　　　　(추우면 감기에 잘 걸립니다.)


4. 「명사술어＋と」(가정조건)

　　[例]雨(あめ)だと、登山(とざん)は無理(むり)です。

　　　　(비가 오면 등산하는 것은 무리입니다.)

　　　　都会(とかい)だと、生活費(せいかつひ)はもっとかかります。

　　　　(도시라면 생활비는 더 듭니다.)

　　　　今(いま)の時期(じき)だと、旅館(りょかん)はすいています。

　　　　(지금 시기라면 여관은 비어 있습니다.)

　　　　昼休(ひるやす)みだと、銀行(ぎんこう)は混(こ)んでいます。

　　　　(점심시간이라면 은행은 붐빕니다.)

일본어의 조건표현을 나타내는 형식에는 「～と」 이외에도 「～ば・～たら・～なら」가 있고, 이들 형식은 한국어로는 모두 「～이라면・～하면」에 대응한다. 그런데 한국어로는 이들 형식의 차이를 구별할 수 없으므로 일본어에서 각 형식들이 어떠한 기능 분담을 하고 있는 지를 살펴보아야 한다. 「～と」에 의한 가정조건은 「～ば」 「～たら」와 달리 문말제한(文末制限)이 있어, 후속문장[주절・후건(後件)]의 술어에는 화자의 의지가 강하게 나타나는 표현, 즉 의지, 명령, 의뢰, 금지, 충고, 권유, 희망 등의 표현은 쓰이지 않는다. 그 이유는 「～と」의 기본적인 기능이 앞뒤 문장을 연결시키는 데에 있으므로 「～ば」나 「～たら」에 비해 인과관계(因果関係)가 약하기 때문이다.

[例] もし{× 高(たか)いと・高ければ・高かったら}、買(か)いません。

(만일 비싸면 사지 않겠습니다.)

ひまが{× あると・あれば・あったら}、勉強(べんきょう)しなさい。

(시간이 있으면, 공부해요.)

四月(しがつ)に{× なると・× なれば・なったら}、お花見(はなみ)に行(い)きましょうね。

(4월이 되면 벚꽃놀이 하러 가요.)

写真(しゃしん)が{× できると・できれば・できたら}、こちらに送(おく)ってください。

(사진이 다 되면, 이쪽으로 보내 주세요.)

もし機会(きかい)が{× あると・あれば・あったら}、日本(にほん)へ行(い)ってみたいですね。

(만일 기회가 있으면, 일본에 가 보고 싶어요.)[10]

[3] 水(みず)がめ : 물동이. 물독. 복합명사. 「← 水(みず)＋瓶(かめ)」
[4] 出会(であ)う : 우연히 만나다. 마주치다.

---

10) 李成圭等著(1996) 『홍익나가누마 일본어2 해설서』 홍익미디어. pp. 16-19에서 인용하여 일부 수정.

[例]この山(やま)を登(のぼ)ろうとする者(もの)は、その麓(ふもと)にて大きな困難(こんなん)に出会(であ)うであろう。
(이 산을 오르려고 하는 사람은 그 기슭에서 커다란 곤란을 만나게 될 것이다.)

皆(みな)さんが出会(であ)うであろう場面(ばめん)を、写真(しゃしん)によってビジュアル化(か)し、そこで必要(ひつよう)な会話(かいわ)表現(ひょうげん)へとご案内(あんない)しようというわけです。
(여러분이 만날 장면을 사진에 의해 비주얼화하고 거기에서 필요한 회화 표현으로 안내해 드리겠다는 것입니다.)

> そして、その人(ひと)が入(はい)って行(い)く家(いえ)の主人(しゅじん)に言(い)いなさい、『弟子(でし)たちと一緒(いっしょ)に過越(すぎこし)の食事(しょくじ)をする[1]座敷(ざしき)はどこか、と[2]先生(せんせい)が言(い)っておられます』。[マルコによる福音書 14:14]
> (그리고 그 사람이 들어가는 집의 주인에게 말해라. '제자들과 함께 유월절 식사를 할 손님방은 어디인지 선생님께서 말씀하고 계십니다.'[14:14])

[1]座敷(ざしき) : 객실. 손님방.
[2]先生(せんせい)が言(い)っておられる : 선생님께서 말씀하고 계십니다. 「言(い)っておられる」는 「言(い)っている」의 레루형 경어. 구어역 신약성서에서는 「〜ている」의 존경어로 고위 경어 「〜ておいでになる」와 중위 경어 「〜ておられる」가 쓰이고 있고 「〜ていらっしゃる」는 쓰이지 않는다. 「〜ておられる」는 「〜ている」의 겸양어Ⅱ(정중어)인 「〜ておる」에 존경의 「〜れる」가 접속된 것으로 「〜ている」의 존경표현으로 쓰인다. 원래 「〜れる／〜られる」와 같은 존경표현은 「行(い)かれる(가시다)・休(やす)まれる(쉬시다)・来(こ)られる(오시다)」와 같이 일반동사에 붙는 것

이 원칙으로 겸양어Ⅱ에는 그 성격상 붙을 수 없다. 그러나 「～ている」의 경우에는 「～ていられる」가 가능 또는 간접수동으로 해석되기 때문에 「～ておる → ～ておられる」와 같은 대체 형식이 쓰이고 있다고 해석된다.

[例] 机(つくえ)の下(した)に潜(もぐ)って、一体(いったい)何(なに)をしておられるんですか。
(책상 밑에 들어가서 도대체 무엇을 하고 계시는 겁니까?)
いま何(なに)を読(よ)んでおられますか。
(지금 무엇을 읽고 계십니까?)
金(キム)さんはいつも努力(どりょく)しておられますね。
(김지나 씨는 늘 노력하고 계시네요.)
主(しゅ)イエスは、ここで、その正義(せいぎ)を語(かた)っておられます。
(주 예수께서는 여기에서 그 정의를 말씀하고 계십니다.)
大臣(だいじん)が所信(しょしん)の中(なか)で、児童(じどう)生徒(せいと)のいじめ問題(もんだい)について、「弱(よわ)い者(もの)をいじめることは人間(にんげん)として絶対(ぜったい)に許(ゆる)されない」と言(い)っておられます。
(대신께서는 소신 중에서 초등학생·중고생의 괴롭힘 문제에 관해「약한 사람을 괴롭히는 것은 인간으로서 절대로 용서되지 않는다」고 말씀하고 계십니다.)

---

すると、その主人(しゅじん)は、[1]席(せき)を整(ととの)えて[2]用意(ようい)された二階(にかい)の[3]広間(ひろま)を[4]見(み)せてくれるから、そこにわたしたちのために用意(ようい)をしなさい」。[マルコによる福音書 14:15]
(그러면, 그 주인은 자리를 정돈하여 준비된 2층의 큰 방을 보여 줄 터이니 그곳에 우리들을 위해 준비를 하여라."[14:15])

---

[1]席(せき)を整(ととの)える : 자리를 정돈하다.

[예]だから、一人(ひとり)一人(ひとり)服装(ふくそう)を整(ととの)えて、口紅(くちべに)もつけて。お年寄(としよ)りが行事(ぎょうじ)を楽(たの)しんでおります。

(그래서 한 사람 한 사람 복장을 단정히 하고, 입술연지를 바르고. 노인들이 행사를 즐기고 있습니다.)

そのとき、おとめたちはみな起(お)きて、それぞれあかりを整(ととの)えた。[口語訳 / マタイによる福音書 25:7]

(그 때, 처녀들은 모두 일어나서, 각자 등불을 손질하였다.)[마태복음 25:7]

すると、その主人(しゅじん)は席(せき)の整(ととの)えられた二階(かい)の広間(ひろま)を見(み)せてくれるから、そこに用意(ようい)をしなさい」。[口語訳 / ルカによる福音書 22:12]

(그러면 그 주인은 자리가 정돈된 이층의 큰 방을 보여 줄 것이니, 거기에 준비를 해라.")[누가복음 22:12]

[2]用意(ようい)される : 준비되다.「用意(ようい)する」의 수동.

　[예]おそらく新(あたら)しい湯(ゆ)は金曜日(きんようび)の夜(よる)から、主人(しゅじん)の入浴(にゅうよく)に備(そな)えて用意(ようい)されていたのであろう。

(아마도 새 목욕물은 금요일 밤부터 남편의 입욕에 대비하여 준비되어 있었을 것이다.)

[3]広間(ひろま) : 큰 방.

[4]見(み)せてくれる : 보여 주다.「見(み)せる」에 수수표현「〜てくれる」가 접속된 것.

　[예]朝(あさ)八時(はちじ)という早(はや)い出発(しゅっぱつ)にもかかわらず、笹田(ささだ)先生(せんせい)も姿(すがた)を見(み)せてくれた。

(아침 8시라는 이른 출발임에도 불구하고 사사다 선생님도 모습을 보여 주었다.)

すると、彼女(かのじょ)は、「屋根裏(やねうら)はまるで私(わたし)の博物館(はくぶつかん)なのよ」と興奮(こうふん)して話(はな)し、私(わたし)にもその部屋(へや)を見(み)せてくれると言(い)った。

(그러자, 그녀는 「다락방은 마치 내 박물관이에요.」라고 흥분해서 이야기하고 내게도 그 방을 보여 주겠다고 말했다.)

> 弟子(でし)たちは出(で)かけて[1]市内(しない)に行(い)って見(み)ると、イエスが言(い)われたとおりであったので、過越(すぎこし)の食事(しょくじ)の用意(ようい)をした。[マルコによる福音書 14:16]
> (제자들은 나가서 성안에 가서 보니, 예수께서 말씀하신 대로였기 때문에 유월절의 식사 준비를 했다.[14:16])

[1]市内(しない)に行(い)って見(み)ると : 시내에 가서 보니.「~と」는 발견의 용법.

　[例]身内(みうち)だけのちょっとしたパーティという話(はなし)だったが、いざ行(い)ってみると、なかなかに盛大(せいだい)なものであった。
　　(가족만의 조촐한 파티라는 이야기였는데, 막상 가보니, 상당히 성대한 것이었다.)
　　ステージの方(ほう)に向(む)かって歩(ある)いて行(い)くと、何人(なんにん)かの人(ひと)たちがすでに来(き)ていた。
　　(스테이지 쪽을 향해 걸어가자, 사람들 몇 사람이 이미 와 있었다.)
　　受(う)けるつもりはなかったのですが、留守電(るすでん)を聞(き)いてみると、紹介(しょうかい)したい企業(きぎょう)の名前(なまえ)を言(い)ってました。
　　(받을 생각은 없었습니다만, 부재 중 전화를 들어보니, 소개하고 싶은 기업 이름을 말했습니다.)

〖92〗[マルコによる福音書 14:17 - 14:21]

> [1]夕方(ゆうがた)になって、イエスは十二弟子(じゅうにでし)と一緒(いっしょ)にそこに行(い)かれた。[マルコによる福音書 14:17]
> (저녁때가 되어서 예수께서는 12제자와 함께 거기에 가셨다.[14:17])

[1]夕方(ゆうがた) : 저녁때. 인터넷 검색을 통해 일본어로「하루의 시간대를 나타내는 말을 모아둔 사이트의 내용」을 인용해 보면 다음과 같다. 그리고 일본 기상청에서는 아래 표와 같이 명확하게 구분하여 사용하고 있지만, 이것 이외의 말은 애매하다고 하며, 또한 그렇게 확실히 구분하지 않고 애매한 쪽이 좋을지도 모른다고 하고 있다.[11]

| 용어 | デジタル大辞泉[12]의 해설 |
|---|---|
| 未明(みめい) | 미명. 아직 완전히 날이 새지 않을 때. びめい.<br>[보설]기상청의 일기예보 등에서는 오전 0시경에서 오전 3시경까지를 가리킨다. →「明(あ)け方(がた)」→「朝(あさ)」 |
| 明(あ)け方(がた) | 새벽녘. 동틀 녘. 夜明(よあ)け方(がた). 黎明(れいめい).<br>払暁(ふつぎょう). ⇔ 暮(く)れ方(がた).<br>[보설]기상청의 일기예보 등에서는 오전 3시경에서 오전 6시경까지를 가리킨다. →「未明(みめい)」→「朝(あさ)」 |
| 夜明(よあ)け | 새벽. 明(あ)け方(がた). 暁(あかつき). →「日暮(ひぐ)れ」 |
| 早朝(そうちょう) | 조조. 아침 이른 때. 조단(早旦). 조천(早天). |
| 黎明(れいめい) | 여명. 夜明(よあ)け. 明(あ)け方(がた). |
| 暁(あかつき) | 새벽. 새벽녘.《「あかとき(明時)」의 음변화(音変化)》<br>옛날에는 야반(夜半)에서 날이 샐 때까지의 시각의 추이를「あかつき」「しののめ」「あけぼの」로 구분하여,「あかつき」는 밤이 깊은 각한(刻限)을 가리키며 사용되었다. 夜明(よあ)け. 明(あ)け方(がた). |

---

11)「一日の時間帯を表す言葉を集めてみました」について考える
    https://blog.goo.ne.jp/tudukimituo1028/e/f2c4fa19642dd7c7f23eb2d143b5a2f5에서 인용해서 적의 번역함.
12) https://daijisen.jp/digital/

| | |
|---|---|
| 東雲(しののめ) | [아어(雅語)]동틀 녘. 明(あ)け方(がた)。曙(あけぼの)。 |
| 曙(あけぼの) | [아어(雅語)]새벽. 밝을 녘. 여명.<br>「朝(あさ)ぼらけ；새벽(녘). 먼동. 여명」보다 시간적으로 조금 전을 가리킨다. 夜明(よあ)け。東雲(しののめ)。 |
| 彼(あれ)は誰時(たれどき) | 저녁때.《저것이 누구인지 구별이 안 되는, 어둑어둑한 시간의 뜻》<br>夕方(ゆうがた)。かわたれどき。たそがれどき。 |
| 朝(あさ) | 아침.<br>[보설] 기상청의 일기예보 등에서는 오전 6시경에서 오전 9시경까지. |
| 昼前(ひるまえ) | 오전. 점심 전. 정오 조금 전.<br>[보설] 기상청의 일기예보 등에서는 오전 9시경에서 12시경까지. |
| 昼(ひる) | ① 낮. 日中(にっちゅう)。ひるま。⇔ 夜(よる)。<br>② (「午」이라고도 표기) 정오. 또는 그것에 가까운 시각. |
| 昼過(ひるす)ぎ | 오후. 정오가 조금 지났을 무렵.<br>[보설] 기상청의 일기예보 등에서는 12시경에서 15시경까지. |
| 日中(にっちゅう) | 주간. 낮. ひるま。→「昼(ひる)」 |
| 夕方(ゆうがた) | 저녁때. 해질녘.《「ゆうかた」라고도 한다》日(ひ)の暮(く)れ方(がた)。<br>[보설] 기상청의 일기예보 등에서는 15시경에서 18시경까지. →「夜(よる)」 |
| 夜(よる)のはじめ頃(ころ) | 밤이 시작될 때. 현상이 저녁때를 지나 시작하는 그럴 때에는「오후」를 사용하지 않고,「夜(よる)のはじめ頃(ころ)」,「夜(よる)遅(おそ)く」등 밤의 시간 구간에 관한 용어를 사용한다.<br>[보설] 기상청의 일기예보 등에서는 18시경에서 21시경까지. |
| 宵(よい) | 초저녁. 저녁. 밤.<br>고대에서는 밤을 3구분했는데 그것의 하나. 저녁때에서 밤중까지의 사이. 初夜(しょや)。<br>※밤의 3구분 =「宵(よい)」「夜中(よなか)」「暁(あかつき)」 |
| 夕暮(ゆうぐ)れ | 황혼. 해질녘. 日暮(ひぐ)れ。たそがれ。 |
| 日暮(ひぐ)れ | 저녁때. 일모. 夕暮(ゆうぐ)れ。たそがれ。 |
| 薄暮(はくぼ) | 박모. 황혼. 夕暮(ゆうぐ)れ。たそがれ。 |
| 黄昏(たそがれ)時(どき) | 황혼. 해질녘. 夕暮(ゆうぐ)れ時(どき)。夕方(ゆうがた)。→ かわたれどき |

| | |
|---|---|
| 逢魔時·逢魔が時·逢う魔が時(おうまがとき) | 해가 지고 어둠이 도래하는 시간대를 의미하는 말. 요괴를 만나기 쉬운 시간이라고 생각되었던 것에서. |
| 夜(よる) | 밤. 요. ⇔「昼(ひる)」<br>[보설] 기상청의 일기예보 등에서는 18시경에서 24시경까지. (또는 익일 6시경까지)를 가리킨다.<br>그리고 18시경에서 21時頃까지를「夜(よる)のはじめ頃(ころ)」, 21시경에서 24시경까지를「夜(よる)遅(おそ)く」로 하고 있다. →「夕方(ゆうがた)」 |
| 深夜(しんや) | 심야. 真夜中(まよなか)。よふけ。深更(しんこう)。 |
| 夜中(よなか) | 밤중. 한밤중. 夜更(よふ)け。夜半(やはん)。 |
| 真夜中(まよなか) | 한밤중. 深夜(しんや)。 |

---

そして、一同(いちどう)が[1]席(せき)に着(つ)いて食事(しょくじ)をしているとき言(い)われた、「[2]特(とく)にあなたがたに[3]言(い)っておくが、あなたがたの中(なか)の一人(ひとり)で、わたしと一緒(いっしょ)に食事(しょくじ)をしている者(もの)が、[4]わたしを裏切(うらぎ)ろうとしている」。[マルコによる福音書 14:18]

(그리고 일행이 자리에 앉아서 식사를 하고 있을 때, 말씀하셨다. "특히 너희에 말해 두지만, 너희 중의 한 사람, 나와 함께 식사를 하고 있는 사람이 나를 배반하려고 한다."[14:18])

[1]席(せき)に着(つ)く: 자리에 앉다.
　[例]さあ席(せき)に着(つ)いて各自(かくじ)自分(じぶん)の課題(かだい)に取(と)り組(く)んでください。
　(자, 자리에 앉아 각자 자기 과제에 몰두해 주세요.)
　会議室(かいぎしつ)に入(はい)って来(く)る幹部(かんぶ)一人(ひとり)一人(ひとり)の顔(かお)を見(み)ながら、彼女(かのじょ)は黙(だま)って席(せき)に着(つ)いていた。

(회의실에 들어오는 간부 한 사람, 한 사람의 얼굴을 보면서 그녀는 말없이 자리에 앉아 있었다.)

[2] 特(とく)に : 특히. 특별히.

[例] もう少(すこ)しで4歳(よんさい)になる娘(むすめ)がいるのですが、最近(さいきん)特(とく)に言(い)う事(こと)を聞(き)かず困(こま)っています。

(조금 있으면 4살이 되는 딸이 있습니다만, 최근 특히 말을 듣지 않아 애를 먹고 있습니다.)

その中(なか)で、実(じつ)は大臣(だいじん)が新聞(しんぶん)のインタビューに、女性(じょせい)だからとして特(とく)に言(い)うことはありませんと、お答(こた)えになっていたのを新聞(しんぶん)記事(きじ)で見(み)たわけです。

(그 중에서 실은 대신께서 신문 인터뷰에 여성이라고 해서 특별히 말할 것은 없습니다 하고 대답하신 것을 신문기사에서 본 것입니다.)

[3] 言(い)っておく : 말해 두다. 「言(い)う」에 보조동사 「～ておく」가 접속된 것.

[例] 私(わたし)のあるいは他(た)の誰(だれ)かの名誉(めいよ)のためにも言(い)っておくが、私(わたし)は絶対(ぜったい)に、学術(がくじゅつ)優秀(ゆうしゅう)な学生(がくせい)などでありはしなかった。

(나의 혹은 다른 누군가의 명예를 위해서도 말해 두지만, 나는 절대로 학술이 우수한 학생 등은 아니었다.)

ついでに言(い)っておくが、私(わたし)は「聖者(せいじゃ)」をキリスト教(きょう)の専門(せんもん)用語(ようご)の聖者(せいじゃ)とは部分的(ぶぶんてき)に異(こと)なった意味(いみ)で用(もち)いている。

(말한 김에 말해 두지만, 저는 「성자」를 기독교의 전문 용어의 성자와는 부분적으로 다른 의미로 사용하고 있다.)

[4] わたしを裏切(うらぎ)ろうとしている : 나를 배반하려고 한다. 「裏切(うらぎ)ろうとする」는 「裏切(うらぎ)る」의 미연형 「裏切(うらぎ)ろ」에 화자의 의지를 나타내는 「～うとする」가 접속된 것.

[例]弥四郎(やしろう)は、徳川(とくがわ)は武田(たけだ)に負(ま)けると信(しん)じていたため、命(いのち)がけで主人(しゅじん)を裏切(うらぎ)ろうとした。
(야시로[大賀弥四郎(おおが やしろう)]는 도쿠가와가 다케다에게 진다고 믿고 있었기 때문에 목숨을 걸고 주인을 배반하려고 했다.)

話(はな)している話題(わだい)から計画的(けいかくてき)にあなたを騙(だま)して裏切(うらぎ)ろうと最初(さいしょ)から考(かんが)えているかもしれません。
(이야기하고 있는 화제에서 계획적으로 당신을 속이고 배반하려고 처음부터 생각하고 있는지도 모릅니다.)

その人(ひと)がほんとうはどんな人(ひと)か分(わ)からないし。秘密(ひみつ)や隠(かく)し事(ごと)をしてるのは、嘘(うそ)と一緒(いっしょ)でしょ。いつか裏切(うらぎ)ろうとしているかもしれない。
(그 사람이 정말 어떤 사람인지 알 수 없고. 비밀이나 숨기고 있는 일을 한다는 것은 거짓말과 같지 않아요? 언젠가 배반하려고 할지도 몰라.)

それは同時(どうじ)に『無条件(むじょうけん)に疑(うたが)わないこと』であり、裏切(うらぎ)ろうと思(おも)えばいつでも裏切(うらぎ)ることができる関係(かんけい)なんですよね。
(그것과 동시에 '무조건 의심하지 않는 것'이며, 배반하려고 생각하면 언제든지 배반할 수 있는 관계인 것이지요.)

---

弟子(でし)たちは心配(しんぱい)して、[1]一人(ひとり)びとり「[2]まさか、わたしではないでしょう」と言(い)い出(だ)した。[マルコによる福音書 14:19]
(제자들은 걱정해서 한 사람 한 사람, "설마 저는 아니지요?" 하며 말하기 시작했다.[14:19])

---

[1]一人(ひとり)びとり[一人一人]:「ひとりひとり」라고도 한다.
　①한 사람 한 사람.

[例] 一人(ひとり)びとり診察(しんさつ)する。

　　(한 사람 한 사람 진찰하다.)

②각자. =「銘々(めいめい)」「各人(かくじん)」

[例] 一人(ひとり)びとりの自覚(じかく)が大切(たいせつ)だ。

　　(각자의 자각이 중요하다.)

[2]まさか、わたしではないでしょう: 설마 저는 아니지요?

[例]あなたはまさか、思(おも)いつきや冷(ひ)やかしでそんな重大(じゅうだい)なことを言(い)いに来(き)たのじゃないでしょうな。

(당신은 설마 즉흥적인 생각이나 놀림조로 그런 중대한 것을 말하러 온 것은 아니지요?)

まさか、と思(おも)いながら、彼(かれ)は自分(じぶん)のほうから、人影(ひとかげ)に向(む)かって歩(ある)いて行(い)った。

(설마 라고 생각하면서도 그는 자기 쪽에서 사람 그림자를 향해 걸어갔다.)

イエスは言(い)われた、「十二人(じゅうににん)の中(なか)の一人(ひとり)で、わたしと一緒(いっしょ)に同(おな)じ[1]鉢(はち)に[2][3]パンを浸(ひた)している者(もの)が、それである。[マルコによる福音書 14:20]
(예수께서 말씀하셨다. "12명 중의 한 명으로 나와 함께 같은 사발에 빵을 적시고 있는 사람이 바로 그 사람이다"[14:20])

[1]鉢(はち) : 주발. 사발.
[2][パン]を浸(ひた)す : [빵]을 적시다.

[例]お湯(ゆ)に手(て)を浸(ひた)す。

　　(더운 물에 손을 담그다.)

　　足(あし)を水(みず)に浸(ひた)す。

　　(발을 물에 잠그다.)

手(て)ぬぐいを水(みず)に浸(ひた)して顔(かお)を拭(ぬぐ)う。

(수건을 물에 적시어 얼굴을 닦다.)

イエスは答(こた)えられた、「わたしが一(ひと)きれの食物(しょくもつ)を浸(ひた)して与(あた)える者(もの)が、それである」。そして、一切(ひとき)れの食物(しょくもつ)を浸(ひた)して取(と)り上(あ)げ、シモンの子(こ)イスカリオテのユダにお与(あた)えになった。[口語訳 / ヨハネによる福音書 13:26]

(예수께서 대답하셨다. "내가 한 조각의 음식(빵 한 조각)을 적셔서 주는 사람이 바로 그 사람이다." 그리고 빵 한 조각을 적셔 들어 올려 시몬의 아들 이스가리옷 유다에게 주셨다.)[요한복음 13:26]

[3][パンを浸(ひた)している者(もの)が]、それである : [빵을 적시고 있는 사람이] 바로 그 사람이다. 「それである」의 「それ」는 본문에서는 사물을 나타내는 지시대명사가 아니라 인칭대명사로 전용된 것으로 문맥지시의 용법으로 사용되고 있다.

[例]イエスは女(おんな)に言(い)われた、「あなたと話(はなし)をしているこのわたしが、それである」。[口語訳 / ヨハネによる福音書 4:26]

(예수께서 여자에게 말씀하셨다. "너와 이야기를 하고 있는 바로 내가 그 사람이다.")[요한복음 4:26]

そのことがまだ起(お)らない今(いま)のうちに、あなたがたに言(い)っておく。いよいよ事(こと)が起(お)ったとき、わたしがそれであることを、あなたがたが信(しん)じるためである。[口語訳 / ヨハネによる福音書 13:19]

(그 일이 아직 일어나기 전에 지금 너희에게 말해 둔다. 정말로 일이 일어났을 때 내가 바로 그 사람이라는 것을 너희가 믿게 하기 위함이다.)[요한복음 13:19]

彼(かれ)らは「ナザレのイエスを」と答(こた)えた。イエスは彼(かれ)らに言(い)われた、「わたしが、それである」。イエスを裏切(うらぎ)ったユダも、彼(かれ)らと一

緒(いっしょ)に立(た)っていた。[口語訳 / ヨハネによる福音書 18:5]
(그들은 "나사렛 사람 예수를"이라고 대답했다. 예수께서 그들에게 말씀하셨다. "내가 바로 그 사람이다." 예수를 배반한 유다도 그들과 함께 서 있었다.)[요한복음 18:5]

イエスが彼(かれ)らに「わたしが、それである」と言(い)われたとき、彼(かれ)らはうしろに引(ひ)き下(さ)がって地(ち)に倒(たお)れた。[口語訳 / ヨハネによる福音書 18:6]
(예수께서 그들에게 "내가 바로 그 사람이다" 하고 말씀하셨을 때, 그들은 뒤로 물러나서 땅에 쓰러졌다.)[요한복음 18:6]

[1]確(たし)かに人(ひと)の子(こ)は、自分(じぶん)について書(か)いてあるとおりに[2]去(さ)って行(い)く。しかし、[3]人(ひと)の子(こ)を裏切(うらぎ)るその人(ひと)は、[4]わざわいである。[5]その人(ひと)は生(う)まれなかった方(ほう)が、彼(かれ)のためによかったであろう」。[マルコによる福音書 14:21]
(확실히 인자는 자기에 관해 쓰여 있는 대로 떠나간다. 그러나 인자를 배반하는 그 사람은 화를 입는다. 그 사람은 태어나지 않았던 편이 그를 위해 좋았을 것이다."[14:21])

[1]確(たし)かに : 확실히. 틀림없이. 형용동사「確(たし)かだ ; 확실하다」의 연용형.
 [例]確(たし)かに、ここに置(お)いといたはずなんですが…。
  (틀림없이 여기에 놔 두었는데.)
  真夜中(まよなか)に、あやしい靴音(くつおと)を、ぼくは確(たし)かにこの耳(みみ)で聞(き)いたのです。
  (한밤중에 이상한 구두 소리를 나는 분명히 이 귀로 들었습니다.)
  では、ご注文(ちゅうもん)の品物(しなもの)は、今週中(こんしゅうちゅう)に確(た

し)かにお届(とど)けに上(あ)がります。
(그럼, 주문하신 물건은 이번 주 중에 틀림없이 배달하러 찾아뵙겠습니다.)
代理店(だいてん)から帰(かえ)って来(き)た時(とき)は、手形(てがた)と小切手(こぎって)は確(たし)かに鞄(かばん)の中(なか)にありましたか。
(대리점에서 돌아왔을 때는 어음과 수표는 틀림없이 가방 안에 있었습니까?)

A : どんなに頭(あたま)がよくても謙虚(けんきょ)でなければ出世(しゅっせ)はちょっとね。
(아무리 머리가 좋아도 겸손하지 않으면 출세하는 것은 좀 <힘들어요>.)
B : そうだね。確(たし)かに彼(かれ)は賢(かしこ)いけど、ちょっと謙虚(けんきょ)さに欠(か)けるね。
(맞아. 확실히 그는 똑똑하지만 겸손함이 좀 부족해.)

□ 「確(たし)か」:「아마 틀림없이」
「確(たし)か」는 부사로서 형용동사 「確(たし)かだ ; 확실하다」의 연용형인 「確(たし)かに ; 확실히」와 구별해야 한다. 「確(たし)か」는 「(자신의 기억이나 지식에 약간 자신은 없지만) 기억에 틀림이 없으면, 내 기억에 의하면, 아마 틀림없이」에 가까운 뜻을 나타내나 한국어에 꼭 들어맞지 않는 경우도 있다.
[例] 確(たし)か来年(らいねん)は、閏年(うるうどし)ですよ。
(아마 틀림없이 내년은 윤년이지요.)
このことは社長(しゃちょう)も、確(たし)かご承知(しょうち)のはずです。
(이 일은 사장님도 아마 틀림없이 아시고 계실 것입니다.)
確(たし)か田中君(たなかくん)は、今(いま)ヨーロッパへ旅行中(りょこうちゅう)のはずです。
(아마 틀림없이 다나카 군은 지금 유럽에 여행 중일 겁니다.)
この写真(しゃしん)は、確(たし)か、五年前(ごねんまえ)、田舎(いなか)へ行(い)

った時(とき)、撮(と)ったものだ。

(이 사진은 아마 틀림없이 5년 전에 시골에 갔을 때 찍은 것이다.)[13]


[2]去(さ)って行(い)く : 떠나가다.

　[例]慌(あわ)ただしくドアの方(ほう)に去(さ)って行(い)く男(おとこ)の姿(すがた)があった。

　(황급히 문 쪽으로 떠나가는 남자 모습이 있었다.)

　仕事場(しごとば)へ、家(いえ)へ、夕食(ゆうしょく)の準備(じゅんび)を整(ととの)えに、人々(ひとびと)は散(ち)り散(ぢ)りに去(さ)って行(い)く。

　(일터로, 집으로, 저녁식사 준비를 하기 위해 사람들은 뿔뿔이 떠나간다.)

[3]人(ひと)の子(こ)を裏切(うらぎ)るその人(ひと)は、わざわいである : 인자를 배반하는 그 사람은 재앙이다[화를 입는다].

[4]わざわい[災い] : 재앙. 재난. 화.

　[例]口(くち)は災(わざわ)いのもと。

　(입이 화근이다.)

　災(わざわ)いを被(こうむ)る。

　(화를 입다.)

　災(わざわ)いにあう。

　(재난을 당하다.)

　災(わざわ)いが降(ふ)り掛(か)かる。

　(재난이 덮치다.)

[5]その人(ひと)は[生(う)まれなかった]方(ほう)が、彼(かれ)のために[よかった]であろう : 그 사람은 [태어나지 않았던] 편이 그를 위해 [좋았]을 것이다. 그런데「어떤 것을 하지 않는 편이 좋다」와 같은 부정의 충고·조언은「～ない方(ほう)がいい」의 형식으로 나타내는데, 본문에서는「～なかった方(ほう)がよかった」와

---

13) 李成圭(2003a)도쿄 비즈니스 일본어1 不二文化. p.203에서 인용.

같이 동사의 과거 부정에「～方(ほう)が」가 접속되고 주문의 술어에 과거형인「よかった」가 쓰였다는 점에서 충고·조언이 아니라, 과거 어느 시점에 있어서의 비교 구문으로 가상을 나타내고 있다고 해석하는 것이 타당하다.

[例]だから、Aさんが六十六歳(ろくじゅうろくさい)を過(す)ぎたときを考(かんが)えると、厚生(こうせい)年金(ねんきん)を十五年(じゅうごねん)に<u>しなかった方(ほう)がよかった</u>、ということになる。

(따라서 A씨가 66세가 넘었을 때를 생각하면 후생연금을 15년으로 하지 않았던 쪽이 좋았다, 고 하는 셈이 된다.)

ありのままをぶちまけてやりたくなる ―《なぜ私(わたし)は生(う)まれてきたのか。<u>生(う)まれて来(こ)なかった方(ほう)が良(よ)かったのに</u>》一人(ひとり)ぽっちのとき、いつもの口(くち)ぐせ意識(いしき)ぐせが心(こころ)の壁(かべ)にはね返(かえ)る。

(있는 그대로 속엣 것을 모조리 털어 내 주고 싶다.《왜 나는 태어나왔는가. 태어나지 않았던 편이 좋았을 텐데》외톨이로 있을 때, 언제나 입버릇, 의식 버릇이 마음의 벽에 튀어서 되돌아온다.)

### ⟪93⟫ [マルコによる福音書 14:22 - 14:25]

一同(いちどう)が食事(しょくじ)をしているとき、イエスは[1]パンを取(と)り、祝福(しゅくふく)してこれを裂(さ)き、弟子(でし)たちに与(あた)えて言(い)われた、「[2]取(と)れ、これはわたしのからだである」。[マルコによる福音書 14:22]

(일행이 식사를 하고 있을 때, 예수께서 빵을 들어, 축복하고 이것을 떼어서 제자들에게 주며 말씀하셨다. "받아라. 이것이 내 몸이다."[14:22])

[1]パンを取(と)り、祝福(しゅくふく)してこれを裂(さ)き、弟子(でし)たちに与(あた)えて : 빵을 들어, 축복하고 이것을 떼어서 제자들에게 주며. 본문에서는「取(と)り」(연용중지법)「祝福(しゅくふく)して」(「テ형」)「裂(さ)き」(연용중지법)「与(あた)えて」(「テ형」)와 같이 연용중지법과 テ형을 반복하며 문을 확장하고 있다.
[2]取(と)れ : 받아라.「取(と)る」의 명령형.

> また、杯(さかずき)を取(と)り、[1]感謝(かんしゃ)して[2]彼(かれ)らに与(あた)えられると、一同(いちどう)はその[3]杯(さかずき)から飲(の)んだ。[マルコによる福音書 14:23]
> (그리고 술잔을 들어 감사드리고 그들에게 주시자, 일행은 그 잔으로 마셨다.[14:23])

[1]感謝(かんしゃ)する : 감사하다. 감사드리다. 고맙게 생각하다.「感謝(かんしゃ)する」는 딱딱한 말씨로 한국어의「감사하다」에 비해 정중도가 높다.
　[例]この点(てん)でも編集者(へんしゅうしゃ)の富岡(とみおか)さんには非常(ひじょう)に感謝(かんしゃ)している。
　(이 점에서도 편집자 도미오카 씨에게는 대단히 고맙게 생각한다.)
　その意味(いみ)では、私的(してき)な生活(せいかつ)を確保(かくほ)してくれた親父(おやじ)の配慮(はいりょ)に、ぼくは非常(ひじょう)に感謝(かんしゃ)しているわけです。
　(그 의미에서는 사적인 생활을 확보해 준 아버지의 배려에 나는 대단히 고맙게 생각하는 것입니다.)
[2]彼(かれ)らに与(あた)えられる : 그들에게 주시다.「与(あた)えられる」는「与(あた)える」의 レル형 경어.
　[例]そこでは、遺産(いさん)となるものは何(なに)一つ、一歩(いっぽ)の幅(はば)の土地(とち)すらも、与(あた)えられなかった。ただ、その地(ち)を所領(しょりょう)とし

て授(さず)けようとの約束(やくそく)を、彼(かれ)と、そして彼(かれ)にはまだ子(こ)がなかったのに、その子孫(しそん)とに与(あた)えられたのである。[口語訳 / 使徒行伝 7:5]

(거기에서는 유산이 될 만한 것은 무엇 하나, 한 걸음의 폭의 땅조차도 주시지 않았다. 다만, 그 땅을 영지로서 주겠다는 약속을 그와 그리고 그에게는 자식이 없었음에 불구하고 그 자손에게 주신 것입니다.)[사도행전 7:5]

[3] 杯(さかずき)から飲(の)む : 술잔을 통해 마시다. 술잔으로 마시다. 「～から」는 경위·경로를 나타내는 용법으로 「～を通(とお)って ; ～을 통해」「～に沿(そ)って ; ～에 따라」에 상당하는 뜻을 나타낸다.

[例] 東京(とうきょう)を出(で)て、名古屋(なごや)から京都(きょうと)へと向(む)かう。

(도쿄를 출발하여 나고야를 거쳐 교토에 향하다.)

玄関(げんかん)からお入(はい)りください。

(현관으로 들어오십시오.)

窓(まど)からごみを捨(す)ててはいけない。

(창문으로 쓰레기를 버려선 안 된다.)

沖縄(おきなわ)の婚礼(こんれい)で、新郎(しんろう)新婦(しんぷ)が同時(どうじ)に一(ひと)つの杯(さかずき)から酒(さけ)を飲(の)む習慣(しゅうかん)があるが、台湾(たいわん)の高山族(こうざんぞく)[高砂族(たかさごぞく)]では兄弟(きょうだい)の契(ちぎ)りを結(むす)ぶときに、やはり抱(だ)き合(あ)って一(ひと)つの杯(さかずき)で二人(ふたり)で酒(さけ)を飲(の)む。

(오키나와의 혼례에서 신랑신부가 동시에 하나의 술잔으로 술을 마시는 습관이있는데, 대만의 고산족[고사족]에서는 형제의 인연을 맺을 때에 역시 서로 껴안고 하나의 술잔으로 둘이서 술을 마신다.)

イエスはまた言(い)われた、「これは、多(おお)くの人(ひと)のために[1]流(なが)すわたしの[2]契約(けいやく)の血(ち)である。[マルコによる福音書 14:24]

(예수께서는 다시 말씀하셨다. "이것은 많은 사람들을 위해 흘리는 내 언약의 피이다.[14:24])

[1]血(ち)を流(なが)す : 피를 흘리다.
　[例]緊急(きんきゅう)救命室(きゅうめいしつ)で血(ち)を流(なが)す患者(かんじゃ)を放(ほう)っておくわけにはいかなかったのよ。
　(긴급 구명실에서 피를 흘리는 환자를 내버려 둘 수는 없었어.)
　この七(なな)つの中(なか)で行為(こうい)となって外(そと)へ現(あらわ)れる罪(つみ)は、「罪(つみ)のない者(もの)の血(ち)を流(なが)す手(て)」つまり、無実(むじつ)の人(ひと)を殺(ころ)すことだけです。
　(이 7가지 중에서 행위가 되어 밖으로 나타나는 죄는, 「죄가 없는 사람의 피를 흘리는 방식」 즉 죄가 없는 사람을 죽이는 것뿐입니다.)
　この仕事(しごと)を遂行(すいこう)するには、ある程度(ていど)血(ち)を流(なが)すことを覚悟(かくご)しなければならない。きれいごとだけではすまない。
　(이 일을 수행하기 위해서는 어느 정도의 피를 흘리는 것은 각오해야 한다. 겉치레만은 좋은 것만으로 끝나지 않는다.)

[2]契約(けいやく)の血(ち) : 계약의 피. 언약의 피.
　[例]これは、罪(つみ)のゆるしを得(え)させるようにと、多(おお)くの人(ひと)のために流(なが)すわたしの契約(けいやく)の血(ち)である。[口語訳 / マタイによる福音書 26:28]
　(이것은 죄의 사함을 얻게 하려고, 많은 사람을 위해 흘리는 나의 언약의 피다.) [마태복음 26:28]
　そして、「これは、神(かみ)があなたがたに対(たい)して立(た)てられた契約(けいやく)の血(ち)である」と言(い)った。[口語訳 / ヘブル人への手紙 9:20]
　(그리고 "이것은 하나님께서 너희에 대해 세우신 언약의 피이다." 라고 말했다.)[히브리서 9:20]

> あなたがたに[1]よく言(い)っておく。神(かみ)の国(くに)で新(あたら)しく飲(の)むその日(ひ)までは、わたしは決(けっ)して[2]二度(にど)と、[3]ぶどうの実(み)から造(つく)ったものを[4]飲(の)むことをしない」。[マルコによる福音書 14:25]
> (너희에게 분명히 말해 두겠다. 하나님 나라에서 새로 마시는 그 날까지 나는 결코 두 번 다시 포도 열매로 만든 것을 마시지 않겠다."[14:25])

[1]よく言(い)っておく: 잘 말해 두겠다. 분명히 말해 두겠다.

   [例]あなたがたによく言(い)っておく。さばきの日(ひ)には、ソドム、ゴモラの地(ち)の方(ほう)が、その町(まち)よりは耐(た)えやすいであろう。[口語訳 / マタイによる福音書 10:15]

   (너희에게 분명히 말해 두겠다. 심판의 날에는 소돔, 고모라 땅이 그 도시보다는 견디기가 쉬울 것이다.")[마태복음 10:15]

[2]二度(にど)と: 두 번 다시.

   [例]若(わか)い日(ひ)は二度(にど)と戻(もど)りません。

   (젊은 날은 두 번 다시 돌아오지 않습니다.)

   今後(こんご)は、二度(にど)といたしませんので、堪忍(かんにん)してください。

   (앞으로는 두 번 다시 하지 않겠으니 용서해 주세요.)

   もうあんな事故(じこ)は二度(にど)と起(お)きなければいいんですが。

   (이제 그런 사고는 두 번 다시 일어나지 않으면 좋겠는데.)

   田中(たなか)さん、二度(にど)と電話(でんわ)しないって約束(やくそく)だったでしょう。約束(やくそく)はちゃんと守(まも)らなくちゃならないんじゃないですか。

   (다나카 씨, 두 번 다시 전화하지 않겠다는 약속이었지요? 약속은 반드시 지켜야 하는 것이 아닙니까?)

[3]ぶどうの実(み)から造(つく)る: 포도 열매로 만들다. 이때의「～から」는 재료, 구성 요소를 나타낸다.

   [例]水(みず)は水素(すいそ)と酸素(さんそ)からなる。

(물은 수소와 산소로 되어 있다.)

日本(にほん)の最南端(さいなんたん)にある沖ノ鳥島(おきのとりしま)は無人(むじん)の環礁(かんしょう)で、小(ちい)さな二(ふた)つの島(しま)からなる。
(일본 최남단에 있는 오키노토리시마는 무인의 환초로 작은 두 개의 섬으로 되어 있다.)

フランスの香水(こうすい)は葡萄酒(ぶどうしゅ)のアルコールの原料(げんりょう)から造(つく)るのだから、酒(さけ)と香水(こうすい)は同家族(どうかぞく)のわけだ。
(프랑스의 향수는 포도주의 알코올의 원료로 만드는 것이니까, 술과 향수는 같은 가족인 셈이다.)

[4] 飲(の)むことはしない : 마시는 일은 하지 않는다. 마시지 않는다[않겠다]. 「동사+ことはしない」로 쓰여「～하는 일은 하지 않다」「～하지 않다·～하지 않겠다」에 상당하는 의미를 나타낸다.

[例] 小倉(おぐら)も上野(うえの)も「別居(べっきょ)」や「離婚(りこん)」に責任(せきにん)を取(と)ることはしない。
(오구라도 우에노도「별거」나「이혼」에 책임을 지는 일은 하지 않는다.)

日本人(にほんじん)の場合(ばあい)、どんなにきれいに洗(あら)ってあっても、他人(たにん)のお箸(はし)を使(つか)うことはしない。
(일본인의 경우, 아무리 깨끗하게 씻어 두어도 남의 젓가락을 사용하지 않는다.)

この一文(いちぶん)は伊藤氏(いとうし)の質問(しつもん)に答(こた)えるためのものであって総山氏(ふさやまし)を批判(ひはん)するのが目的(もくてき)ではないから、これ以上(いじょう)総山氏の論文(ろんぶん)について論(ろん)ずることはしない。
(이 일문은 이토 씨의 질문에 답하기 위한 것으로 후사야마 씨를 비판하는 것이 목적이 아니니, 더 이상 후사야마 씨 논문에 관해 논하지 않겠다.)

## ⑼4⁾ [マルコによる福音書 14:26 - 14:31]

> 彼(かれ)らは、[1]賛美(さんび)を歌(うた)った後(のち)、オリブ山(やま)へ出(で)かけて行(い)った。[マルコによる福音書 14:26]
> (그들은 찬송을 부른 다음, 올리브 산으로 나갔다.[14:26])

[1]賛美(さんび)を歌(うた)う : 찬미를 부르다. 찬송을 부르다.
　[例] 真夜中(まよなか)ごろ、パウロとシラスとは、神(かみ)に祈(いの)り、賛美(さんび)を歌(うた)い続(つづ)けたが、囚人(しゅうじん)たちは耳(みみ)をすまして聞(き)き入(い)っていた。[口語訳 / 使徒行伝 16:25]
　(한밤중에 바울과 실라가 하나님에게 기도하며 찬송을 계속해서 불렀지만 죄수들은 귀를 기울여 열심히 듣고 있었다.) [사도행전 16:25]
　自分(じぶん)が賛美(さんび)を歌(うた)うのは、「自分(じぶん)がそういう生(い)き方(かた)ができているから」とか、「自分(じぶん)がきれいできよいから」とかではなくて、むしろ逆(ぎゃく)できれいでも何(なん)でもない、むしろ現実(げんじつ)はぐちゃぐちゃな矛盾(むじゅん)だらけの自分(じぶん)だけど。
　(내가 찬송을 부르는 것은 「내가 그런 삶이 가능하다」든가, 「자신이 깨끗하고 더럽지 않다」든가가 아니라 오히려 거꾸로 깨끗하지도 아무 것도 않고, 오히려 현실은 엉망진창의 모순투성이인 나지만.)

> そのとき、イエスは弟子(でし)たちに言(い)われた、「あなたがたは皆(みな)、[1]わたしにつまずくであろう。『わたしは[2]羊飼(ひつじかい)を打(う)つ。そして、[3]羊(ひつじ)は散(ち)らされるであろう』と書(か)いてあるからである。[マルコによる福音書 14:27]
> (그 때, 예수께서 제자들에게 말씀하셨다. "너희는 모두 내게 걸려 넘어질 것이다. '나는 양치기를 친다. 그리고 양은 흩어질 것이다'"라고 쓰여 있기 때문이다.)[14:27]

[1]わたしにつまずくであろう : 내게 걸려 넘어질 것이다. 「つまずく」의 예를 구어역 신약성서에서 들면 다음과 같다.

[例]イエスは答(こた)えられた、「一日(にち)には十二時間(じかん)あるではないか。昼間(ひるま)歩(ある)けば、人(ひと)はつまずくことはない。この世(よ)の光(ひか)り)を見(み)ているからである。[口語訳 / ヨハネによる福音書 11:9]
(예수께서 대답하셨다. "하루에는 열두 시간 있지 않느냐? 낮에 걸어 다니면, 사람들은 걸려서 넘어지지 않는다. 이 세상의 빛을 보고 있기 때문이다.)[요한복음 11:9]

しかし、夜(よる)歩(ある)けば、つまずく。その人(ひと)のうちに、光(ひかり)がないからである」。[口語訳 / ヨハネによる福音書 11:10]
(그러나 밤에 걸어 다니면, 걸려서 넘어진다. 그 사람 안에 빛이 없기 때문이다.)[요한복음 11:10]

[2]羊飼(ひつじか)い : 양치기. 목자.

[例]そして、すべての国民(こくみん)をその前(まえ)に集(あつ)めて、羊飼(ひつじかい)が羊(ひつじ)とやぎとを分(わ)けるように、彼(かれ)らをより分(わ)け、[口語訳 / マタイによる福音書 25:32]
(그리고 모든 민족을 자기 앞으로 모아서 목자가 양과 염소를 나누듯이 그들을 골라내어, [마태복음 25:32]

羊(ひつじ)を右(みぎ)に、やぎを左(ひだり)におくであろう。[口語訳 / マタイによる福音書 25:33]
(양은 오른쪽에, 염소는 왼쪽에 둘 것이다.) [마태복음 25:33]

さて、この地方(ちほう)で羊飼(ひつじかい)たちが夜(よる)、野宿(のじゅく)しながら羊(ひつじ)の群(む)れの番(ばん)をしていた。[口語訳 / ルカによる福音書 2:8]
(그런데, 이 지역의 목자들이 밤에 노숙하면서 양 떼를 지키고 있었다.) [누가복음 2:8]

[3]羊(ひつじ)が散(ち)らされる : 양이 흩어지다. 「散(ち)らされる」는 「散(ち)らす」의 수동.

[例]他(た)の部員(ぶいん)はさまざまな部署(ぶしょ)に散(ち)らされていて、その存在感(そんざいかん)はいまのところ失(う)せているとのことだ。

(다른 부원은 여러 부서로 흩어져 있어, 그 존재감은 지금으로서는 안 보인다고 한다.)

そののち、人口(じんこう)調査(ちょうさ)の時(とき)に、ガリラヤ人(びと)ユダが民衆(みんしゅう)を率(ひき)いて反乱(はんらん)を起(お)こしたが、この人(ひと)も滅(ほろ)び、従(したが)った者(もの)もみな散(ち)らされてしまった。[口語訳 / 使徒行伝 5:37]

(그 후 인구조사를 할 때에, 갈릴리 사람 유다가 민중을 이끌고 반란을 일으켰지만, 이 사람도 멸망하고 따르는 사람들도 흩어지고 말았다.)[사도행전 5:37]

しかしわたしは、甦(よみがえ)ってから、あなたがたより[1]先(さき)にガリラヤへ行(い)くであろう"。[マルコによる福音書 14:28]
(그러나 나는 다시 살아나고 나서 너희보다 먼저 갈릴리에 갈 것이다."[14:28])

[1]先(さき)に行(い)く : 먼저 가다. 본문의 「先(さき)」는 「먼저」와 같이 시간적 선후를 나타내는 데에 쓰이고 있다.

[例]ぼくが先(さき)だ。

(내가 먼저다.)

運賃(うんちん)を先(さき)に払(はら)っておく。

(운임을 먼저 지불해 두다.)

おやつを食(た)べる前(まえ)に、先(さき)に宿題(しゅくだい)をしてください。

(간식을 먹기 전에 먼저 숙제를 하세요.)

今日(きょう)は風邪気味(かぜぎみ)なので、お先(さき)に失礼(しつれい)します。
(오늘은 감기 기운이 있어서 먼저 실례하겠습니다.)

> すると、ペテロはイエスに言(い)った、「[1]たとい、[2]みんなの者(もの)がつまずいても、わたしはつまずきません」。[マルコによる福音書 14:29]
> (그러자, 베드로는 예수에게 말했다. "설령, 모든 사람이 걸려서 넘어질지라도 저는 걸려 넘어지지 않겠습니다.[14:29])

[1]たとい : 뒤에 역접의 접속조사 「～ても」「～とも」 등을 수반하여, 「설령·설사·가령·비록」의 뜻을 나타낸다.

[例]たとい、雨(あめ)が降(ふ)っても、ぼくは行(ゆ)く。
(설령 비가 내려도 나는 간다.)

たとい、恨(うら)まれても言(い)う。
(설사 원망을 사더라도 할 말을 하겠다.)

たとい、失敗(しっぱい)しようとも悔(く)いはない。
(비록 실패하더라도 후회는 없다.)

たとい、除名(じょめい)されようが正(ただ)しい事(こと)は言(い)う。
(설사 제명당하더라도 바른 말은 하겠다.)

「たとい」의 이형태(異形態)로는 「たとえ」가 있는데, 「たとえ～{ても·でも·とも}」와 같이 쓰인다.

[例]たとえ雨(あめ)が降(ふ)っても、その会(かい)には出席(しゅっせき)します。
(설사 비가 와도 그 모임에는 출석하겠습니다.)

たとえどんなに忙(いそが)しくても、約束(やくそく)を忘(わす)れてはいけない。
(설령 아무리 바빠도 약속을 잊어서는 안 된다.)

たとえ冗談(じょうだん)でも、そんなことを言(い)ってはいけません。

(설사 농담이라도 그런 말을 해서는 안 됩니다.)

<u>たとえ</u>夜(よる)どんなに遅(おそ)く寝(ね)ようとも、会社(かいしゃ)に遅(おく)れるようなことはしない。

(설령 밤에 아무리 늦게 자더라도 회사에 늦는 그런 일은 하지 않는다.)

<u>たとえ</u>親(おや)の命令(めいれい)であろうとも、正(ただ)しくないことは絶対(ぜったい)しない。

(비록 부모의 명령이라고 하더라도, 올바르지 않은 일은 절대 하지 않겠다.)

[2]みんなの者(もの)がつまずいても : 모든 사람이 걸려서 넘어질지라도. 구어역 신약성서에 나오는「みんなの者(もの) ; 모든 사람」(총 43예)의 일부 예를 들면 다음과 같다.

[例] ザカリヤは書板(かきいた)を持(も)って来(こ)させて、それに「その名(な)はヨハネ」と書(か)いたので、<u>みんなの者(もの)</u>は不思議(ふしぎ)に思(おも)った。[口語訳 / ルカによる福音書 1:63]

(사가랴는 서판을 가지고 오게 하여 "그의 이름은 요한"이라고 썼기 때문에 모든 사람이 이상히 생각했다.)[누가복음 1:63]

イエスは諸会堂(しょかいどう)で教(おし)え、<u>みんなの者(もの)</u>から尊敬(そんけい)をお受(う)けになった。[口語訳 / ルカによる福音書 4:15]

(예수께서는 여러 회당에서 가르치고 모든 사람에게서 존경을 받으셨다.) [누가복음 4:15]

するとペテロが言(い)った、「主(しゅ)よ、この譬(たとえ)を話(はな)しておられるのはわたしたちのためなのですか。それとも、<u>みんなの者(もの)</u>のためなのですか」。[口語訳 / ルカによる福音書 12:41]

(그러자, 베드로가 말했다. "주여, 이 비유를 말씀하고 계시는 것은 저희를 위해서입니까? 아니면 모든 사람을 위해서입니까?")[누가복음 12:41]

そこで、みんなの者(もの)も元気(げんき)づいて食事(しょくじ)をした。[口語訳 / 使徒行伝 27:36]

(그러자 모든 사람들도 용기를 얻어 식사를 했다.)[사도행전 27:36]

그리고「みんなの人(ひと)」도 총 4개 쓰이고 있는데 일부를 들면 다음과 같다.

[例]墓(はか)から帰(かえ)って、これらいっさいのことを、十一弟子(でし)や、その他(た)みんなの人(ひと)に報告(ほうこく)した。[口語訳 / ルカによる福音書 24:9]

(무덤에서 돌아와서, 이들 모든 일을 열한 제자와 그 밖의 모든 사람에게 보고했다.)[누가복음 24:9]

ペテロがこれらの言葉(ことば)をまだ語(かた)り終(お)えないうちに、それを聞(き)いていたみんなの人(ひと)たちに、聖霊(せいれい)がくだった。[口語訳 / 使徒行伝 10:44]

(베드로가 이런 말들을 아직 다 끝내기 전에 그것을 듣고 있었던 모든 사람들에게 성령이 내렸다.)[사도행전 10:44]

イエスは言(い)われた、「あなたによく言(い)っておく。今日(きょう)、今夜(こんや)、[1]鶏(にわとり)が二度(にど)鳴(な)く前(まえ)に、そう言(い)うあなたが、三度(さんど)[2]わたしを知(し)らないと言(い)うだろう」。[マルコによる福音書 14:30]

(예수께서 말씀하셨다. "너에게 분명히 말해 둔다. 오늘, 오늘 밤, 닭이 두 번 울기 전에 그렇게 말하는 네가 세 번 나를 모른다고 말할 것이다."[14:30])

[1]鶏(にわとり)が二度(にど)鳴(な)く前(まえ)に : 닭이 두 번 울기 전에. 한국어에서는「울기 前에」와 같이 음독을 하나, 일본어에서는「鳴(な)く前(まえ)に」와 같이 훈

독어를 사용한다.

[예] イエス·キリストの誕生(たんじょう)の次第(しだい)はこうであった。母(はは)マリヤはヨセフと婚約(こんやく)していたが、まだ一緒(いっしょ)にならない前(まえ)に、聖霊(せいれい)によって身重(みおも)になった。[口語訳 / マタイによる福音書 1:18]

(예수 그리스도의 탄생의 경위는 이러했다. 어머니 마리아는 요셉과 약혼하고 있었지만, 아직 같이 살기 전에, 성령에 의해 임신했다.) [마태복음 1:18]

イエスは彼(かれ)らに言(い)われた、「わたしは苦(くる)しみを受(う)ける前(まえ)に、あなたがたとこの過越(すぎこし)の食事(しょくじ)をしようと、切(せつ)に望(のぞ)んでいた。[口語訳 / ルカによる福音書 22:15]

(예수께서는 그들에게 말씀하셨다. "나는 고난을 받기 전에, 너희와 이 유월절 식사를 하려고 간절히 바라고 있었다.) [누가복음 22:15]

ナタナエルは言(い)った、「どうしてわたしをご存(ぞん)じなのですか」。イエスは答(こた)えて言(い)われた、「ピリポがあなたを呼(よ)ぶ前(まえ)に、わたしはあなたが、いちじくの木(き)の下(した)にいるのを見(み)た」。[口語訳 / ヨハネによる福音書 1:48]

(나다나엘은 말했다. "어찌 하여 저를 아십니까?" 예수께서 대답하여 말씀하셨다. "빌립이 너를 부르기 전에 나는 네가 무화과나무 아래에 있는 것을 보았다.") [요한복음 1:48]

[2] わたしを知(し)らないと言(い)うだろう : 나를 모른다고 말할 것이다. 「知(し)る」의 경우, 현재 상태를 「知(し)っている ; 알다 / 알고 있다」로 표현하는데, 그 부정은 「知(し)らない ; 모르다 / 알지 못하다」와 「知(し)っていない ; 모르다 / 알고 있지 않다 / 알지 못하다」와 같이 2형식이 존재한다.

「知(し)らない」

[例]それらの刀(かたな)を持(も)っている者(もの)たちは、刀(かたな)の価値(かち)を知(し)らない。

(그들 칼을 가지고 있는 사람들은 칼의 가치를 모른다.)

知(し)らないことは必要(ひつよう)な時(とき)に知(し)れば良(よ)い。知(し)らないことを知(し)るのは何(なに)よりの快楽(かいらく)である。

(모르는 것은 필요할 때에 알면 된다. 모르는 것을 아는 것은 최상의 쾌락이다.)


そのとき、わたしは彼(かれ)らにはっきり、こう言(い)おう、『あなたがたを全(まった)く知(し)らない。不法(ふほう)を働(はたら)く者(もの)どもよ、行(い)ってしまえ』。[口語訳/マタイによる福音書 7:23]

(그 때에 나는 그들에게 분명히 이렇게 말할 것이다. '너희를 전혀 알지 못한다. 불법을 행하는 자들아, 가 버려라.')[마태복음(Matthew)-[표준새번역]-제7장]


「知(し)っていない」

[例]兄(あに)の事務所(じむしょ)で働(はたら)くとは聞(き)いていたが、いつからとは知(し)っていない。

(형 사무실에서 일한다고는 들었지만, 언제부터인지는 알지 못한다.)

つまり、その日(ひ)集会(しゅうかい)で読(よ)まれる聖書(せいしょ)の箇所(かしょ)を前(まえ)もって知(し)っていないこともあった。

(즉, 그 날 집회에서 읽히는 성서 구절을 미리 알고 있지 않는 경우도 있다.)


すると、彼(かれ)らはイエスに言(い)った、「あなたの父(ちち)はどこにいるのか」。イエスは答(こた)えられた、「あなたがたは、わたしをもわたしの父(ちち)をも知

(し)っていない。もし、あなたがたがわたしを知(し)っていたなら、わたしの父(ちち)をも知(し)っていたであろう」。[口語訳/ヨハネによる福音書 8:19]
(그러자 그들은 예수께 말했다. "당신의 아버지가 어디에 있느냐?" 예수께서 대답하셨다. "너희는 나도 내 아버지도 알지 못한다. 만일 너희가 나를 알았더라면, 내 아버지도 알았을 것이다.")[요한복음 8:19]

---

ペテロは[1]力(ちから)を込(こ)めて言(い)った、「たといあなたと一緒(いっしょ)に[2]死(し)なねばならなくなっても、あなたを知(し)らないなどとは、決(けっ)して[3]申(もう)しません」。みんなの者(もの)もまた、[4]同(おな)じようなことを言(い)った。[マルコによる福音書 14:31]
(베드로는 힘을 주어 말했다. "설령 선생님과 함께 죽는 한이 있어도 선생님을 모른다고 등의 말은 결코 하지 않겠습니다." 모든 사람들도 또 같은 말을 했다.[14:31])

---

[1]力(ちから)を込(こ)める : 힘을 집중하다. 힘을 주다.

[例]彼(かれ)は、力(ちから)を込(こ)めて言(い)った。「それが、わたしの義務(ぎむ)なのです」

(그는 힘을 주어 말했다. 「그것이 제 의무입니다」)

そして、常(つね)に世界(せかい)に目(め)を向(む)けなければいけない、また海外(かいがい)へ行(い)きたい、と力(ちから)を込(こ)めてぼくに言(い)うのだった。

(그리고 항상 세계에 시선을 돌려야 한다. 또 해외에 가고 싶다고 힘을 주어 내게 말을 했던 것이었다.)

[2]死(し)なねばならなくなっても : 죽지 않으면 안 된다고 해도. 죽어야 하게 되어도. 죽는 한이 있어도.「死(し)ぬ」에 의무・필요의「〜ねばならない」가 접속된「死(し)ねばならない」에, 다시「〜なる」에 역접조건을 나타내는「〜ても」가 붙은「なっても」가 연결된 것이다. 여기에서「〜ねがならなくなった」의 예를 들면 다

음과 같다.

[예]急遽(きゅうきょ)上司(じょうし)に会(あ)わねばならなくなった。

(급거 상사를 만나지 않으면 안 되게 되었다.)

ついに人類(じんる)は空気(くうき)すら金(かね)で買(か)わねばならなくなった。

(결국 인류는 공기조차 돈으로 사지 않으면 안 되게 되었다.)

父(ちち)はお金(かね)が不足(ふそく)して、借金(しゃっきん)をしなければならなくなった。

(아버지는 돈이 부족하여 빚을 져야 하게 되었다.)

[3] 申(もう)しません : 말하지 않겠습니다. 「言(い)う」의 겸양어Ⅱ인 「申(もう)す」의 정녕체 「申(もう)します」의 부정. 여기에서 「申(もう)す」의 예를 들면 다음과 같다.

[예]母(はは)が申(もう)すには、父(ちち)の病気(びょうき)はだいぶよくなってきたらしいです。

(어머니가 말씀하시기를 아버님 병환은 많이 좋아진 것 같습니다.)

祖父(そふ)は散歩(さんぽ)が一番(いちばん)の健康法(けんこうほう)だとか申(もう)して、毎日(まいにち)欠(か)かさず散歩(さんぽ)を続(つづ)けておりました。

(할아버지는 산책이 가장 좋은 건강법이라든가 말씀하시며, 매일 빠짐없이 산책을 계속하고 있습니다.)

このことを哲学上(てつがくじょう)の言葉(ことば)で言(い)えば「疎外(そがい)」と申(もう)します。

(이것을 철학적 말로 표현하면 「소외」라고 합니다.)

こちら、東京(とうきょう)信販(しんぱん)の村田(むらた)と申(もう)しますが、田中(たなか)さん、お願(ねが)いします。

(저, 도쿄신용판매의 무라타라고 합니다만, 다나카 씨, 부탁합니다.)

人(ひと)は、己(おのれ)の器(うつわ)に合(あ)わせて人(ひと)を測(はか)ると申(もう)します。こうして見(み)ると、だれの器量(きりょう)が大(おお)きかったのか、わかるような気(き)がいたします。

(사람은 자기 기량에 맞춰 사람을 가늠한다고 합니다. 이렇게 해서 보면 누구의 기량이 컸는지 알 것 같은 생각이 듭니다.)

先日(せんじつ)○○を落札(らくさつ)しました馬場(ばば)と申(もう)します。メールの調子(ちょうし)が悪(わる)いので、コチラのyahooメールでご連絡(れんらく)させていただきました。

(지난번에 ○○을 낙찰 받은 바바라고 합니다. 메일 상태가 나빠서 제 쪽의 yahoo메일로 연락드렸습니다.)

そのためには、もちろん選別的(せんべつてき)な福祉(ふくし)モデルというものは、これは不必要(ふひつよう)とは申(もう)しません。

(그를 위해서는 물론 선별적인 복지 모델이라고 하는 것은 이것은 불필요하다고는 말하지 않겠습니다.)

確(たし)かに、そういうふうに受(う)け取(と)られてもやむを得(え)ないかなという対応(たいおう)が従来(じゅうらい)なかったとは申(もう)しません。

(확실히 그런 식으로 상대가 받아드려도 어쩔 수 없지 않나와 같은 대응이 종래에 없었다고는 말하지 않겠습니다.)

ええ、あなたがそうおっしゃるなら、誰(だれ)にも申(もう)しません。幸(さいわい)、あなたからの電話(でんわ)を受(う)けたのは私(わたくし)でしたから、事務所(じむしょ)の者(もの)も私(わたくし)が誰(だれ)と会(あ)っているか知(し)りません。

(네, 귀하가 그렇게 말씀하신다면, 어느 누구에게도 말하지 않겠습니다. 다행히 귀하의 전화를 받은 것은 저이니까, 사무실 사람도 제가 누구와 만나고 있는지 모릅니다.)

「申(もう)す」도 「まいる」와 마찬가지로 화자와 청자와는 직접 관계가 없는 제3자에 대해서도 쓰인다.

[例]この近(ちか)くに高麗(こま)神社(じんじゃ)と申(もう)す神社(じんじゃ)がございます。

(이 근처에 고려신사라고 하는 신사가 있습니다.)

これは馬差(ばさ)しと申(もう)しまして、馬(うま)の肉(にく)でございます。
(이것은 「바사시」라고 해서 말고기입니다.)

[4]同(おな)じようなことを言(い)った : 같은 (그런) 말을 했다. 「同(おな)じようなこと」는 「同(おな)じ」에 불확실한 판단을 나타내는 「ようだ」의 연체형 「ような」가 접속되어 뒤에 오는 「こと」를 수식·한정하는 것인데, 한국어로는 「同(おな)じこと」와 「同(おな)じようなこと」의 구별이 안 된다.

1. 「同(おな)じこと」

[例] それで通子(みちこ)は、もう一度(いちど)同(おな)じことを言(い)った。
(그래서 미치코는 다시 한 번 같은 말을 했다.)

これは住宅(じゅうたく)メーカーの営業(えいぎょう)マンにも同(おな)じことが言(い)えます。
(이것은 주택 메이커의 영업 사원에게도 똑같이 말할 수 있습니다.)

車掌(しゃしょう)はため息(いき)をついた。以前(いぜん)にもそっくり同(おな)じことがあったので、どんな手口(てぐち)なのかあまりにもよくわかっていた。
(차장은 한숨을 쉬었다. 이전에도 똑같은 일이 있어서 어떤 수법인지 너무나도 잘 알고 있었다.)


その日(ひ)には喜(よろこ)びおどれ。見(み)よ、天(てん)においてあなたがたの受(う)ける報(むく)いは大(おお)きいのだから。彼(かれ)らの祖先(そせん)も、預言者(よげんしゃ)たちに対(たい)して同(おな)じことをしたのである。[口語訳 / ルカによる福音書 6:23]
(그 날에는 기뻐하고 뛰놀아라. 보아라, 하늘에서 너희가 받을 응보는 크니, 그들의 조상도 예언자들에 대해 같은 일을 한 것이다.)[누가복음 6:23]


2. 「同(おな)じようなこと」

[例] 実(じつ)は、私(わたし)たちの毎日(まいにち)の生活(せいかつ)の中(なか)で、これと同(おな)じようなことはたくさんあるのです。

(실은 우리들이 매일 보내는 생활 속에서 이것과 같은 일은 많이 있습니다.)
<u>同(おな)じようなこと</u>は日本(にほん)の中層(ちゅうそう)の母子(ぼし)と米国(べいこく)の中層(ちゅうそう)の母子(ぼし)についても言(い)えるのである。
(같은 것을 일본의 중층의 모자와 미국의 중층의 모자에 관해서도 말할 수 있다.)
質問者(しつもんしゃ)さんが指摘(してき)したのは過去(かこ)の例(れい)ですが、<u>同(おな)じようなこと</u>は現在(げんざい)でも続(つづ)いています。
(질문자께서 지적한 것은 과거의 예입니다만, 같은 일은 현재도 계속되고 있습니다.)


ロトの時(とき)にも<u>同(おな)じようなこと</u>が起(お)こった。人々(ひとびと)は食(く)い、飲(の)み、買(か)い、売(う)り、植(う)え、建(た)てなどしていたが、[口語訳 / ルカによる福音書 17:28]
(롯 때에도 똑같은 일이 생겼다. 사람들이 먹고, 마시고, 사고, 팔고, 나무를 심고, 집을 짓고 했지만,)[누가복음 17:28]


◎95◎ [マルコによる福音書 14:32 - 14:36]

> さて、[1]一同(いちどう)はゲツセマネという所(ところ)に来(き)た。そしてイエスは弟子(でし)たちに言(い)われた、「わたしが[2]祈(いの)っている間(あいだ)、ここに座(すわ)っていなさい」。[マルコによる福音書 14:32]
> (그런데 일행은 겟세마네라고 하는 곳에 왔다. 그리고 예수께서는 제자들에게 말씀하셨다. "내가 기도하고 있을 동안에 여기에 앉아 있어라."[14:32])

[1]一同(いちどう) : 일동. 일행.

[2]祈(いの)っている間(あいだ) : 기도하고 있는 동안에. 「~間(あいだ) ; ~동안 / ~사이」와 「~間(あいだ)に ; ~동안에 / ~사이에」는 일단 한국어로 구별은 되지만 번역상 이를 구별하기 어려운 경우도 있으니 주의한다. 「~間(あいだ)」는 기간 전체를 가리키는 것에 반해, 「~間(あいだ)に」는 전체 기간 중의 어느 특정 시점을 의미하기 때문에 앞뒤 문장의 의미관계에 따라 어느 한 쪽만이 성립하는 경우도 있다.

[例] (1a) 父(ちち)が病気(びょうき)で入院(にゅういん)している{間(あいだ)・× 間(あいだ)に}家族(かぞく)は大変(たいへん)心配(しんぱい)しました.

(아버지가 병으로 입원하고 있는 동안에 가족들은 몹시 걱정했습니다.)

(1b) 父が病気で入院している{× 間(あいだ)・間(あいだ)に}すっかりやせてしまいました.

(아버지가 병으로 입원하고 있는 동안 몹시 말랐습니다.)

(2a) 安田(やすだ)さんは、夏休(なつやす)みの{間(あいだ)・× 間(あいだ)に}、ずっと外国(がいこく)に行(い)っているようです.

(야스다 씨는 여름 방학 동안 죽 외국에 나가 있는 것 같습니다.)

(2b) 夏休(なつやす)みの{× 間(あいだ)・間(あいだ)に}、やってしまわなければいけない仕事(しごと)があります.

(여름 방학 동안에 다 끝내야 할 일이 있습니다.)[14)]

そして、ペテロ、ヤコブ、ヨハネを一緒(いっしょ)に[1]連(つ)れて行(い)かれたが、[2]恐(おそ)れおののき、また[3]悩(なや)みはじめて、彼(かれ)らに言(い)われた、[マルコによる福音書 14:33]

(그리고 베드로, 야고보, 요한을 함께 데리고 가셨는데, 무서워서 벌벌 떨고 그리고 괴로워하기 시작하며 그들에게 말씀하셨다.[14:33])

---

14) 李成圭等著(1996)『홍익나가누마 일본어2 해설서』홍익미디어. pp. 177-178에서 인용.

[1]連(つ)れて行(い)かれる : 데리고 가시다.「連(つ)れて行(い)く」의 レル형 경어.

[예]そしてペテロとゼベダイの子(こ)ふたりとを連(つ)れて行(い)かれたが、悲(かな)しみを催(もよお)しまた悩(なや)みはじめられた。[口語訳 / マタイによる福音書 26:37]
(그리고 베드로와 세베대의 아들 두 사람을 데리고 가셨는데, 슬픔을 느끼며 다시 괴로워하기 시작하셨다.)[마태복음 26:37]

그런데「連(つ)れて行(い)かれる」는 일반적으로 다음과 같이 간접수동으로 많이 쓰인다.

[예]キリストの再臨(さいりん)の時(とき)に全(すべ)ての人(ひと)が復活(ふっかつ)し、天国(てんごく)へ連(つ)れて行(い)かれる人(ひと)と地上(ちじょう)に残(のこ)される人(ひと)に分(わ)かれます。
(그리스도의 재림 시, 모든 사람이 부활하여 천국에 끌려가는 사람과 지상에 남겨지는 사람으로 나누어집니다.)

[2]恐(おそ)れおののく : 무서워서 벌벌 떨다. 무서워하다. 복합동사「恐(おそ)れ＋おののく」

[예]暴力団(ぼうりょくだん)に市民(しみん)は恐(おそ)れおののいた。
(폭력단에 시민은 무서워서 벌벌 떨었다.)

一連(いちれん)の放火事件(ほうかじけん)に住民(じゅうみん)は恐(おそ)れおののいている。
(일련의 방화사건에 주민은 무서워했다.)

[3]悩(なや)みはじめる : 괴로워하기 시작하다.「悩(なや)む」에 개시상을 나타내는 후항동사「はじめる」가 접속된 것.

[예]このころになって、玉之助(たまのすけ)は悩(なや)みはじめるようになった。
(이때가 되어서 다마노스케는 괴로워하기 시작하게 되었다.)

複数(ふくすう)の患者(かんじゃ)から同(おな)じことばを浴(あ)びせられ、筆者(ひっしゃ)はようやく悩(なや)みはじめた。

(복수의 환자들이 똑같은 말을 퍼붓자, 필자는 드디어 고민하기 시작했다.)

「わたしは[1]悲(かな)しみのあまり死(し)ぬほどである。ここに待(ま)っていて、目(め)を覚(さま)していなさい」。[マルコによる福音書 14:34]
("나는 너무나 슬픈 나머지 죽을 것 같다. 여기에 기다리고 있으면서 깨어 있어라."[14:34])

[1]悲(かな)しみのあまり死(し)ぬほどである : 너무나 슬픈 나머지 죽을 것 같다. 「悲(かな)しみのあまり」는 추상명사에 형식명사 「あまり」가 「の」를 매개로 하여 접속된 것이다. 동사 「あまる」에서 파생한 형식명사 「あまり」가 「명사＋の＋あまり(に)」「용언＋あまり(に)」와 같이 쓰이면 해당 정도가 극심한 것이 원인으로 작용하여 바람직하지 못한 결과가 발생한 것을 나타낸다. 한국어의 「너무 ～한 나머지」「너무 ～한 끝에」에 상당하는데 다소 딱딱한 느낌을 준다.

「～あまり(に)」는
(1)彼(かれ)は驚(おどろ)きのあまりに、手(て)に持(も)っていたカップを落(おと)してしまった。
　　(그는 너무 놀라서 손에 들고 있던 컵을 떨어뜨리고 말았다.)
(2)喜(よろこ)びのあまり。
　　(너무 기쁜 나머지.)
(3)失望(しつぼう)のあまり。
　　(너무나도 실망한 나머지.)
(4)腹立(はらだ)ちのあまり。
　　(너무 화가 난 나머지.)
(5)研究熱心(けんきゅうねっしん)のあまり。
　　(너무 열심히 연구한 끝에.)

(6) 幸(しあわ)せのあまり。

　　(너무 행복한 나머지.)

(7) 傷心(しょうしん)のあまり。

　　(너무나도 상심한 끝에.)

(1)~(7)과 같이 동사에서 전성된 명사나 전형적인 명사에 접속하거나,


(8) 悲(かな)しみのあまりに病気(びょうき)になった。

　　(너무 슬픈 나머지 병이 났다.)

(9) 忙(いそが)しさのあまり、友達(ともだち)に電話(でんわ)をしなければならないのをすっかり忘(わす)れていた。

　　(너무 바쁜 나머지 친구에게 전화를 해야 하는 것을 완전히 잊고 있었다.)

(10) 空(そら)を飛(と)べたうれしさのあまりに、彼(かれ)は約束(やくそく)を忘(わす)れ、高(たか)く高(たか)く舞(ま)い上(あ)がって行(い)った。

　　(하늘을 날았다고 하는 너무나도 기쁜 나머지 그는 약속을 잊고, 하늘 높게 날아 올라갔다.)

(11) 悔(くや)しさのあまり。

　　(너무 분한 나머지)

(12) 痛(いた)さのあまり。

　　(너무 아픈 나머지)

(8)~(12)와 같이 형용사에서 파생된 명사에 접속하는데, 이들은 모두 감정·감각이나 상태를 나타내는 추상명사이다.

용언의 경우에는


(13) 子供(こども)がかわいいあまり、親(おや)は自分(じぶん)を犠牲(ぎせい)にしてまで子供(こども)のことを庇(かば)ってしまう。

　　(아이들이 너무 귀여운 나머지 부모는 자신을 희생하면서까지 아이들을

비호하게 된다.)

(14) きちょうめんなあまり、細(こま)かくやりすぎて、かえって上司(じょうし)から嫌(きら)われている始末(しまつ)。

(너무 꼼꼼한 나머지 지나치게 자질구레하게 해서 오히려 상사로부터 미움을 받는 처지.)

(15) 帰宅(きたく)を急(いそ)ぐあまりに、事故(じこ)を起(お)こした。

(너무 급하게 집에 돌아오다가 사고를 냈다.)

(16) 子供(こども)のことを心配(しんぱい)するあまり、つい下宿(げしゅく)に電話(でんわ)をしては嫌(いや)がられてしまう。

(아이를 너무 걱정하는 나머지 그만 하숙집에 전화를 걸어서 아이가 싫어한다.)

(17) 何(なん)とか逆転(ぎゃくてん)しようと焦(あせ)るあまり、かえってミスをたくさん犯(おか)してしまった。

(어떻게 해서든지 역전하려고 너무 안달하다가 오히려 미스를 잔뜩 범하고 말았다.)

(18) 彼女(かのじょ)は彼(かれ)のことを想(おも)うあまりに、自分(じぶん)のことを犠牲(ぎせい)にしてしまっている。

(그녀는 그를 너무 생각한 나머지 자신을 희생하고 있다.)

(13)~(18)과 같이 연체형에 직접 접속하는데,

(19) 気(き)が転倒(てんとう)していたあまり、正気(しょうき)では考(かんが)えられないような馬鹿(ばか)なことをしでかしてしまった。

(마음이 너무 산란해져서 제 정신으로는 생각할 수 없는 그런 어처구니없는 일을 저지르고 말았다.)

와 같이 과거형에 붙는 경우도 있다.[15]

---

15) 李成圭·権善和(2006e)『현대일본어 문법연구Ⅳ』시간의물레. pp. 265-267에서 인용하여 일부 수정.

> そして、少(すこ)し進(すす)んで行(い)き、地(ち)に[1]ひれ伏(ふ)し、もし[2]できることなら、この時(とき)を[3]過(す)ぎ去(さ)らせてくださるようにと[4]祈(いの)りつづけ、そして言(い)われた、[マルコによる福音書 14:35]
> (그리고 조금 나아가서 땅에 엎드리고, 만일 할 수 있는 일이라면, 이 시간을 지나가게 해 주시기를 계속해서 기도하며 말씀하셨다.[14:35])

[1]ひれ伏(ふ)す : 부복하다. 넙죽 엎드리다.

  [例]主(しゅ)の前(まえ)にそのままでひれ伏(ふ)すことが真実(しんじつ)の弟子(でし)としての最初(さいしょ)の一歩(いっぽ)だったのです.

  (주 앞에 그 대로 넙죽 엎드리는 것이 참된 제자로서의 최초의 한 걸음이었던 것입니다.)

[2]できることなら : 할 수 있는 일이라면. 가능하다면.

  [例]できることなら、こういう場面(ばめん)に、あなたの苦(くる)しむ姿(すがた)に、出会(であ)いたくはなかった。

  (가능하다면, 이런 장면에 당신이 괴로워하는 모습을 만나고 싶지 않았다.)

  もしできることなら、私(わたし)は「あと何年(なんねん)の生命(せいめい)である」と告(つ)げられたいと願(ねが)う。

  (할 수만 있다면, 나는 「앞으로 몇 년의 생명이라」고 알려지기를 원한다.)

  わたしにできることなら、何(なん)でもいたします。

  (내가 할 수 있는 일이라면 무엇이든지 하겠습니다.)

[3]過(す)ぎ去(さ)らせてくださる : 지나가게 해 주시다. 「過(す)ぎ去(さ)る ; 지나가다. 통과하다. 시일이 지나가 버리다」의 사역 「過(す)ぎ去(さ)らせる」에 수수표현 「〜てくださる」가 접속된 것. 여기에서 사역에 수수표현 「〜てくださる」가 접속된 예를 들면 다음과 같다.

  [例]天(てん)の父(ちち)は悪人(あくにん)にも善人(ぜんにん)にも太陽(たいよう)を昇(のぼ)らせ、正(ただ)しい者(もの)にも正(ただ)しくない者(もの)にも雨(あめ)を降

(ふ)らせてくださると語(かた)った。

(하늘의 아버지께서는 악인에게도 선인에게도 해가 떠오르게 하고, 올바른 사람에게도 바르지 못한 사람에게도 비를 내리게 해 주신다고 말했다.)

あなたがたのうちに良(よ)い働(はたら)きを始(はじ)められた方(かた)は、キリスト・イエスの日(ひ)が来(く)るまでにそれを完成(かんせい)させてくださると約束(やくそく)されています。ここで、「良(よ)い働(はたら)きを始(はじ)められた方(かた)」とは父(ちち)なる神(かみ)です。

(너희 중에 좋은 활약을 시작하시는 분은 그리스도 예수의 날이 올 때까지 그것을 완성시켜 주신다고 약속받았습니다. 여기에서「좋은 활약을 시작하신 분」이란, 아버지이신 하나님입니다.)

生(い)きている限(かぎ)り、きよく正(ただ)しく、みまえに恐(おそ)れなく仕(つか)えさせてくださるのである。[口語訳 / ルカによる福音書 1:75]

(살아 있는 동안, 깨끗하고 바르게 주님 앞에 두려워하지 않고 모시게 해 주시는 것이다.)

[4]祈(いの)りつづける:「祈(いの)る」에 계속상의 후항동사「〜つづける」가 접속된 것.

[例]母親(ははおや)はセーラムに三年間(さんねんかん)止(とど)まって、教会(きょうかい)で毎日(まいにち)彼(かれ)らの改心(かいしん)を祈(いの)りつづけたといわれる。

(어머니는 윈스턴세일럼에 3년간 머무르며 교회에서 매일 그들의 개심을 계속해서 기도했다고 한다.)

---

「[1]アバ、父(ちち)よ、[2]あなたには、できないことはありません。どうか、この杯(さかずき)をわたしから[3]取(と)りのけてください。しかし、わたしの思(おも)いではなく、みこころのままに[4]なさってください」。[マルコによる福音書 14:36]

("아빠, 아버지여, 아버지께서는 할 수 없는 일이 없습니다. 부디 이 잔을 제게서 치워 주십시오. 그러나 제 생각이 아니라 아버지의 생각대로 하십시오."[14:36])

[1] アバ[Abba] : 아람어 '압바'를 그대로 음사(音写)한 헬라어 표현으로(여기에 일치하는 히브리어는 '아브'임), 아버지를 정답게 부르는 일종의 애칭(愛称)이다(막 14:36; 롬 8:15; 갈 4:6). 우리말의 '아빠'에 해당하며(사 8:4), 개역한글판에서는 '아바'로 번역했다.[16]

[2] あなたには、できないことはありません : 아버지께서는 할 수 없는 일이 없습니다. 「あなたには」의 「〜に」는 가능의 주체로 「できない」와 호응한다.

[例] 私(わたし)にできないことは、すべて兄(あに)がしてくれた。

(내가 못하는 것은 모두 형이 해 주었다.)

自分(じぶん)にできないことは何(なに)か。まず、徹底的(てっていてき)に自分(じぶん)を客観視(きゃっかんし)してみてください。

(자기가 할 수 없는 것은 무엇인가? 우선 철저히 자신을 객관시해 보세요.)

[3] 取(と)りのけてください : 치워 주십시오. 「取(と)りのける ; 없애다. 치우다. 제거하다」에 의뢰표현 「〜てください」가 접속된 것.

[例] 主(しゅ)イエスは常(つね)に神(かみ)を「父(ちち)」と呼(よ)び、ゲッセマネでも十字架(じゅうじか)でもそう祈(いの)られました。「アッバ、父(ちち)よ、あなたは何(なん)でもおできになります。この杯(さかずき)をわたしから取(と)りのけてください。」

(주 예수는 항상 하나님을 "아버지"라고 부르고, 겟세마네[Gethsemane]에서도 십자가에서도 그렇게 기도하셨습니다. "아빠, 아버지여, 당신은 무엇이든지 하실 수 있습니다. 이 잔을 제게서 치워 주십시오.")

「父(ちち)よ、みこころならば、どうぞ、この杯(さかずき)をわたしから取(と)りのけてください。しかし、わたしの思(おも)いではなく、みこころが成(な)るようにしてください」。[口語訳 / ルカによる福音書 22:42]

("아버지여, 아버지의 뜻이라면, 부디 이 잔을 제게서 치워 주십시오. 그러나 제 생각이 아니라, 아버지의 뜻대로 되도록 해 주십시오.")[누가복음 22:42]

---

16) [네이버 지식백과] 아빠 [Abba] (라이프성경사전, 2006. 8. 15., 생명의말씀사)
https://terms.naver.com/entry.nhn?docId=2394669&ref=y&cid=50762&categoryId=51387에서 인용.

[4]なさってください : 「する」의 특정형 경어「なさる」에 의뢰표현「~てください」가 접속된 것으로 「してくれ」의 소위 경어연결인데, 한국어로는「하셔 주십시오.」가 되어 다소 어색하니 전항의 경어적 요소는 생략하는 것이 자연스럽다.

[例] そのほかにもこちらをご参考(さんこう)になさってください。
   (그 밖에도 이쪽을 참고해 주십시오.)
   お母様(かあさま)も看病(かんびょう)疲(づか)れの出(で)ないようになさってください。
   (어머님께서도 간병으로 인한 피로가 생기지 않도록 해 주십시오.)
   一度(いちど)、病院(びょういん)で診(み)てもらったほうがいいと思(おも)います。どうぞお大事(だいじ)になさってください。
   (한 번 병원에서 진찰을 받는 것이 좋다고 생각합니다. 그럼 몸 조리 잘 하시기 바랍니다.)

**「경어 연결(敬語連結)」과 그 적부(適否)**

2개(이상)의 단어를 각각 경어로 해서 접속조사「て」로 연결한 것은「이중경어」가 아니다. 이와 같은 것을 『경어의 지침』(2007)에서는「경어연결(敬語連結)」이라고 부르고 있다. 예를 들어,「お読(よ)みになっていらっしゃる」는「読(よ)んでいる」의「読(よ)む」를「お読(よ)みになる」로,「いる」를「いらっしゃる」로 해서 연결한 것이다. 즉「読(よ)む」「いる」라는 2개의 단어를 각각 별도로 경어(이 경우에는 존경어)로 해서 연결한 것이기 때문에「이중경어(二重敬語)」에는 해당하지 않고,「경어연결(敬語連結)」에 해당한다.「경어연결」은 다소 용장감(冗長感 ; 쓸데없이 길고 장황한 느낌)이 생기는 경우도 있지만, 개개의 경어 사용법이 적절하고 또한 경어 상호간의 결합에도 의미적인 불합리가 없는 한, 기본적으로 허용되는 것이다.

[허용되는 경어연결의 예]

「読(よ)んでいる」→「お読(よ)みになる」+「て」+「いらっしゃる」

→「お読(よ)みになっていらっしゃる」

(읽으시고 계시다)

「読(よ)んでくれる」→「お読(よ)みになる」+「て」+「くださる」

→「お読(よ)みになってくださる」

(읽어 주시다)

「読(よ)んでもらう」→「お読(よ)みになる」+「て」+「いただく」

→「お読みになっていただく」

(읽어 주시다)

「案内(あんない)してあげる」→「ご案内(あんない)する」+「て」+「さしあげる」

→「ご案内(あんない)してさしあげる」

(안내해 드리다)

[부적절한 경어연결의 예]

「伺(うかが)ってくださる」・「伺(うかが)っていただく」

예를 들어

「? 先生(せんせい)は私(わたし)の家(いえ)に伺(うかが)ってくださった。」

「? 先生(せんせい)に私の家に伺(うかが)っていただいた。」

는 「先生(せんせい)が私(わたし)の家(いえ)を訪(たず)ねる ; 선생님이 우리 집을 방문하는」 것을 겸양어I인 「伺(うかが)う」로 표현하고 있어 결과적으로 「私」를 높이게 되는 점이 부적절하다. 그 결과 「? 伺(うかが)ってくださる」 혹은 「? 伺(うかが)っていただく」 전체도 부적절하게 된다. (p.30)

「?隣(となり)の窓口(まどぐち)で伺(うかが)ってください。」

와 같은 「?伺(うかが)ってください」도 마찬가지로 「隣(となり)の窓口(まどぐち)」를 높이게 되기 때문에 부적절하다.

(주)다만, 이것들은 다음과 같은 한정된 조건 하에서는 문제없는 경어가 된다.
① 「田中(たなか)さんが先生(せんせい)のところに伺(うかが)ってくださいました。」
　「田中(たなか)さんに先生(せんせい)のところに伺(うかが)っていただきました。」
　(다나카 씨가 [나를 위해] 선생님 댁에 방문해 주셨습니다.)
② 「鈴木(すずき)さん、すみませんが、先生のところに伺(うかが)ってくださいませんか。」
　(스즈키 씨, 미안하지만, 선생님을 찾아뵈어 주시지 않겠습니까?)

①②에서는 「伺(うかが)う」가 <동작이 향하는 쪽>의 「先生(せんせい)」를 높이고, 「くださる」 혹은 「いただく」가 「田中(たなか)さん」이나 「鈴木(すずき)さん」을 높이고 있다. 또한 「先生(せんせい)」에 비하면 「田中さん」이나 「鈴木さん」은 이 문맥에서는 「높이지 않아도 실례가 되지 않는 인물」로 파악되고 있다. (예를 들어 ①②의 문을 말하고 있는 사람과 「田中さん」이나 「鈴木さん」이 함께 「先生(せんせい)」의 지도를 받은 사이라든가와 같은 경우이다). 이와 같이 그 행위가 <향하는 쪽>이 「높여야 할 인물」이고, 또한 행위자가 <동작이 향하는 쪽>과 비교하면 「높이지 않아도 실례가 되지 않는 인물이다」라는 조건을 만족하는 경우에 한해 「伺(うかが)ってくださる」「伺(うかが)っていただく」 등의 형태를 사용할 수 있다.

「ご案内(あんない)してくださる」・「ご案内(あんない)していただく」

예를 들어
「?先生(せんせい)は私(わたし)をご案内(あんない)してくださった。」

「?私(わたし)は先生(せんせい)にご案内(あんない)していただいた。」는「先生(せんせい)が私(わたし)を案内(あんない)する ; 선생님이 나를 안내하는」것을 겸양어 I「ご案内(あんない)する」로 표현하고 있어「私(わたし)」를 높이게 되는 점이 부적절하고 결과적으로「?ご案内(あんない)してくださる」혹은「?御案内していただく」전체도 부적절하다. 여기에서「して」를 삭제해서「ご案内(あんない)くださる」「ご案内(あんない)いただく」로 하면「お(ご)……くださる」「お(ご)……いただく」와 같은 적절한 경어 패턴을 만족시키기 때문에 적절한 경어가 된다.

(주)다만, 이 경우에 관해서도 예를 들어 다음과 같은 한정한 경우에는 문제가 없는 표현이 된다. 사정은 앞에 나온「伺(うかが)ってくださる」・「伺(うかが)っていただく」의 경우와 마찬가지이다.
① 「田中(たなか)さんが先生(せんせい)をご案内(あんない)してくださいました。」
　「田中さんに先生をご案内(あんない)していただきました。」
　(다나카 씨가 [나를 위해] 선생님을 안내해 주셨습니다.)
② 「鈴木(すずき)さん、すみませんが、先生をご案内(あんない)してくださいませんか。」
　(스즈키 씨, 미안하지만, 선생님을 안내해 주시지 않겠습니까?)(p.31)[17]


((96)) [マルコによる福音書 14:37 - 14:42]

それから、[1]来(き)てごらんになると、弟子(でし)たちが眠(ねむ)っていたので、ペテロに言(い)われた、「シモンよ、眠(ねむ)っているのか、[2]一時(ひととき)も目(め)を覚(さま)していることができなかったのか。[マルコによる福音書 14:37]

---

17) 李成圭(2017d)『신판 비즈니스 일본어1』시간의물레. pp. 224-229에서 인용.

> (그리고 나서 와서 보시니, 제자들이 잠자고 있었기에 베드로에게 말씀하셨다. "시몬아, 자고 있느냐? 한 시도 깨어 있을 수가 없었느냐?[14:37])

[1]来(き)てごらんになると : 와서 보시니. 「来(き)てごらんになる」는 「来(く)る」와 「見(み)る」의 특정형 경어인 「ごらんになる」가 접속조사 「〜て」를 매개로 하여 병렬 접속된 것으로 「〜てごらんになる」가 보조동사로 쓰인 것은 아니다. 그리고 「〜と」는 발견의 용법으로 뒤의 「眠(ねむ)っていた」에 걸린다.

[예]ええ、ですから、この池(いけ)の外(はず)れのほうに行(い)ってごらんになるとわかります。

(네, 그러니까, 이 연못 주위 쪽에 가서 보시면 압니다.)

さて、イエスが行(い)ってごらんになると、ラザロはすでに四日間(よっかかん)も墓(はか)の中(なか)に置(お)かれていた。[口語訳/ヨハネによる福音書11:17]]

(한편, 예수께서 가서 보시니, 나사로가 이미 나흘이나 무덤 속에 놓여 있었다.)[요한복음 11:17]

[2]一時(ひととき) : ①한 시. 일시. 한때. ③한동안. 잠깐 동안. 본문에서는 ①의 의미로 쓰이고 있다.

[예]一時(ひととき)も目(め)は離(はな)せない。

(한 시도 눈은 뗄 수가 없다.)

今日(きょう)という一日(いちにち)も、今(いま)という一時(ひととき)も、自分(じぶん)で作(つく)り出(だ)したものではなく、自分(じぶん)の外(そと)から与(あた)えられたもので、かつ二度(にど)と来(こ)ないものです。

(오늘이라고 하는 하루도, 지금이라고 하는 한때도 자기가 만들어낸 것이 아니라, 자기 밖에서 주어진 것이고 또한 두 번 다시 오지 않는 것입니다.)

> [1]誘惑(ゆうわく)に陥(おちい)らないように、目(め)を覚(さま)して祈(いの)っていなさい。[2]心(こころ)は熱(ねっ)しているが、[3]肉体(にくたい)が弱(よわ)いのである」。[マルコによる福音書 14:38]
>
> (유혹에 빠지지 않도록 잠에서 기도하고 있어라. 마음은 흥분되어 있지만 육체가 약한 것이다."[14:38])

[1]誘惑(ゆうわく)に陥(おちい)る : 유혹에 빠지다.

  [例]あなたがたはこのように、わずか一時(ひととき)もわたしとともに目(め)を覚(さま)していられなかったのか。誘惑(ゆうわく)に陥(おちい)らぬよう、目(め)を覚(さま)して祈(いの)っていなさい。

  (너희는 이렇게 불과 한 때도 나와 함께 잠에서 깨어 있을 수 없었느냐? 유혹에 빠지지 않도록 깨어서 기도하고 있어라.)

[2]心(こころ)が熱(ねっ)する : 마음이 흥분되다. 「熱(ねっ)する」는 자동사로 쓰이면 「뜨거워지다·열중하다·흥분하다」의 뜻을 나타낸다.

[3]肉体(にくたい)が弱(よわ)い : 육체가 약하다.

  [例]誘惑(ゆうわく)に陥(おちい)らぬよう、目(め)を覚(さま)して祈(いの)っていなさい。心(こころ)は燃(も)えても、肉体(にくたい)は弱(よわ)い。」[マタイによる福音書 26:41]

  (유혹에 빠지지 않도록 잠에서 깨어 기도하고 있어라. 마음은 불타도 육체는 약하다.)[마태복음 26:11]

> また離(はな)れて行(い)って[1]同(おな)じ言葉(ことば)で[2]祈(いの)られた。[マルコによる福音書 14:39]
>
> (다시 떠나가서 같은 말씀으로 기도하셨다.[14:39])

[1]同(おな)じ言葉(ことば)で : 같은 말로. 「同(おな)じだ ; 같다」는 일반 명사에 연결될 때, 즉 연체형이 「同(おな)じ+〜」와 같이 「〜な」를 취하지 않는다.

[例]これらは彼(かれ)らが軽蔑(けいべつ)していた同(おな)じ詩人(しじん)たちが、同(おな)じ言葉(ことば)で書(か)いた詩(し)なのである。
(이것들은 그들이 경멸했던 같은 시인들이 같은 말로 쓴 시인 것이다.)
なんだか同(おな)じような言葉(ことば)で毎回(まいかい)締(し)めくくっているような気(き)もしますね。
(왠지 똑같은 말로 매번 매듭짓고 있는 그런 생각이 드네요.)

[2]祈(いの)られる : 기도하시다. 「祈(いの)る」의 レル형 경어.
[例]このころ、イエスは祈(いの)るために山(やま)へ行(い)き、夜(よ)を徹(てつ)して神(かみ)に祈(いの)られた。[口語訳/ルカによる福音書 6:12]
(이때, 예수께서는 기도하기 위해 산에 가서 밤을 새우며 하나님께 기도하셨다.)[누가복음 6:12]

> また来(き)てごらんになると、彼(かれ)らはまだ眠(ねむ)っていた。その目(め)が重(おも)くなっていたのである。そして、彼(かれ)らはどう[1]お答(こた)えしてよいか、わからなかった。[マルコによる福音書 14:40]
> (다시 와서 보시니, 그들은 아직 자고 있었다. 그 눈이 무거워졌기 때문이다. 그래서 그들은 어떻게 대답해야 좋을지 몰랐다.[14:40])

[1]お答(こた)えする : 대답하다. 「答(こた)える」에 겸양어I인 「お～する」가 접속된 것.
[例]「申(もう)し訳(わけ)ありません、どうお答(こた)えしてよいか、迷(まよ)っておりました」河村(かわむら)は沈痛(ちんつう)な面持(おもも)ちで言(い)った。
(「죄송합니다, 어떻게 대답해야 좋을지 몰라 망설이고 있었습니다.」 가와무라는 침통한 표정으로 말했다.)
何分(なにぶん)制度(せいど)の沿革(えんかく)等(など)から考(かんが)えると、私(わたし)もにわかにお答(こた)えするだけの自身(じしん)はございません。
(여하튼 제도의 연혁 등에서 생각하면, 저도 갑자기 대답할 만한 자신은

없습니다.)

しかし、未熟(みじゅく)な私(わたくし)が、あえてお答(こた)えするとすれば…人々(ひとびと)の信仰(しんこう)の荒廃(こうはい)が、原因(げんいん)の一端(いったん)であると言(い)えましょう。

(그러나 미숙한 제가 굳이 대답을 드린다고 한다면…사람들의 신앙의 황폐가 원인의 일단이라고 할 수 있을 것입니다.)

> 三度目(さんどめ)に来(き)て言(い)われた、「まだ眠(ねむ)っているのか、休(やす)んでいるのか。もう[1]それでよかろう。[2]時(とき)が来(き)た。見(み)よ、人(ひと)の子(こ)は罪人(つみびと)らの手(て)に渡(わた)されるのだ。[マルコによる福音書 14:41]
> 
> (세 번째로 와서 말씀하셨다. "아직 자고 있느냐? 쉬고 있느냐? 이제 그것으로 충분할 것이다. 때가 왔다. 보아라, 인자는 죄인들 손에 넘겨진다.[14:41])

[1]それでよかろう: 그것으로 족할 것이다. 그것으로 충분할 것이다. 「よかろう」는 「よい」의 미연형 「よかろ」에 추측의 「～う」가 접속된 것으로 문어체적 표현이다.

「~かろ+う」

형용사의 미연형 「～かろ」는 조동사 「～う」에 접속되어 추측을 나타내는데, 이 용법은 관용적인 표현이나 문어적인 말씨에 쓰인다.

[例]もうよかろう。

(이제 되겠지 / 이제 충분하겠지.)

高級(こうきゅう)ホテルなら、絶対(ぜったい)バス・トイレ付(つ)きと見(み)てよかろう。

(고급호텔이라면 절대로 목욕탕과 화장실이 딸려 있다고 봐도 될 것이다.)

どこか強(つよ)そうなチームに申(もう)し込(こ)んで、大(おお)いに試合(しあい)をやったらよかろう。
(어디 강하게 보이는 팀에 신청하여 한바탕 시합을 하면 좋겠지.)
こんなことがあってよかろうか。
(이런 일이 있어도 되는 것일까?)
みんな楽(たの)しかろう。
(다들 즐겁겠지.)
彼(かれ)のことだから、遅刻(ちこく)することはなかろう。
(다름 아닌 그 사람이니, 지각하는 일은 없을 거야.)
ランニングシャツ一枚(いちまい)では寒(さむ)かろうに。
(러닝셔츠 한 장으로는 추울 텐데.)

[2] 時(とき)が来(き)た : 때가 왔다.
　[例] すると、イエスは答(こた)えて言(い)われた、「人(ひと)の子(こ)が栄光(えいこう)を受(う)ける時(とき)が来(き)た。[口語訳 / ヨハネによる福音書 12:23]
　(그러자 예수께서 대답하여 말씀하셨다. "인자가 영광을 받을 때가 왔다.)
　[요한복음 12:23]

　　過越(すぎこし)の祭(まつり)の前(まえ)に、イエスは、この世(よ)を去(さ)って父(ちち)のみもとに行(い)くべき自分(じぶん)の時(とき)が来(き)たことを知(し)り、世(よ)にいる自分(じぶん)の者(もの)たちを愛(あい)して、彼(かれ)らを最後(さいご)まで愛(あい)し通(とお)された。[口語訳 / ヨハネによる福音書 13:1][제자들의 발을 씻기시다]
　(유월절 전에, 예수께서는 이 세상을 떠나 아버지께 가야 할 자신의 때가 온 것을 알고, 세상에 있는 자기의 사람들을 사랑하고, 그들을 마지막까지 끝까지 사랑하셨다.)[요한복음 13:1]

さばきが神(かみ)の家(いえ)から始(はじ)められる時(とき)が来(き)た。それが、わたしたちからまず始(はじ)められるとしたら、神(かみ)の福音(ふくいん)に従(したが)わない人々(ひとびと)の行(ゆ)く末(すえ)は、どんなであろうか。[口語訳 / ペテロの第一の手紙 4:17]

(심판이 하나님의 집에서부터 시작될 때가 왔다. 그것이 우리에게서 먼저 시작된다고 하면, 하나님의 복음에 따르지 않는 사람들의 앞날은 어떤 것일까?)[베드로전서 4:17]

[1]立(た)て、さあ [2]行(い)こう。[3]見(み)よ、[4]わたしを裏切(うらぎ)る者(もの)が近(ちか)づいてきた」。[マルコによる福音書 14:42]

(일어나라. 자 가자. 보아라. 나를 배반할 자가 가까이 왔다.[14:42])

[1]立(た)て:「立(た)つ」의 명령형.

[2]行(い)こう:「行(い)く」의 보통체 권유 표현.

[3]見(み)よ:「見(み)る」의 문어체 명령형.

[4]わたしを裏切(うらぎ)る者(もの)が近(ちか)づいてきた : 나를 배반할 자가 가까이 왔다. 「近(ちか)づいてくる」는 복합동사 「近(ちか)づく」에 보조동사 「来(く)る」가 접속조사 「て」를 매개로 접속된 것.

[예]ふと見(み)ると、車(くるま)椅子(いす)の老婦人(ろうふじん)が近(ちか)づいて来(き)た。

(언뜻 보자, 휠체어를 탄 노부인이 가까이 왔다.)

ロビーから出(で)ようとしたら、心配顔(しんぱいがお)の彼(かれ)が近(ちか)づいて来(き)た。

(로비에서 나오려고 하자, 걱정스러운 얼굴을 한 그가 가까이 왔다.)

私(わたし)がそこに立(た)っていると、赤(あか)い水着(みずぎ)をつけた加奈(かな)が近(ちか)づいて来(き)た。

(내가 거기에 서 있자, 빨간 수영복을 입은 가나가 가까이 왔다.)

### 《97》[マルコによる福音書 14:43 - 14:50]

> そしてすぐ、イエスがまだ話(はな)しておられるうちに、[1]十二弟子(じゅうにでし)の一人(ひとり)のユダが[2][3]進(すす)み寄(よ)って来(き)た。また祭司長(さいしちょう)、律法(りっぽう)学者(がくしゃ)、[4]長老(ちょうろう)たちから送(おく)られた群衆(ぐんしゅう)も、剣(けん)と棒(ぼう)とを持(も)って彼(かれ)について来(き)た。[マルコによる福音書 14:43]
> 
> (그리고 곧 바로 예수께서 아직 이야기하고 계실 때, 12제자 중의 한 사람인 유다가 앞으로 다가왔다. 그리고 대제사장, 율법학자, 장로들이 보낸 군중도 칼과 몽둥이를 들고 그를 따라왔다.[14:43])

[1]十二弟子(じゅうにでし)の一人(ひとり)のユダ : 12제자 중의 한 사람인 유다.「十二弟子(じゅうにでし)の一人(ひとり) ; 12제자 중의 한 사람」의「〜の」는 속성을,「一人(ひとり)のユダ ; 한 사람인 유다」의「〜の」는 동격을 나타낸다.

[2]進(すす)み寄(よ)る : 앞으로 나아가 다가서다. 복합동사「進(すす)み＋寄(よ)る」
　[例]それを合図(あいず)のように二人(ふたり)はつかつかと進(すす)み寄(よ)って、袖(そで)の下(した)に隠(かく)していた火縄(ひなわ)を振(ふ)り照(て)らすと、その小(ちい)さい火(ひ)に対(たい)して…。
　(그것을 신호처럼 두 사람은 성큼성큼 앞으로 나아가 다가서서 소매 아래에 감추고 있었던 화승을 흔들어 비추자, 그 작은 불에 대해….)

[3]進(すす)み寄(よ)って来(く)る : 앞으로 다가서다. 일본어로는 복합동사「進(すす)み寄(よ)る」와 보조동사「〜て来(く)る」를 써서 사상(事象)에 관해 상세한 묘사를 하고 있는데, 이러한 분석적인 표현을 하지 않는 한국어에서는 번역에 있어서 중복이 되면 어느 한쪽의 의미를 생략할 수밖에 없다.

[4]長老(ちょうろう)たちから送(おく)られる : 장로들로부터 보내지다. 장로들이 보내다. 일본어의 수동표현을 직역해서 어색하면 능동으로 바꿔 번역한다.

[例]彼(かれ)は、危険(きけん)が去(さ)ると降(お)りて来(き)たのだが、母(はは)から送(おく)られる何(なに)かの手(て)がかりを注意深(ちゅういぶか)く見(み)ているように見(み)えた。

(그는 위험이 사라지자, 내려왔지만, 어머니가 보낸 어떤 실마리를 주의 깊게 보고 있는 것처럼 보였다.)

イエスを裏切(うらぎ)る者(もの)は、[1]あらかじめ彼(かれ)らに[2]合図(あいず)をしておいた、[4]「わたしの[3]接吻(せっぷん)する者(もの)が、その人(ひと)だ。その人(ひと)を捕(つか)まえて、[5]間違(まちが)いなく[6][7]引(ひ)っ張(ぱ)って行(い)け」。[マルコによる福音書 14:44]

(예수를 배반할 사람은 미리 그들에게 귀띔해 두었다. "내가 입을 맞추는 사람이 바로 그 사람이다. 그 사람을 잡아서 실수 없이 끌고 가라."[14:44])

[1]あらかじめ[予め] : 미리. 사전에. 「あらかじめ」와 「前(まえ)もって ; 미리. 사전에」는 유의어(類義語)인데 「あらかじめ」쪽이 정중하고 격식을 갖춘 말이다.

[例]懇親会(こんしんかい)にご出席(しゅっせき)の方(かた)はあらかじめお知(し)らせください。

(간친회에 출석하실 분께서는 미리 알려 주십시오.)

大切(たいせつ)なお客様(きゃくさま)が大勢(おおぜい)お見(み)えになりますので、あらかじめ会場(かいじょう)の準備(じゅんび)をしておいたほうがよろしいでしょう。

(중요한 손님이 많이 오시니까, 미리 회의장 준비를 해 두는 것이 좋겠지요.)[18]

---

18) 成圭等著(1997)『홍익일본어독해2』홍익미디어. p.84에서 인용.

あらかじめ電話(でんわ)をしてからいらっしゃったほうが間違(まちが)いないと思(おも)います。

(미리 전화를 하고 나서 가시는 게 틀림이 없을 것 같습니다.)

あらかじめお断(ことわ)りしておきますが、消耗品(しょうもうひん)はお客様(きゃくさま)のほうでご負担(ふたん)いただくことになっておりますが。

(미리 말씀드려 둡니다만, 소모품은 손님께서 부담하시게 되어 있습니다.)

[2] 合図(あいず)する: 신호하다. 귀띔하다.

　[例] そして、そばにいる真理子(まりこ)に大(おお)きく何回(なんかい)も首肯(うなず)いて合図(あいず)した。

(그리고 옆에 있는 마리코에게 크게 몇 번이나 고개를 끄덕이며 귀띔했다.)

[3] 接吻(せっぷん)する: 입맞춤하다. 입을 맞추다.

　[例] イエスを裏切(うらぎ)った者(もの)が、あらかじめ彼(かれ)らに、「わたしの接吻(せっぷん)する者(もの)が、その人(ひと)だ。その人(ひと)をつかまえろ」と合図(あいず)をしておいた。[口語訳 / マタイによる福音書 26:48]

(예수를 배반한 자가 미리 그들에게 「내가 입을 맞추는 사람이 그 사람이다. 그 사람을 잡아라.」고 귀띔을 해 두었다.)[마태복음 26:48]

　まあ、おおやけの機会(きかい)に接吻(せっぷん)するのはハンガリーの風習(ふうしゅう)なのさ。特(とく)に挨拶(あいさつ)に接吻(せっぷん)するが、いい風習(ふうしゅう)だよ。

(뭐, 공적인 기회에 입을 맞추는 것은 헝가리의 풍습이야. 특히 인사로 입맞춤하지만, 좋은 풍습이야.)

[4] わたしの接吻(せっぷん)する者(もの): 내가 입을 맞추는 사람. 「～の」는 연체수식절 내에서의 주격 역할을 한다.

　[例] 叔父(おじ)は、わたしの食(た)べるさまをじっと見(み)ている。

(작은 아버지는 내가 먹는 모습을 죽 보고 있다.)

労力(ろうりょく)と時間(じかん)と金(かね)をかけているという意味(いみ)では、わたしの書(か)く本(ほん)は労作(ろうさく)ばかりである。

(노력과 시간과 돈을 들이고 있다는 의미에서는, 내가 쓰는 책은 노작뿐이다.)

[5]間違(まちが)いなく: 실수 없이. 차질 없이. 틀림없이.

[例]刈部(かりべ)はともかく、もうひとりの刑事(けいじ)は間違(まちが)いなく殺(や)られただろう。

(가리베는 아무튼 간에 또 한 명의 형사는 틀림없이 살해당했을 것이다.)

しかし、最後(さいご)は天(てん)の国(くに)に間違(まちが)いなく達(たっ)します。危険(きけん)なように見(み)えて最(もっと)も安全(あんぜん)な方法(ほうほう)です。

(그러나, 마지막에는 하늘나라에 틀림없이 도달합니다. 위험한 것처럼 보여도 가장 안전한 방법입니다.)

[6]引(ひ)っ張(ぱ)る: 억지로 끌고 가다. 연행하다.

[7]引(ひ)っ張(ぱ)って行(い)く: 끌고 가다. 「引(ひ)っ張(ぱ)る」가 「억지로 끌고 가다」이고 「行(い)く」도 「가다」이기 때문에 한국어 번역 상 중첩이 되어 결과적으로 「끌고 가다」로 해석된다.

[例]どんな病弱(びょうじゃく)でも、足(あし)が不自由(ふじゆう)でも目(め)が不自由(ふじゆう)でも皆(みな)引(ひ)っ張(ぱ)って行(い)くという時代(じだい)であった。

(아무리 병약하더라도 다리가 불편해도 눈이 불편해도 모두 끌고 가는 그런 시대였다.)

彼(かれ)は[1]来(く)るとすぐ、イエスに近寄(ちかよ)り、「先生(せんせい)」と言(い)って接吻(せっぷん)した。[マルコによる福音書 14:45]

(그는 오자마자, 예수에게 다가와서 "선생님"이라고 말하고 입을 맞추었다.[14:45])

[1]来(く)るとすぐ : 오자마자. 「来(く)る」에 한국어의 「~하자마자」, 「~하면 곧」 또는 「~하기가 무섭게」에 해당하는 「~とすぐ」가 접속된 것.
　[例]わたしが到着(とうちゃく)するとすぐ、彼(かれ)は私(わたし)のものを買(か)い始(はじ)めました。
　　(내가 도착하기가 무섭게, 그는 내 것을 사기 시작했습니다.)
　　ぼくは学校(がっこう)から帰(かえ)るとすぐ、学校(がっこう)のかばんを塾(じゅく)のバッグに持(も)ちかえ、家(いえ)を出(で)た。
　　(나는 학교에서 돌아오자마자, 학교 가방을 학원 백으로 바꾸어 들고 집을 나섰다.)

人々(ひとびと)はイエスに[1]手(て)をかけて捕(つか)まえた。[マルコによる福音書 14:46]
(사람들은 예수에게 손을 대어 잡았다.[14:46])

[1]手(て)をかける : 손을 대다. 도둑질 등 나쁜 짓을 하다.
　[例]とにかく手(て)をかけるときは、よく判断(はんだん)してやらないとね。
　　(여하튼 손을 댈 때는 잘 판단해서 하지 않으면 안 된다.)

すると、[1]イエスのそばに立(た)っていた者(もの)の一人(ひとり)が、[2]剣(けん)を抜(ぬ)いて大祭司(だいさいし)の僕(しもべ)に[3]切(き)りかかり、その片耳(かたみみ)を[4]切(き)り落(お)とした。[マルコによる福音書 14:47]
(그러자, 예수 곁에 서 있던 사람 중에서 한 사람이 칼을 빼서 대제사장의 종에게 달려들어 그의 한쪽 귀를 잘라 버렸다.[14:47])

[1]イエスのそば : 예수 곁. 「そば」는 장소명사로 한국어의 「곁・옆」에 해당한다.
　[例]いつまでもそばにいてほしい。

(언제까지나 내 곁에 있어 줘.)

子供(こども)のそばに近寄(ちかよ)る。

(아이 옆에 가까이 다가가다.)

机(つくえ)のそばに置(お)いてある野球(やきゅう)道具(どうぐ)。

(책상 옆에 놓여 있는 야구 도구.)

그리고 유의어에는「傍(かたわ)ら; 곁. 옆. 가.」가 있다.

[例]部長(ぶちょう)の傍(かたわ)らに控(ひか)える。

(부장 곁에 대기하다.)

大聖堂(だいせいどう)の傍(かたわ)らの洗礼堂(せんれいどう)。

(대성당 옆에 있는 세례당.)

記念碑(きねんひ)の傍(かたわ)らに咲(さ)いている花(はな)。[19]

(기념비 옆에 피어 있는 꽃.)

1. 「そば」「傍(かたわ)ら」는, 건축물이나 정물(静物), 동물 등 무엇인가 특정 사물이 기준이 되는 경우에 사용된다.「そば」는「側」「傍」라고도 표기한다.

2. 「傍(かたわ)ら」는 기준이 되는 것에 대해 종속적인 관계에 있는 그런 것에 관해 사용되고, 종속적인 관계를 상정할 수 없는 경우에는 사용하기 어렵다. 그리고 전적으로 기준이 되는 것의 옆에 있는 경우에 사용한다.

장소명사에서 주의해야 할 것은 한국어에 비해 일본어에는 유의어(類義語)관계에 있는 말이 많다는 점이다. 예를 들어「銀行(ぎんこう)の隣(とな)り; 은행 옆」「玄関(げんかん)の横(よこ); 현관 옆」「窓(まど)のそば; 창가」「門(もん)のわき; 문

---

[19] 「出典:類語例解辞典(小学館)」
https://dictionary.goo.ne.jp/thsrs/15394/meaning/m0u/%E3%81%9D%E3%81%B0/에서 인용하여 적의 번역함.

옆」과 같이 모두 한국어의 「옆」에 해당하지만, 실제 이들의 용례를 보면 각각 그 쓰임을 달리하고 있다. 따라서 이들 유의어 관계에 있는 말을 사용할 때는 각각의 의미를 구별해서 사용해야 한다. 특히「隣(とな)り」와「橫(よこ)」는 둘 다 사람이나 사물이 병행해서 서 있는 상태를 나타내지만, 구체적인 의미에 있어서는 차이가 있다. 즉「隣(とな)り」는 두 사물을 대등한 관계로 파악해서 표현하지만,「橫(よこ)」는 한 쪽이 다른 한 쪽에 종속적인 관계에 있는 것을 나타낸다. 따라서 양자는 문맥에 따라 서로 치환 가능한 경우와 불가능한 경우가 있다.

[例]郵便局(ゆうびんきょく)は病院(びょういん){隣(とな)り・×橫(よこ)}にある。

    (우체국은 병원 옆에 있다.)

  レストランの{×隣(とな)り・橫(よこ)}にポストがある。

    (레스토랑 옆에 우체통이 있다.

  佐藤(さとう)さんの{?隣(とな)り・橫(よこ)}に猫(ねこ)がいる。

    (사토 씨 옆에 고양이가 있다.)

[2]劍(けん)を拔(ぬ)く:칼을 빼다.

  [例]彼(かれ)の合圖(あいず)で衛兵(えいへい)たちが劍(けん)を拔(ぬ)いた。

    (그의 신호로 위병들이 칼을 뺐다.)

[3]切(き)りかかる:칼로 치려고 달려들다. 복합동사「切(き)り+かかる」

  [例]背後(はいご)から切(き)りかかられて、防(ふせ)ぎようもなかった。

    (배후에서 달려드는 바람에 막을 수도 없었다.)

[4]切(き)り落(お)とす:끊어 떨어뜨리다. 베어[잘라] 놓다. 잘라 버리다. 복합동사 「切(き)り+落(お)とす」

  [例]余分(よぶん)な枝(えだ)を切(き)り落(お)とす。

    (쓸데없는 가지를 베어 버리다.)

  彼女(かのじょ)は力任(ちからまか)せに彼(かれ)の頰(ほお)を打(う)ち、首(くび)を切(き)り落(お)とした。

    (그녀는 힘껏 그의 볼을 치고 목을 잘라 버렸다.)

> イエスは彼(かれ)らにむかって言(い)われた、「あなたがたは[1]強盗(ごうとう)に向(む)かうように、剣(けん)や棒(ぼう)を持(も)って[2]わたしを捕(とら)えに来(き)たのか。[マルコによる福音書 14:48]
> (예수께서는 그들을 향해 말씀하셨다. "너희는 강도를 대하는 것처럼, 칼과 몽둥이를 들고 나를 잡으러 왔느냐?"[14:48])

[1]強盗(ごうとう)に向(む)かう : 강도를 대하다.

  [例]それから、自分(じぶん)にむかって来(く)る祭司長(さいしちょう)、宮守(みやもり)がしら、長老(ちょうろう)たちに対(たい)して言(い)われた、「あなたがたは、<u>強盗(ごうとう)にむかうように</u>剣(けん)や棒(ぼう)を持(も)って出(で)てきたのか。[口語訳 / ルカによる福音書 22:52]

  (그리고 나서, 자기를 향해 오는 대제사장들, 성전 수위대장, 장로들에 대해 말씀하셨다. "너희는 강도를 대하듯이 칼과 몽둥이를 들고 나왔느냐?) [누가복음 22:52]

[2]わたしを捕(とら)えに来(き)たのか : 나를 잡으러 왔느냐?「捕(と)らえに来(く)る」는 동작의 목적을 나타내는 구문.

  [例]三浦(みうら)、やつを殺人犯(さつじんはん)として<u>捕(と)らえに来(き)</u>たんじゃないんだ。交通(こうつう)違反(いはん)の令状(れいじょう)を取(と)ったんだ。やつと話(はな)して、その令状(れいじょう)を見(み)せようしただけだ。

  (미우라, 녀석을 살인범으로 잡으러 온 것은 아니다. 교통 위반 영장을 받았다. 녀석과 이야기하고 그 영장을 보여주려고 했을 뿐이다.)

> わたしは毎日(まいにち)あなたがたと一緒(いっしょ)に宮(みや)にいて教(おし)えていたのに、わたしを[1]捕(つか)まえはしなかった。しかし、[2]聖書(せいしょ)の言葉(ことば)は成就(じょうじゅ)されねばならない」。[マルコによる福音書 14:49]

(나는 매일 너희와 함께 성전에 있으면서 가르치고 있었는데, 나를 잡지는 않았다. 그러나 성서의 말씀은 이루어지지 않으면 안 된다."[14:49])

[1]捕(つか)まえはしなかった : 잡지는 않았다. 「捕(つか)まえなかった ; 잡지 않았다」를 형식동사 「する」를 이용하여 「捕(つか)まえ＋は＋しなかった」와 같이 분리시키고 강조한 것. 「동사의 연용형＋は＋しなかった」의 예를 들면 다음과 같다.

[例]はじめての場所(ばしょ)で落(お)ち着(つ)かない様子(ようす)だったが、逃(に)げだしはしなかった。

(처음 접하는 장소여서 불안정한 상태였는데, 도망치지는 않았다.)

時間(じかん)の経過(けいか)とともにこうした疑問(ぎもん)は、記憶(きおく)の闇(やみ)の中(なか)に沈(しず)んで入(はい)ったが、決(けっ)して消(き)えはしなかった。

(시간의 경과와 함께 이러한 의문은 기억의 어둠 속에 가라앉아 들어갔지만, 결코 사라지지는 않았다.)

[2]聖書(せいしょ)の言葉(ことば)は成就(じょうじゅ)されねばならない : 성서의 말씀은 이루어지지 않으면 안 된다. 「成就(じょうじゅ)される」는 「成就(じょうじゅ)する」의 타동사 용법이 수동으로 쓰인 예이다.

[例]長官(ちょうかん)、何年(なんねん)経(た)ったらこの計画(けいかく)は成就(じょうじゅ)されますか。

(장관, 몇 년 지나면 이 계획은 이루어집니까?)

この目論見(もくろみ)が成就(じょうじゅ)されれば、イスラム教徒(きょうと)にとって、米国(べいこく)とその同盟国(どうめいこく)は本質的(ほんしつてき)な敵(てき)と見做(みな)される。

(이 계획이 실현되면 이슬람교도로서 미국과 그 동맹국은 본질적인 적으로 간주된다.)

> 弟子(でし)たちは皆(みな)イエスを[1]見捨(みす)てて[2]逃(に)げ去(さ)った。[マルコによる福音書 14:50]
> (제자들은 모두 예수를 버리고 멀리 달아났다.[14:50])

[1]見捨(みす)てる : 내버려 둔 채 돌보지 않다. 버리다. 복합동사「見(み)＋捨(す)てる」

　[例]神(かみ)は我(われ)らを見捨(みす)ててしまわれたのでしょうか。

　　　(하나님께서는 우리를 돌보지 않고 버리신 것일까요?)

　　　おれはこのままほんものの病気(びょうき)になればいい。そうすれば、彼女(かのじょ)はまさかおれを見捨(みす)てて行(い)きはしないだろう。

　　　(나는 이대로 진짜로 아파도 좋다. 그러면, 그녀가 설마 나를 버리고 가지는 않을 것이다.)

　　　あなたがたは、はたして信仰(しんこう)があるかどうか、自分(じぶん)を反省(はんせい)し、自分(じぶん)を吟味(ぎんみ)するがよい。それとも、イエス・キリストがあなたがたのうちにおられることを、悟(さと)らないのか。もし悟(さと)らなければ、あなたがたは、にせものとして見捨(みす)てられる。[口語訳／コリント人への第二の手紙 13:5]

　　　(너희는 과연 믿음이 있는지 어떤지 자신을 반성하고 자신을 음미해라. 그렇지않으면 예수 그리스도가 너희 안에 계시는 것을 깨닫지 못하느냐? 만일 깨닫지 못하면 너희는 가짜로서 버려진다.) [고린도후서 13:5]

[2]逃(に)げ去(さ)る : 멀리 도망쳐 가다. 멀리 달아나다. 복합동사「逃(に)げ＋去(さ)る」

　[例]主(しゅ)であり師(し)である人(ひと)が十字架(じゅうじか)の極刑(きょっけい)につけられたとき、彼(かれ)らはみんな散(ち)りぢりばらばらに逃(に)げ去(さ)ってしまった。

　　　(주이고 선생님인 사람이 십자가의 극형에 매달렸을 때 그들은 모두 움찔움찔 뿔뿔이 멀리 달아나고 말았다.)

## ((98)) [マルコによる福音書 14:51 - 14:52]

> ときに、[1]ある若者(わかもの)が[2]身(み)に亜麻布(あまぬの)をまとって、イエスのあとについて行(い)ったが、人々(ひとびと)が彼(かれ)を捕(つか)まえようとしたので、[マルコによる福音書 14:51]
> (그런데, 어떤 젊은이가 몸에 아마 천을 걸치고, 예수 뒤를 따라갔는데 사람들이 그를 잡으려고 해서,[14:51])

[1]ある若者(わかもの) : 어떤 젊은이.
[2]身(み)に亜麻布(あまぬの)をまとう : 몸에 {아마 천을 걸치다·아마 천을 입다}.
　[例]彼(かれ)は、灰色(はいいろ)の実験着(じっけんぎ)をまとうと、まるで大学院(だいがくいん)の学生(がくせい)くらいにしか見(み)えず、陽気(ようき)でそして忙(いそが)しかった。
　　(그는 회색 실험복을 걸치자, 마치 대학원 학생 정도로밖에 보이지 않고 쾌활하고 그리고 바빴다.)

> その亜麻布(あまぬの)を捨(す)てて、[1]裸(はだか)で[2]逃(に)げて行(い)った。[マルコによる福音書 14:52]
> (그 아마 천을 버리고 맨몸으로 도망갔다.[14:52])

[1]裸(はだか) : 맨몸. 발가숭이.
　[例]こやつ、逃(に)げたな。逃(に)げられるものなら、もう一度(いちど)やってみろ。裸(はだか)で逃(に)げて行(い)け。
　　(이 놈, 도망갔군. 도망칠 수 있다면 다시 한 번 해 봐라. 맨몸으로 도망가라.)
[2]逃(に)げて行(い)く : 도망가다. 달아나다. 「逃(に)げる」에 접속조사 「て」를 매개로 하여 「行(い)く」가 접속된 것.

[例]哲夫(てつお)はそのまま逃(に)げて行(い)った。

(데츠오는 그대로 도망갔다.)

弁護士(べんごし)一家(いっか)は、その翌日(よくじつ)にどこか遠(とお)くへ逃(に)げて行(い)きました。

(변호사 일가는 그 다음날 어딘가 먼 곳으로 도망 갔습니다.)

### 〘99〙[マルコによる福音書 14:53 - 14:54]

それから、イエスを大祭司(だいさいし)のところに連(つ)れて行(い)くと、祭司長(さいしちょう)、長老(ちょうろう)、律法(りっぽう)学者(がくしゃ)たちがみな[1]集(あつ)まって来(き)た。[マルコによる福音書 14:53]
(그리고 나서 예수를 대제사장에게 끌고 가자, 대제사장, 장로, 율법학자들이 모두 모여들었다.)

[1]集(あつ)まって来(く)る : 모여들다. 「集(あつ)まる」에 접속조사 「て」를 매개로 하여 「来(く)る」가 접속된 것.

[例]次(つぎ)の安息日(あんそくにち)になると、ほとんど町中(まちじゅう)の人(ひと)が主(しゅ)の言葉(ことば)を聞(き)こうとして集(あつ)まって来(き)た。

(다음 안식일이 되자, 거의 모든 마을 사람들이 주의 말씀을 들으려고 모여들었다.)

この光景(こうけい)を見(み)に集(あつ)まってきた群衆(ぐんしゅう)も、これらの出来事(できごと)を見(み)て、みな胸(むね)を打(う)ちながら帰(かえ)って行(い)った。[口語訳 / ルカによる福音書 23:48]

(이 광경을 보러 모여든 군중도 이들 사건을 보고, 모두 가슴을 치면서 돌아갔다.)[누가복음 23:48]

> ペテロは遠(とお)くからイエスについて行(い)って、大祭司(だいさいし)の[1]中庭(なかにわ)まで[2]入(はい)り込(こ)み、その[3]下役(したやく)どもに[4]混(ま)じって座(すわ)り、[5]火(ひ)に当(あ)たっていた。[マルコによる福音書 14:54]
> (베드로는 멀리서 예수를 따라가서, 대제사장의 마당 한 가운데까지 깊숙이 들어가서 그 부하들과 섞여 앉아 불을 쬐고 있었다.[14:54])

[1]中庭(なかにわ) : ①중정. 마당 한 가운데. ②가운데 뜰. 내정(内庭). 안뜰.

[2]入(はい)り込(こ)む : 속으로[깊숙이] 파고 들어가다. 비집어 들어가다. 복합동사「入(はい)り+込(こ)む」

   [例]週末(しゅうまつ)の帷山(きりぎしやま)には数百人(すうひゃくにん)の登山者(とざんしゃ)が入(はい)り込(こ)み、足元(あしもと)の植生(しょくせい)を踏(ふ)み付(つ)ける。
   (주말의 기리기시야마에는 수백 명의 등산객이 비집고 들어가서 발밑의 식생을 짓밟는다.)
   待(ま)っている人々(ひとびと)は、愛(あい)があの部屋(へや)にめでたく入(はい)り込(こ)み、彼(かれ)ら全員(ぜんいん)が暗闇(くらやみ)から解放(かいほう)されたことを知(し)る。
   (기다리고 있는 사람들은 '아이'가 저 방에 순조롭게 비집어 들어가서, 그들 전원이 암흑에서 해방된 것을 안다.)

[3]下役(したやく) : 지위가 낮은 사람. 부하. 말단.

[4]混(ま)じる : 섞이다. 자동사로는「混(ま)ざる」도 쓰인다.

   [例]市場(いちば)の客(きゃく)に混(ま)じって魚屋(さかなや)の前(まえ)まで行(い)った。
   (시장 손님에 섞여 생선가게 앞까지 갔다.)
   早朝(そうちょう)、ビジネスマンたちに混(ま)じって新幹線(しんかんせん)のホームに立(た)っている自分(じぶん)を結構(けっこう)気(き)に入(い)っている。

(이른 아침 비즈니스맨들에 섞여 신칸센 홈에 서 있는 자신을 꽤 마음에 들어 했다.)

[5]火(ひ)に当(あ)たる : 불을 쬐다.

[例]シモン・ペテロは、立(た)って火(ひ)にあたっていた。すると人々(ひとびと)が彼(かれ)に言(い)った、「あなたも、あの人(ひと)の弟子(でし)のひとりではないか」。彼(かれ)はそれをうち消(け)して、「いや、そうではない」と言(い)った。[口語訳 / ヨハネによる福音書 18:25]

(시몬 베드로는 서서 불을 쬐고 있었다. 그러자 사람들이 그에게 말했다. "당신도 그 사람 제자 중의 한 사람이 아닌가?" 그는 이것을 부정하고 "아니, 그렇지 않다."고 말했다.)[요한복음 18:25]


《100》[マルコによる福音書 14:55 - 14:61]

> さて、祭司長(さいちょう)たちと全議会(ぜんぎかい)とは、イエスを[1]死刑(しけい)にするために、イエスに[2]不利(ふり)な[3]証拠(しょうこ)を見(み)つけようとしたが、[4]得(え)られなかった。[マルコによる福音書 14:55]
> (그런데 대제사장들과 전 의회는 예수를 사형에 처하기 위해, 예수에게 불리한 증거를 찾으려고 했지만, 얻을 수가 없었다.[14:55])

[1]死刑(しけい)にする : 사형에 처하다.

[例]こんな子(こ)どもを死刑(しけい)にするのは、どのような人々(ひとびと)なのか。わたしには、野蛮人(やばんじん)に思(おも)えてならない。

(이런 어린이를 사형에 처하는 것은 어떤 사람들일까? 나는 야만인이란 생각이 들어 견딜 수 없다.)

しかし、祭司長(さいしちょう)、長老(ちょうろう)たちは、バラバのほうを願(ねが)う

よう、そして、イエスを死刑(しけい)にするよう、群衆(ぐんしゅう)を説(と)きつけた。しかし、総督(そうとく)は彼(かれ)らに答(こた)えて言(い)った。

(그러나 대제사장, 장로들은 바라바 쪽을 부탁하도록, 그리고 예수를 사형에 처하도록 군중을 설득했다. 그러나 총독은 그들에게 대답하여 말했다.)

さて、祭司長(さいしちょう)たちと全(ぜん)議会(ぎかい)とは、イエスを死刑(しけい)にするため、イエスに不利(ふり)な偽証(ぎしょう)を求(もと)めようとしていた。
[口語訳 / マタイによる福音書 26:59]

(그런데 대제사장들과 전 의회는 예수를 사형에 처하기 위해 예수에게 불리한 위증을 구하려고 하고 있었다.)[마태복음 26:59]

[2] 不利(ふり)な証拠(しょうこ) : 불리한 증거.「不利(ふり)な」는 형용동사「不利(ふり)だ」의 연체형.

[例]あなたの奥(おく)さんの死(し)に彼(かれ)が果(は)たした役割(やくわり)の証拠(しょうこ)が見(み)つかるはずだ。ほかにも彼(かれ)に不利(ふり)な証拠(しょうこ)が見(み)つかるでしょう。

(당신의 부인의 사망에 그가 관여한 역할의 증거를 찾을 수 있을 것이다. 그 밖에도 그에게 불리한 증거가 발견될 것이다.)

[3] 証拠(しょうこ)を見(み)つける : 증거를 찾다.

[例]口(くち)に出(だ)さなければ、誰(だれ)も知(し)ることはない。書(か)き残(のこ)さなければ、誰(だれ)も証拠(しょうこ)を見(み)つけることはない。

(입 밖에 내지 않으면 아무도 알지 못한다. 써서 남기지 않으면 아무도 증거를 찾지 못한다.)

[4] 得(え)られなかった : 얻을 수 없었다. 얻지 못했다.「得(え)る」의 가능「得(え)られる」의 부정 과거.「得(え)る → 得(え)られる[가능] ↔ 得(え)られない[가능의 부정] → 得(え)られなかった[가능의 부정 과거]」

[例]10年(じゅうねん)にわたってさまざまな実験(じっけん)をくり返(かえ)していたが、

満足(まんぞく)な結果(けっか)は得(え)られなかった。
(10년에 걸쳐 갖가지 실험을 되풀이하고 있지만, 만족스러운 결과는 얻지 못했다.)

モーラが市(し)の教育課(きょういくか)に電話(でんわ)で問(と)い合(あ)わせたが、そこでも答(こたえ)は得(え)られなかった。
(모라가 시 교육과에 전화로 문의했지만 거기에서도 대답을 얻을 수 없었다.)

多(おお)くの者(もの)がイエスに対(たい)して[1]偽証(ぎしょう)を立(た)てたが、その[2][3]証言(しょうげん)が合(あ)わなかったからである。[マルコによる福音書 14:56]
(많은 사람들이 예수에 대해 위증을 했지만, 그 증언이 들어맞지 않았기 때문이다.[14:56])

[1]偽証(ぎしょう)を立(た)てる : 위증을 하다.
　[例]この部分(ぶぶん)が律法(りっぽう)の教(おし)えです。「偽(いつわ)りの誓(ちか)いを立(た)てるな」、それはつまり、本当(ほんとう)でないことを「本当(ほんとう)です」と誓(ちか)うな、偽証(ぎしょう)を立(た)てるな、ということです。[20]
　(이 부분이 율법의 가르침입니다. 「거짓 맹세를 하지 마라」, 그것은 즉, 사실이 아닌 것을 「정말입니다」라고 맹세하지 마라, 위증을 하지 마라는 것입니다.)

[2]証言(しょうげん) : 증언.
　[例]ここで証言(しょうげん)が食(く)い違(ちが)えば、どちらかが偽証(ぎしょう)をしていることになります。
　(여기에서 증언이 엇갈리면 어느 쪽인가 위증을 하고 있다는 것이 됩니다.)

[3]証言(しょうげん)が合(あ)わない : 증언이 들어맞지 않다.

---

20) http://www.yokohamashiloh.or.jp/reihai/message/shiloh_message100606es.htm에서 인용하여 번역함.

[例]後(うし)ろからぶつけられたこと、逃(に)げたこと、証言(しょうげん)が合(あ)わないこと[嘘(うそ)の証言(しょうげん)]、行政(ぎょうせい)処分(しょぶん)を受(う)けるということはこちらの過失(かしつ)は0(ぜろ)と考(かんが)えてよいでしょうか?[21]
(뒤에서 부딪힌 것, 도망친 것, 증언이 들어맞지 않는 것[거짓 증언], 행정 처분을 받는다는 것은 이쪽 과실은 0라고 생각해도 좋을까요?)

---

[1]ついに、ある人々(ひとびと)が立(た)ち上(あ)がり、イエスに対(たい)して偽証(ぎしょう)を立(た)てて言(い)った、[マルコによる福音書 14:57]
(결국, 어떤 사람들이 일어서서 예수에 대해 위증을 해서 말했다.[14:57])

---

[1]ついに : 드디어. 마침내. 결국.

[例]ついに恐(おそ)れていた事態(じたい)が起(お)きました。
(결국 무서워했던 사태가 일어났습니다.)

しかしながら、彼(かれ)らを頑(かたく)なにし、ついには「罪人(つみびと)たち」やすべての貧(まず)しい人々(ひとびと)に彼(かれ)らを対立(たいりつ)させ、彼(かれ)らを不正(ふせい)な者(もの)にしたのである。
(그러나, 그들을 완고하게 만들고, 결국에는 「죄인들」이나 모든 가난한 사람들에게 그들을 대립시켜, 그들을 부정한 사람으로 만든 것이다.)

---

「わたしたちはこの人(ひと)が『わたしは手(て)で造(つく)ったこの神殿(しんでん)を[1]打(う)ちこわし、三日(みっか)の後(のち)に[2]手(て)で造(つく)られない別(べつ)の[3]神殿(しんでん)を建(た)てるのだ』と言(い)うのを聞(き)きました」。[マルコによる福音書 14:58]

---

21) https://www.bengo4.com/c_3/bbs/%E5%98%98%E3%81%AE%E8%A8%BC%E8%A8%80/에서 인용하여 번역함.

("저희는 이 사람이 '나는 손으로 지은 이 성전을 허물고, 사흘 후에 손으로 안 지어진 다른 성전을 세우겠다.' 고 말하는 것을 들었습니다."[14:58])

[1]打(う)ちこわす : 때려 부수다. 파괴하다. 허물다. 복합동사「打(う)ち+こわす」

　[例]言(い)うのはご自由(じゆう)だが、実際(じっさい)に人類(じんるい)が自(みずか)らの手(て)で国家(こっか)を打(う)ち壊(こわ)す知恵(ちえ)はタネ切(ぎ)れ状態(じょうたい)に見(み)える。

　（말하는 것은 자유지만, 실제로 인류가 자신의 손으로 국가를 파괴하는 지혜는 이야깃거리가 떨어진 상태로 보인다.）

　だからわれわれは、彼(かれ)らの幻想(げんそう)を打(う)ち壊(こわ)すような期待(きたい)を持(も)ったりはしない。われわれは、彼(かれ)らの未練(みれん)に共感(きょうかん)しその温存(おんぞん)を認(みと)める。

　（그러니까 우리들은 그들의 환상을 허무는 그런 기대를 갖거나 하지는 않는다. 우리는 그들의 미련에 공감하고 그 온존을 인정한다.）

　友達(ともだち)と共同(きょうどう)で、大人(おとな)たちのモラルや"徳(とく)"といったものを打(う)ち壊(こわ)し、あけっぴろげで、"生々(なまなま)しい生活(せいかつ)"を謳歌(おうか)するのだ。

　（친구와 공동으로 어른들의 모럴이나 "덕"이란 것을 허물고 개방적이고 "생생한 생활"을 구가하는 것이다.）

[2]手(て)で造(つく)られない : 손으로 지어지지 않다. 손으로 안 지어지다.「造(つく)られる」는「造(つく)る」의 수동.

　[例]人(ひと)の手(て)で造(つく)られたとは信(しん)じられない、針(はり)の穴(あな)より小(ちい)さな彫刻(ちょうこく)。

　（사람 손으로 만들어졌다고는 믿어지지 않는, 바늘귀보다 작은 조각.）

[3]神殿(しんでん)を建(た)てる : 성전을 세우다.

[例]神殿(しんでん)を建(た)てる際(さい), 菱形(ひしがた)或(あるい)は長方形(ちょうほうけい)に土(つち)や石(いし)を盛(も)って固(かた)めて土台(どだい)とし, この上(うえ)に建物(たてもの)を造(つく)る。
(성전을 세울 때, 마름모꼴 혹은 직사각형으로 흙이나 돌을 높이 쌓아 올려 단단하게 해서 토대로 하고, 그 위에 건물을 세운다.)

しかし, [1]このような証言(しょうげん)も互(たが)いに合(あ)わなかった。[マルコによる福音書 14:59]
(그러나 이와 같은 증언도 서로 맞지 않았다.[14:59])

[1]このような : 이와 같은. 이런. 「この」에 불확실한 판단을 나타내는 「ようだ」의 연체형 「ような」가 결합해서 전성된 연체사. 「このような[이와 같은·이런]·そのような[그와 같은·그런]·あのような[저와 같은·저런(현장지시) / 그와 같은·그런(문맥지시)]·どのような[어떤]」와 같이 계열을 이루고 있다. 「このような」계열은 주로 문장체에 쓰이는데, 약간 딱딱한 느낌의 회화체에서 쓰이는 것을 제외하면 일상회화에서는 거의 사용하지 않는다.

[例]このような複雑(ふくざつ)な問題(もんだい)は始(はじ)めてです。
(이와 같은 복잡한 문제는 처음입니다.)
そのようなお話(はなし)はいっこうに聞(き)いた覚(おぼ)えがありません。[22]
(그와 같은 말씀은 전혀 들은 기억이 없습니다.)
彼(かれ)にあのようなことは言(い)うべきではなかった。
(그에게 그와 같은 것은 말하는 것이 아니었다.)
虹(にじ)というのは何故(なぜ)あのような半円状(はんえんじょう)に見(み)えるのでしょうか?
(무지개라고 하는 것은 왜 저와 같은 반원상으로 보이는 것일까요?)

---

22) 李成圭·權善和(2006b)『현대일본어 문법연구Ⅰ』시간의물레. pp. 169-170에서 인용.

斬新(ざんしん)なデザインという言葉(ことば)は簡単(かんたん)だけれども、実際(じっさい)どのようなデザインがいいのか。
(참신한 디자인이라는 말은 쉽지만, 실제로 어떤 디자인이 좋을까?)

> そこで、大祭司(だいさいし)が立(た)ち上(あ)がって、まん中(なか)に進(すす)み、イエスに[1]聞(き)きただして言(い)った、「何(なに)も答(こた)えないのか。[2]これらの人々(ひとびと)があなたに対(たい)して[3]不利(ふり)な証言(しょうげん)を申(もう)し立(た)てているが、どうなのか」。[マルコによる福音書 14:60]
> (그래서 대제사장이 일어나서 한 가운데로 나아가, 예수에게 캐어물으며 말했다. "아무 것도 대답하지 않느냐? 이 사람들이 너에 대해 불리한 증언을 진술하고 있는데 어떠냐?"[14:60])

[1]聞(き)きただす : 물어 밝히다. 캐어묻다. 복합동사「聞(き)き+ただす」

　[예]それで、「いったい、何(なん)と言(い)われたというのですか」と聞(き)きただすと、彼(かれ)は答(こた)えた。
　(그래서 "도대체 무슨 말을 들었습니까?"하고 캐어묻자, 그는 대답했다.)

[2]これらの人々(ひとびと) : 이들 사람들. 이 사람들.

[3]不利(ふり)な証言(しょうげん)を申(もう)し立(た)てる : 불리한 증언을 강경히 진술하다.「申(もう)し立(た)てる ; 주장하다. 제기하다. 신청하다.」는 복합동사.「申(もう)し+立(た)てる」

　[예]もし無実(むじつ)なら何(なん)で一言(ひとこと)も言(い)われなかったのか。命(いのち)の瀬戸際(せとぎわ)になってやっと無実(むじつ)だと申(もう)し立(た)てる。
　(만일 억울하다면 왜 한 마디도 말씀하시지 않았는가? 생사의 갈림길이 되어서 겨우 억울하다고 주장한다.)

　私(わたし)は簡易(かんい)裁判所(さいばんしょ)に即決(そっけつ)和解(わかい)

を申(もう)し立(た)てるよう弁護士(べんごし)に依頼(いらい)した。
(나는 간이재판소에 즉결 화해를 제기하도록 변호사에게 의뢰했다.)
所有者(しょゆうしゃ)は取消(とりけし)又(また)は変更(へんこう)に対(たい)して異議(いぎ)を申(もう)し立(た)てることができる
(소유자는 취소 또는 변경에 대해 이의를 제기할 수 있다.)

> しかし、イエスは[1]黙(だま)っていて、何(なに)も[2]お答(こた)えにならなかった。[口語訳 / マルコによる福音書 14:61]
> (그러나 예수께서는 입을 다물고 아무 것도 대답하지 않으셨다.[14:61])

[1]黙(だま)る : 말을 하지 않다. 입을 다물다. 잠자코 있다.
　[例]もし解(と)く者(もの)がいない時(とき)には、教会(きょうかい)では黙(だま)っていて、自分(じぶん)に対(たい)しまた神(かみ)に対(たい)して語(かた)っているべきである。[口語訳 / コリント人への第一の手紙 14:28]
　(만일 풀 사람이 없을 때에는 교회에서는 잠자코 있고, 자기에 대해 또 하나님에 대해 말해야 한다.)[고린도전서 14:28]

[2]お答(こた)えにならなかった : 「答(こた)える」의 ナル형 경어인 「お答(こた)えになる」의 부정 과거.
　[例]それで、いろいろと質問(しつもん)を試(こころ)みたが、イエスは何(なに)もお答(こた)えにならなかった。[口語訳 / ルカによる福音書 23:9]
　(그래서 여러 가지로 질문을 시도했지만, 예수께서는 아무 것도 대답하시지 않았다.)[누가복음(Luke)-[표준새번역]-제23장]

今(いま)、裁判所(さいばんしょ)は直接(ちょくせつ)にお答(こた)えにならなかったようでありますけれども、今(いま)お聞(き)きしておりまして、委員(いいん)は大変(たいへん)専門家(せんもんか)でいらっしゃると思(おも)います。

(지금 재판소는 직접 대답하시지 않는 것 같습니다만, 지금 들어서 위원은 대단히 전문가이시라고 생각합니다.)

## ⟨101⟩ [マルコによる福音書 14:61 - 14:64]

> 大祭司(だいさいし)は再(ふたた)び聞(き)きただして言(い)った、「あなたは、[1]ほむべき者(もの)の子(こ)、キリストであるか」。[口語訳/マルコによる福音書 14:61]
> (대제사장은 다시 캐어물으며 말했다. "너는 찬양을 받으실 분의 아들, 그리스도이냐?"[14:61])

[1]ほむべき者(もの) : 찬양을 받으실 분. 「ほむべき」는 「誉(ほ)める」의 고전어인 「ほむ」에 당위성을 나타내는 「~べき」가 접속된 것으로 「찬미를 받을 만하다」 「찬양을 받을 가치가 있다」 「존숭 받아야 하다」의 뜻이다.

[例]彼(かれ)らは神(かみ)の真理(しんり)を変(か)えて虚偽(きょぎ)とし、創造者(そうぞうしゃ)の代(かわ)りに被造物(ひぞうぶつ)を拝(おが)み、これに仕(つか)えたのである。創造者(そうぞうしゃ)こそ永遠(えいえん)にほむべきものである、アァメン。[口語訳/ローマ人への手紙 1:25]
(그들은 하나님의 진리를 바꾸어 허위로 하고, 창조주 대신에 피조물을 숭배하고 이를 섬긴 것이다. 창조자야 말로 영원히 찬송을 받으실 분이다. 아멘.)[로마서 1:25]

永遠(えいえん)にほむべき、主(しゅ)イエス・キリストの父(ちち)なる神(かみ)は、わたしが偽(いつわ)りを言(い)っていないことを、ご存(ぞん)じである。[口語訳/コリント人への第二の手紙 11:31]

(영원히 찬양을 받으실 주 예수의 아버지이신 하나님께서는 내가 거짓을 말하고 있지 않는 것을 아십니다.)[고린도후서(2Corinthians)-표준새번역]-제11장]

그리고 본문의 「ほむべき者(もの)」는 하나님을 가리키는 말이다. 대제사장은 유대인 관습에 따라 하나님이라는 말을 직접 사용하지 않고 예수를 심문하여 모독의 말을 들으려고 하는[23] 것을 의미하고 있다.

> イエスは言(い)われた、「[1]わたしがそれである。あなたがたは人(ひと)の子(こ)が[2]力(ちから)ある者(もの)の[3]右(みぎ)に座(ざ)し、天(てん)の雲(くも)に乗(の)って来(く)るのを見(み)るであろう」。[マルコによる福音書 14:62]
> (예수께서 말씀하셨다. "내가 바로 그 사람이다. 너희는 인자가 전능하신 하나님 오른쪽에 앉아 있다가, 하늘의 구름을 타고 오는 것을 볼 것이다"[14:62])

[1]わたしがそれである : 내가 (바로) 그 사람이다. 「それ」는 사물을 가리키는 지시대명사가 인칭대명사로 쓰인 것이다.

[2]力(ちから)ある者(もの) : 힘 있는 자. 힘 있는 하나님 자신을 말하는 것. 전능하신 하나님.

[3]右(みぎ)に座(ざ)する : 오른쪽에 앉다.

> [例]だれが、わたしたちを罪(つみ)に定(さだ)めるのか。キリスト・イエスは、死(し)んで、否(いな)、よみがえって、神(かみ)の<u>右(みぎ)に座(ざ)</u>し、また、わたしたちのためにとりなして下(くだ)さるのである。[口語訳 / ローマ人への手紙 8:34]
> (누가 우리를 정죄하겠느냐? 그리스도 예수는 죽고 아니 다시 살아나서, 하나님의 오른쪽에 앉아 있고, 또 우리를 위해 중재해 주시는 것이다.)[로

---

23) フランシスコ会(1984)『新約聖書』p. 173의 주(21)

마서 8:34]

神(かみ)はその力(ちから)をキリストのうちに働(はたら)かせて、彼(かれ)を死人(しにん)の中(なか)からよみがえらせ、天上(てんじょう)においてご自分(じぶん)の右(みぎ)に座(ざ)せしめ、[口語訳/エペソ人への手紙 1:20]
하나님께서는 그 힘을 그리스도 안에 역사하여 그를 죽은 사람 가운데서 다시 살아나게 하고, 천상에서 자신의 오른쪽에 앉히고,)[에베소서 1:20]

すると、大祭司(だいさいし)はその衣(ころも)を[1]引(ひ)き裂(さ)いて言(い)った、「どうして、[2]これ以上(いじょう)、[3]証人(しょうにん)の必要(ひつよう)があろう。[マルコによる福音書 14:63]
(그러자 대제사장은 그 옷을 잡아 찢으며 말했다. "어찌 더 이상 증인이 필요하겠는가?"[14:63])

[1]引(ひ)き裂(さ)く: 잡아 찢다. 가르다. 복합동사 「引(ひ)き+裂(さ)く」
  [例]いっそこの場(ば)で衣(ころも)を引(ひ)き裂(さ)いて、頭(あたま)から灰(はい)を被(かぶ)って泣(な)きわめきたい。
  (차라리 이 자리에서 옷을 잡아 찢고 머리에서 재를 뒤집어쓰고 울부짖고 싶다.)

[2]これ以上(いじょう): 더 이상.
  [例]すると彼(かれ)らは言(い)った、「これ以上(いじょう)、何(なん)の証拠(しょうこ)が要(い)るか。われわれは直接(ちょくせつ)彼(かれ)の口(くち)から聞(き)いたのだから」。[口語訳/ルカによる福音書 22:71]
  그러자 그들은 말했다. "더 이상 무슨 증거가 필요한가? 우리는 직접 그의 입을 통해 들었으니까.)[누가복음 22:71]

[3]証人(しょうにん)の必要(ひつよう)があろう: 증인의 필요가 있겠나? 증인이 필요

하겠나?

「あろう」는 「ある」의 미연형 「あろ」에 추측의 조동사 「～う」가 접속된 것으로 문어적 말씨이다. 「う」는 고전어 조동사 「む」가 「あらむ → あらん → あらう」와 같은 변천 과정을 거쳐 성립된 것이다. 「가마쿠라(鎌倉 ; かまくら)」시대에는 「う」의 예만 보이는데, 「무로마치(室町 ; むろまち)」시대 말기가 되면 앞에 오는 활용어의 어미가 「-i(イ段)」「-e(エ段)」의 음(音)인 경우, 「-u(ウ)」와의 결합을 통해 「-you(ヨウ)」라는 형태가 산출되고 그 결과 「う」「よう」가 구별되어 사용하게 된다. 그리고 「에도(江戸 ; えど)」시대에 들어와서 「する」・「来(く)る」의 경우도 「しよう」・「来(こ)よう」의 어형이 쓰이게 된다. 「う・よう」는 <아직 실현되지 않았다고 화자가 판단하는 것을 나타내는 것>이 본래의 기본적인 의미인데, 구체적인 의미・용법에 있어서는 의지・권유・추량 등으로 나타난다.

## 1. 활용

「う・よう」는 종지형과 연체형만 존재한다.

[例] 夏休(なつやす)みになったらすぐに、富士山(ふじさん)に登(のぼ)ろう。
(여름방학이 되면 곧 후지산에 오르겠다.)
差(さ)し支(つか)えなかったら、君(きみ)もいっしょに行(い)こうよ。
(지장이 없으면 자네도 함께 가자.)
事故(じこ)の責任(せきにん)はわたしたちにあるのではなかろうか。
(사고 책임은 우리들에게 있는 게 아닐까?)
その役(やく)はぼくが引(ひ)き受(う)けよう。
(그 일은 내가 맡겠다.)
急(いそ)がないと遅(おく)れるよ。早(はや)く出(で)かけよう。
(서두르지 않으면 늦어요. 빨리 나가자.)

활용은 종지형과 연체형뿐이고 동일한 형태라서 어형변화를 하지 않는다. 어형변화가 없음에도 불구하고 조동사로 인정하는 것은 종지형·연체형에 상당하는 용법이 있기 때문인데, 이러한 점에서 어형변화는 하지 않지만 활용이 있다고 간주하여 조동사로 분류한다.

연체형은

[例] あろうことかあるまいことか。
　　(있을 수 있는 일인가 있을 수 없는 일인가.)
　　知(し)らせてくれたら、迎(むか)えに出(で)ようものを。
　　(알려 주었더라면 마중하러 나왔을 것을.)
　　生(い)きていれば、十分(じゅうぶん)能力(のうりょく)を発揮(はっき)できようものを、惜(お)しいことをした。
　　(살아 있으면 충분히 능력을 발휘할 수 있었건만 애석하다.)
　　勉強(べんきょう)しながら居眠(いねむ)りでもしようものなら、ひどく叱(しか)られるよ。
　　(공부하면서 졸거나 할 것 같으면 무척 혼나요.)
　　災害(さいがい)が来(こ)ようものなら大変(たいへん)である。
　　(재해가 오거나 하면 큰일이다.)
　　彼(かれ)に分(わ)かろうはずがない。
　　(그가 알 리가 없다.)

등과 같이 형식명사 앞에 쓰이는 경우가 많았지만, 최근에는

[例] 起(お)こるだろう出来事(できごと)を備(そな)える必要(ひつよう)がある。
　　(일어날 일을 대비할 필요가 있다.)
　　選択(せんたく)できよう自由(じゆう)が必要(ひつよう)だ。

(선택할 수 있는 그런 자유가 필요하다.)
信(しん)じよう人(ひと)がいればよい。
(믿을 만한 사람이 있으면 좋다.)

와 같이 일반명사를 수식하는 경우에도 쓰이고 있다.

2. 의미·용법

「う·よう」는 <아직 실현되지 않은 사항을 화자가 만일 그런 일이 있다면 하고 상상하여 서술하는> 조동사이다. 소위 학교문법에서는 의지적 행위의 주체가 화자 자신, 즉 1인칭인 경우에는 의지를, 의지적 행위의 주체가 청자, 즉 2인칭인 경우에는 권유를, 그리고 의지적 행위의 대상이 제삼자, 즉 3인칭인 경우에는 추측 또는 추량(推量)을 나타내는 것으로 설명하고 있다.
의지를 나타내는 용법은

[例]明日(あした)は学校(がっこう)に行(い)こう。
　　(내일 학교에 가겠다.)
　　今日(きょう)の会(かい)は大(おお)いに楽(たの)しもうと思(おも)っている。
　　(오늘 모임은 실컷 즐기려고 생각하고 있다.)
　　ガソリンがなくなり、動(うご)こうにも動(うご)けない。
　　(휘발유가 없어져서 움직이려고 해도 움직일 수 없다.)

와 같이 동사 또는 동사에 조동사가 접속된 경우에 한정되고, 형용사·형용동사 그리고 이들 어류에 조동사가 접속한 경우에는 없다.
권유 또는 완곡한 명령을 나타내는 용법도

[例]みんないっしょに行(い)こう。

(다들 같이 가자.)

みんなあと一息(ひといき)だ、へこたれずに頑張(がんば)ろう。

(다들 이제 한 고비밖에 안 남았다. 주저앉지 말고 힘내자.)

와 같이 동사 또는 동사에 조동사가 접속된 경우에 한정된다.

추량을 나타내는 용법으로는

[例]明日(あす)は雨(あめ)になろう。

(내일은 비가 오겠지.)

今日(きょう)の会(かい)は楽(たの)しかろう。

(오늘 모임은 즐겁겠지.)

冬(ふゆ)になればこの町(まち)も観光客(かんこうきゃく)がいなくなり、静(しず)かだろう。

(겨울이 되면 도시도 관광객이 없어지고 조용해질 것이다.)

正解(せいかい)が出(だ)せるのは彼(かれ)だろうと思(おも)う。

(정답을 맞힐 수 있는 사람은 그 사람일 것이라고 생각해.)

彼(かれ)のことだから、遅刻(ちこく)することはなかろう。

(그 사람이니까 지각하는 일은 없겠지.)

こんなことがあってよかろうか。

(이런 일이 있어도 될까?)

あと五分(ごふん)あったら、できたろうに。

(앞으로 5분 더 있었다면 할 수 있었는데.)

와 같은 예를 들 수 있는데, 현대어에서는 문어적 표현이나 관용적 표현에 한정되고, 그 이외에는 일반적으로 「だろう」「でしょう」의 형태로 사용되는 경우가 많다.

그리고 다음과 같이 연체형으로 사용되면 가상(仮想) - 가령 그런 일이 발생한다면 하고 가정하는 것 -을 나타낸다.

[例] 事件(じけん)があったろうときを想定(そうてい)して対策(たいさく)を練(ね)る.

 (사건이 있었을 때를 상정하여 대책을 짜다.)

 初心者(しょしんしゃ)でうまくいこうはずがない。

 (초심자라서 잘 될 리가 없다.)

 これで風(かぜ)でも吹(ふ)こうものなら悲劇(ひげき)だ。

 (이제 바람이라도 불거나 하면 비극이다.)

 みんなが幸(しあわ)せになろう日(ひ)を夢見(ゆめみ)る。

 (다들 행복해지는 날을 꿈꾸다.)

2.1 의지

의지적 행위를 나타내는 동사에 접속되면, 화자의「의지(意志)」를 적극적으로 나타낸다. 그리고 사용되는 상황에 따라 의지, 제안 등의 용법을 갖는다. 또한 정중체로서는「～ましょう·～いたしましょう」등이 쓰인다.

[例] ぼくも毎日(まいにち)銀行(ぎんこう)に通(かよ)おう。

 (나도 매일 은행에 다니겠다}.)

 夏休(なつやす)みに海(うみ)に行(い)こう。

 (여름 방학에 바다에 가자.)

 来年(らいねん)こそはいい成績(せいせき)がとれるように頑張(がんば)ろう。

 (내년에는 좋은 성적을 딸 수 있도록 노력하겠다.)

 はっきり申(もう)しましょう。あたなにはこの仕事(しごと)は無理(むり)です。

 (분명히 말씀드리겠습니다. 귀하에게는 이 일은 무리입니다.)

「う·よう」는 이상과 같이 의지적 행위를 나타내는 동사에 접속되면, 해당 행위를 하고자 하는 화자의 적극적인 의지를 나타낸다.

[例]足(あし)が痛(いた)いのか、おぶってやろう。
　　(다리가 아파? 내가 업어줄게.)
　　忙(いそが)しいのなら、手伝(てつだ)ってあげよう。
　　(바쁘면 도와줄 게.)
　　駅(えき)までお送(おく)りしましょう。
　　(역까지 모셔다 드리겠습니다.)
　　切符(きっぷ)は私(わたし)が手配(てはい)いたしましょう。
　　(표는 제가 준비해 두겠습니다.)

이상의「う·よう」는 화자가 상대방을 위해 어떤 행위를 하겠다는 뜻을 나타내는 데, 이를 <제안>이라고 할 수 있다. 제안은 상대방의 이익이 될 것이라고 판단되는 행위를 화자가 상대를 위해 하겠다는 의사이다. 이 용법의 겸양표현으로는「お~{しましょう·いたしましょう}」, 또는「~いたしましょう」가 쓰인다.
「うか·ようか」와 같이 종조사「か」를 수반한 형태로 의지 또는 제안을 나타내는 경우도 있다.「うか·ようか」의 기본적인 용법은「う·よう」와 마찬가지이지만, 「か」가 접속됨에 따라 의문, 질의의 의미가 가미된다는 점이 다르다.

[例]どうしようか。
　　(어떻게 할까?)
　　行(い)こうか、それともやめておこうか。
　　(갈까? 그렇지 않으면 두만 둘까?)
　　これからどうして暮(くら)していこうか。
　　(앞으로 어떻게 살아갈까?)

こんな仕事(しごと)やめてしまおうかしら。

(이런 일, 그만둘까?)

## 2.2 권유

「권유(勧誘)」는 다음과 같이 청자가 화자와 함께 어떤 행동을 할 것을 권할 때 사용한다. 「권유」와 「의지」의 <제안>은 의미적으로 근접되어 있는데 <제안>의 경우에는 실제 행위를 실현하는 주체는 1인칭 화자에 한정되지만, 「권유」에서는 화자나 청자가 함께 행위를 실현한다는 데에 차이점이 인정된다.

[例]一度(いちど)ゆっくり話(はな)し合(あ)おう。
　　(한번 천천히 이야기하자.)
　　君(きみ)も一緒(いっしょ)に行(い)こうよ。
　　(너도 같이 가.)
　　今度(こんど)は飲(の)み明(あ)かそうよ。
　　(이번에는 밤새우면서 마시자.)
　　だいぶお待(ま)たせしました。では、出(で)かけましょう。
　　(오래 기다리게 해서 죄송합니다. 그럼, 나가시지요.)

「권유」에는 「～するようにしよう」「～しないようにしよう」와 같이 복수의 사람들에게 어떤 행동을 취하거나 혹은 취하지 않도록 권유 또는 호소할 때 사용하는 용법도 있다.

[例]横断(おうだん)する時(とき)は左右(さゆう)の車(くるま)に注意(ちゅうい)しよう。
　　(길을 건널 때에는 좌우 차에 주의하자.)
　　飲酒運転(いんしゅうんてん)は絶対(ぜったい)に避(さ)けよう。
　　(음주운전은 절대로 피하자.)

食事(しょくじ)の前(まえ)には必(かなら)ず手(て)を洗(あら)いましょう。
(식사 전에는 반드시 손을 씻도록 합시다.)
動物(どうぶつ)に悪戯(いたずら)をしないようにしましょう。
(동물에게 장난을 치지 않도록 합시다.)

이러한 용법은 포스터나 현수막 등의 선전이나 표어 등에 자주 사용되어 다수의 사람들이 이에 따르도록 호소하는 데에 사용된다.

2.3 추량
화자의「추량(推量)」을 나타내는「う·よう」는 문장체에서는 여전히 세력을 유지하고 있으나, 구어적 표현에서는「う·よう」를 대신하여「だろう」「でしょう」가 많이 쓰이고 있다.

[例] 場合(ばあい)によっては、会談(かいだん)が延期(えんき)されることもあろう。
(경우에 따라서는 회담이 연기되는 경우도 있을 것이다.)
この点(てん)について次(つぎ)のようなことが言(い)えよう。
(이 점에 대해서 다음과 같이 말할 수 있을 것이다.)
午後(ごご)からは全国的(ぜんこくてき)に晴(は)れましょう。
(오후부터는 전국적으로 개일 것 같습니다.)
山沿(やまぞ)いでは雪(ゆき)になりましょう。
(산간 지방에서는 눈이 오겠습니다.)

「う·よう」에 의한 추량은 무의지동사인「ある」·「なる」그리고 상태동사에 속하는「言(い)える」·「できる」·「考(かんが)えられる」와 같은 가능의 의미를 나타내는 동사가 사용되는 경우가 많다. 이 경우도「う よう」는 문장체적이면서 다소 고풍스러운 성격을 띤다. 구어체에서는 이를 대신해서「～だろう」또는「～

でしょう」が使用される。[24]

> あなたがたはこの[1]汚(けが)し言(ごと)を聞(き)いた。あなたがたの意見(いけん)はどうか」。すると、彼(かれ)らは皆(みな)、イエスを[2]死(し)に当(あ)るものと[3]断定(だんてい)した。[マルコによる福音書 14:64]
> (여러분들은 하나님을 모독하는 이 말은 들었다. 여러분들의 의견은 어떠한가?" 그러자 그들은 모두 예수를 사형에 해당한다고 단정 지었다.[14:64])

[1]汚(けが)し言(ごと) : 더럽히는 말. 모독하는 말. 여기에서는 하나님을 모독하는 말로 쓰이고 있다.

[2]死(し)に当(あ)たる : 죽음에 해당하다. 사형에 해당하다.

  [例]ヘロデもまた認(みと)めなかった。現(げん)に彼(かれ)はイエスをわれわれに送(おく)り返(かえ)し来(き)た。この人(ひと)はなんら死(し)に当(あ)たるようなことはしていないのである。[口語訳 / ルカによる福音書 23:15]

  (헤롯도 또한 인정하지 않았다. 실제로 그는 예수를 우리에게 다시 돌려 보냈다. 이 사람은 사형에 해당하는 아무런 짓을 하지 않았다.)[누가복음 23:15]

[3]断定(だんてい)する : 단정하다. 단정 짓다.

  [例]警察(けいさつ)は暴力団(ぼうりょくだん)同士(どうし)の喧嘩(けんか)に巻(ま)き込(こ)まれた盲目(もうもく)の青年(せいねん)が逃(に)げ出(だ)す車(くるま)に轢(ひ)かれて死亡(しぼう)したものと断定(だんてい)した。

  (경찰은 폭력조직끼리의 싸움에 연루된 눈이 먼 청년이 도망치는 차에 치여 사망한 것으로 단정했다.)

---

24) 李成圭·権善和(2006a) 『일본어 조동사 연구Ⅲ』 不二文化. pp. 109-125에서 인용하여 일부 수정.

《102》[マルコによる福音書 14:65]

> そして、ある者(もの)はイエスに[1]唾(つばき)をかけ、[2]目隠(めかく)しをし、[3]こぶしでたたいて、「[4][5]言(い)い当(あ)ててみよ」と[6]言(い)いはじめた。また下役(したやく)どもは[7]イエスを引(ひ)きとって、[8]手(て)のひらでたたいた。[マルコによる福音書 14:65]
>
> (그리고 어떤 사람은 예수에게 침을 뱉고, 눈을 가리고, 주먹으로 치면서 "알아맞혀 봐라"라고 말하기 시작했다. 또 부하들은 예수를 떠맡아 손바닥으로 때렸다.[14:65])

[1]唾(つばき)をかける: 침을 뱉다.

[2]目隠(めかく)しをする: 헝겊 등으로 눈을 가리다.

  [例]指示(しじ)を出(だ)す人(ひと)は、目隠(めかく)しをする人(ひと)の一部(いちぶ)を触(さわ)ってよいことにする。

  (지시를 하는 사람은 눈을 가리는 사람의 일부를 만져도 상관없는 것으로 한다.)

[3]こぶしでたたく: 주먹으로 때리다[치다]

  [例]衛兵(えいへい)の手(て)がかかるより早(はや)く母(はは)は前(まえ)に飛(と)び出(だ)して、机(つくえ)をこぶしでたたいた。「ここがどういう場所(ばしょ)であろうとも、私(わたし)は何(なに)もまちがったことはしていません!」。

  (위병의 손이 닿는 것보다 빨리 어머니는 앞으로 뛰어나와 책상을 주먹으로 쳤다. "여기가 어떤 장소이라고 하더라도 나는 아무 것도 잘못된 일은 한 적이 없습니다.")

[4]言(い)い当(あ)てる: 알아맞히다. 복합동사「言(い)い + 当(あ)てる」

  [例]正確(せいかく)に言(い)い当(あ)てるには、まず四回(よんかい)ないし八回(はちかい)は見(み)なければならないだろう。

(정확하게 알아맞히기 위해서는 우선 4번 내지 8번은 보지 않으면 안 된다.)

[5]言(い)い当(あ)ててみよ : 알아맞혀 봐라.「言(い)い当(あ)ててみる」는 복합동사「言(い)い当(あ)てる」에 보조동사「～てみる」가 접속된 것. 그리고「みよ」는「見(み)る」의 문어체 명령형.

[6]言(い)いはじめる : 말하기 시작하다.「～はじめる」는 개시상을 나타내는 복합동사의 후항동사.

[例]そのようなことを言(い)いはじめると、きりがありません。

(그런 말을 하기 시작하면 끝이 없습니다.)

でも、今年(ことし)になって父親(ちちおや)が突然(とつぜん)、仕事(しごと)を変(か)わりたいと言(い)いはじめた。

(하지만 올해가 되어서 아버지는 갑자기 일을 바꾸고 싶다고 말하기 시작했다.)

[7]イエスを引(ひ)き取(と)る : 예수를 떠맡다.「引(ひ)き取(と)る ; 떠맡다」는 복합동사「引(ひ)き＋取(と)る」

[例]ある女(おんな)の先生(せんせい)がおっしゃるには、家族(かぞく)が彼女(かのじょ)を引(ひ)き取(と)って行(い)ったとのことでした。

(어떤 여자 선생님이 말씀하시기를 가족이 그녀를 떠맡아 갔다고 했습니다.)
子供(こども)をまともに育(そだ)てることもできないのに離婚(りこん)して子供(こども)を引(ひ)き取(と)ってしまう。そして、とんでもない男(おとこ)としか付(つ)き合(あ)えない頭(あたま)の悪(わる)い女(おんな)があまりにも多(おお)いですよ。

(어린이를 제대로 키울 수도 없는데도 이혼해서 어린이를 떠맡게 된다. 그리고 당치도 않은 남자 밖에 사귀지 못하는 머리가 나쁜 여자가 너무나도 많아요.)

[8]手(て)のひら : 손바닥. ＝「手(て)の裏(うら)」「掌(たなごころ)」・「手(て)の甲(こう) ; 손등」

## 《103》[マルコによる福音書 14:66 - 14:72]

> ペテロは[1]下(した)で[2]中庭(なかにわ)にいたが、大祭司(だいさいし)の[3]女中(じょちゅう)の一人(ひとり)が来(き)て、[マルコによる福音書 14:66]
> (베드로는 마당 한 가운데 아래쪽에 있었는데 대제사장 하녀 중의 한 사람이 와서,[14:66])

[1]下(した)で : 아래에서. 아래쪽에서.
[2]中庭(なかにわ) : ①중정. 마당 한 가운데. ②가운데 뜰. 내정(内庭). 안뜰.
[3]女中(じょちゅう) : 하녀. 식모.

> ペテロが[1][2]火(ひ)に当(あ)たっているのを見(み)ると、彼(かれ)を[3]見(み)つめて、「あなたもあのナザレ人(びと)イエスと一緒(いっしょ)だった」と言(い)った。[マルコによる福音書 14:67]
> (베드로가 불을 쬐고 있는 것을 보고, 그를 빤히 보며 "당신도 저 나사렛 사람 예수와 함께 있었다."고 말했다.[14:67])

[1]火(ひ)に当(あ)たる : 불을 쬐다.
  [例]ええ、もちろん、食事(しょくじ)をする部屋(へや)ならありますけど、夜(よる)が冷(ひ)えますから、キッチンで火(ひ)に当(あ)たりながら召(め)し上(あ)がってはいかがですか?
  (네, 물론 식사를 할 방이라면 있습니다만, 밤은 추우니까, 부엌에서 불을 쬐면서 드시는 것이 좋지 않겠습니까?)
[2]火(ひ)に当(あ)たっているのを見(み)ると : 불을 쬐고 있는 것을 보고. 「見(み)ると」의 「~と」는 기정조건을 나타낸다.
[3]見(み)つめる : 응시하다. 주시하다. 빤히 보다. 복합동사 「見(み)+つめる」

[例]老人(ろうじん)はじっと相手(あいて)を見(み)つめていた。

(노인은 죽 상대를 주시하고 있었다.)

ところが、彼(かれ)らは、だれ一人(ひとり)として笑(わら)うでなく、じっと彼女(かのじょ)を見(み)つめているだけなのだった。

(그런데, 그들은 누구 하나 웃지 않고 가만히 그녀를 빤히 보고 있을 뿐이었다.)

すると、ペテロはそれを[1]打(う)ち消(け)して、「わたしは[2]知(し)らない。あなたの言(い)うことが何(なん)の事(こと)か、[3]わからない」と言(い)って、[4]庭口(にわぐち)の方(ほう)に出(で)て行(い)った。[マルコによる福音書 14:68]

(그러자, 베드로는 그것을 부인하고, "나는 모른다. 네가 말하는 것이 무슨 일인지 이해하지 못하겠다."고 말하고 뜰 출입구 쪽으로 나갔다.[14:68])

[1]打(う)ち消(け)す : 부정하다. 부인하다. 복합동사「打(う)ち+消(け)す」전체가 단일동사처럼 기능하는 것.

[例]その思(おも)いを打(う)ち消(け)すように古田(ふるた)は話(はなし)を元(もと)に戻(もど)す。

(그 생각을 부정하도록 후루타는 이야기를 원점으로 돌린다.)

いいや、知(し)っているのだ。あなたは知(し)っていながら、わざとそれを打(う)ち消(け)していらっしゃるのだ。

(아니야, 알고 있어. 당신은 알고 있으면서도 일부러 그것을 부정하고 계신 거야.)

[2]知(し)らない : 모르다. 「知(し)る」의 부정. 「知(し)る」는 사물을 외부적으로 인식하는 것을 나타내는 것으로 타동사로서 대상은 「を」로 나타낸다.

[例]彼(かれ)はわたしを知(し)らない。

(그는 나를 모른다.)

看病(かんびょう)していたら、知(し)らないうちに寝(ね)ちゃったんです。

(간호하고 있다가 모르는 사이에 잠이 들고 말았습니다.)

母親(ははおや)は、自分(じぶん)の二倍(にばい)も三倍(さんばい)も長(なが)く生(い)きた老人(ろうじん)たちの豊(ゆた)かな智恵(ちえ)と経験(けいけん)を利用(りよう)活用(かつよう)することを知(し)らない。

(어머니는 자기의 2배나 3배나 오래 산 노인들의 풍부한 지혜와 경험을 이용, 활용하는 것을 모른다.)

彼(かれ)は人(ひと)はいいんだけど、常識(じょうしき)をあまりにも知(し)らないために、回(まわ)りから「あいつは駄目(だめ)だ」とか「全(まった)くなっていない」とか陰口(かげぐち)をたたかれることもあります。

(그는 사람은 좋은데 상식을 너무나도 몰라서 주위로부터 "그 놈은 안 돼"라든가 "전혀 안 돼 먹었어."라든가 험담을 듣는 일도 있습니다.)

[3] わからない : 모르다. 이해하지 못하다. 「わかる」의 부정. 「分(わ)かる」는 「知(し)る」와는 달리 사물의 실태를 마음속으로 파악한다는 의미를 나타내며, 자동사로서 대상을 「が ; 대상격조사」로 나타낸다. 따라서 「分かる」는 「자연히 알게 되다」라는 성격이 강하며 무의지동작인 경우가 많다.

[例]僕(ぼく)にはお前(まえ)の言(い)っていることがわからない。恭子(やすこ)は、佐々木(ささき)の話(はな)していることがわからない。否(いな)、わかる。わからないのではなく、わかりたくないのだ。

(나는 네가 하는 말을 모르겠다. 야스코는 사사키가 이야기하고 있는 것을 알지 못한다. 아니, 안다. 모르는 것이 아니라 알고 싶지 않은 것이다.)

道(みち)が込(こ)んでいて、この分(ぶん)だと、いつ目的地(もくてきち)に着(つ)けるかわからない。

(길이 붐벼서 이런 상태라면 언제 목적지에 도착할 수 있을 지 모르겠다.)

だれとも分(わ)からない人(ひと)にこの重要(じゅうよう)な仕事(しごと)を任(まか)

せるのはちょっと無謀(むぼう)じゃないかね。

(누구인지도 모르는 사람에게 이 중요한 일을 맡기는 것은 좀 무모하지 않을까?)

그런데 현대일본어의 「分(わ)かる」는 「わたしの立場(たちば)を分(わ)かってください ; 제 입장을 이해해 주세요」와 같이 「を」를 취하는 동작성 술어로서의 용법도 있다.

[例]それでなければ、お互(たが)いの立場(たちば)を分(わ)かり合(あ)えることはありません。言(い)わなければ、分(わ)からないのです。

(그렇지 않으면 서로의 입장을 이해할 수가 없습니다. 말하지 않으면 알 수 없는 것입니다.)

<u>分(わ)からない所(ところ)を分(わ)かる</u>までちゃんと教(おし)えてもらえるので、勉強(べんきょう)を嫌(きら)いにならずに済(す)みました。

(모른 곳을 이해할 수 있을 때까지 제대로 가르쳐 주기 때문에 공부가 싫어지지 않고 될 수 있었습니다.)

私(わたし)もいじめられた経験(けいけん)はあり、確(たし)かにいじめた人(ひと)のことは嫌(きら)いですが、<u>人(ひと)の痛(いた)みを分(わ)かる事(こと)</u>が出来(でき)たり、今(いま)はいじめとか程度(ていど)では動(どう)じないとか、前向(まえむ)きに受(う)け止(と)めています。

(나도 괴롭힘을 당한 경험은 있고, 확실히 괴롭힌 사람에 관해서는 싫습니다만, 남의 아픔을 이해할 수 있거나 지금은 괴롭힘이라든가 정도로는 동요하지 않다든가 긍정적으로 받아들이고 있습니다.)

[4]庭口(にわぐち) : 뜰 출입구.

---

ところが、先(さき)の女中(じょちゅう)が彼(かれ)を見(み)て、そばに立(た)っていた人々(ひとびと)に、[1]またもや「この人(ひと)は[2]あの[3]仲間(なかま)の一人(ひとり)です」と[4]言(い)い出(だ)した。[マルコによる福音書 14:69]

(그런데 아까 그 하녀가 그를 보고, 곁에 서 있던 사람들에게 또다시 "이 사람은 그 무리 중의 한 사람입니다"고 말을 꺼냈다.[14:69])

[1]またもや : 다시금. 또다시. 「またも」에 의문·영탄의 뜻을 더하는 말. =「またまた」「またしても」

　[例]またもや大成功(だいせいこう)を収(おさ)めた。

　　　(또다시 대성공을 거두었다.)

　　　又(また)もや台風(たいふう)が本土(ほんど)を襲(おそ)った。

　　　(또다시 태풍이 본토를 덮쳤다.)

[2]あの仲間(なかま)の一人(ひとり)です : 그 무리 중의 한 사람입니다. 이때의 「あの」는 문맥지시 용법으로 한국어의 「그」에 해당한다. 일본어 지시사의 용법은 [현장지시]와 [문맥지시]로 대별할 수 있는데, 전자인 현장지시는 말하는 사람과 듣는 사람이 직접 관찰할 수 있는 대상을 가리킬 때는 쓰고 한국어와 대체적으로 일치한다. 그러나 본문과 같이 눈으로 직접 관찰할 수 없는 대상, 즉 화제상의 사물·인물·시간·장소 등을 가리키는 문맥지시의 경우에는 한국어와 차이를 보인다.

예를 들어, 한국어의 「그 사람」에 대해 일본어는 「あの人(ひと)·その人(ひと)」와 같이 두 가지 표현이 가능한데, 「ア」계열은 화자와 청자가 해당 정보 내용을 공유하는 경우에 대해 사용한다. 이에 대해 「ソ」계열은 화자와 청자 중에서 어느 일방만이 알고 있는 경우에 사용한다.

　[例]A : 「あの人(ひと)は、あたしの男(おとこ)です」[문맥지시]

　　　(「그 사람은 제 남자입니다.」)

　　B : 「もうひとりの子供(こども)はどこかな」と彼(かれ)は聞(き)いた。「この間(あいだ)来(き)た時(とき)には、ふたりいたと思(おも)ったけれど」

　　　(「다른 어린이 한 명은 어디 있어?」라고 그는 물었다. 「요전에 왔을 때에는 두 명 있었다고 생각하는데.」)

　　その人(ひと)はもともと心臓(しんぞう)が悪(わる)い人(ひと)だった。もちろんその人(ひと)は無事(ぶじ)だった。そんないくつかの失敗(しっぱい)を通(とお)して、

学(まな)んできたことは多(おお)いという。[문맥지시]

(그 사람은 원래 심장이 안 좋은 사람이었다. 물론 그 사람은 무사했다. 그런 몇 가지 실패를 통해 배운 것은 많다고 한다.)

彼女(かのじょ)が指(ゆび)さす方(ほう)を見(み)ると、ビルの陰(かげ)に、登山帽(とざんぼう)を被(かぶ)った中年(ちゅうねん)の男(おとこ)が立(た)っていた。「あの人(ひと)は、さっき入(はい)った喫茶店(きっさてん)でも見(み)かけたわ」[현장지시]

(그녀가 손가락으로 가리키는 쪽을 보니, 건물 뒤에 등산모를 쓴 중년의 남자가 서 있었다.「저 사람은 아까 들어갔던 커피숍에서도 봤어.」)

[3] 仲間(なかま) : ①한패. 동아리. 동료. ②동류. 한 무리.

[例] 運転手(うんてんしゅ)の仲間(なかま)の一人(ひとり)にスティーブという男(おとこ)がいた。

(운전수 동료 중의 한 사람에 스티브라는 남자가 있었다.)

[4] 言(い)い出(だ)す : 말하기 시작하다. 말을 꺼내다. 복합동사「言(い)い＋出(だ)す」

[例]「英語(えいご)なんかさっぱり分(わ)からない」と言(い)い出(だ)した。

("영어 같은 건 전혀 몰라"라고 말하기 시작했다.)

「このごろの若者(わかもの)は傍若無人(ぼうじゃくぶじん)だ」と言(い)い出(だ)した。

("요즘 젊은이는 방약무인이라"고 말을 꺼냈다.)

---

ペテロは再(ふたた)びそれを打(う)ち消(け)した。[1]しばらくして、そばに立(た)っていた人(ひと)たちがまたペテロに言(い)った、「確(たし)かにあなたは彼(かれ)らの仲間(なかま)だ。あなたもガリラヤ人(びと)だから」。[マルコによる福音書 14:70]

(베드로는 다시 그것을 부인했다. 잠시 후, 곁에 서 있던 사람들이 다시 베드로에게 말했다. "틀림없이 당신은 그들과 한패이다. 당신도 갈릴리 사람이니까."[14:70])

[1]しばらくして : 잠시 후. 얼마 지나지 않아. 「しばらく」에 시간의 경과를 나타내는 「する」의 テ형인 「して」가 접속된 것으로 이때의 「する」는 자동사이다.

  [例]しばらくして彼女(かのじょ)は深(ふか)い眠(ねむ)りに落(お)ちた.

    (잠시 후 그녀는 깊은 잠에 빠졌다.)

  しばらくして私(わたし)たちはサッカーをするのを止(や)めました.

    (잠시 후 우리들은 축구를 하는 것을 그만두었습니다.)

  価格(かかく)は底(そこ)をつき、しばらくして、再(ふたた)び上昇(じょうしょう)し始(はじ)めた.

    (가격은 바닥을 찍고 얼마 지나지 않아 다시 상승하기 시작했다.)

「する」의 자동사 용법(1)

「する」에는 다음과 같이 수량을 나타내는 말에 접속되어 자동사로 쓰이는 용법이 있다.

1. 시간을 나타내는 말에 붙어 어떤 시간을 기점으로 하여, 그 시간이 경과하다.
  ＝「経(た)つ」

  [例]雨(あめ)は一時間(いちじかん)[も]すればやむだろう.

    (비는 1시간 있으면 그칠 것이다.)

  買(か)って一年(いちねん)[も]しないのに、もう壊(こわ)れた.

    (산 지 1년도 지나지 않았는데 벌써 고장 났다.)

  あの人(ひと)はあと二十分(にじゅっぷん)ぐらいすれば、来(く)ると思(おも)います.

    (그 사람은 앞으로 20분 정도 지나면 올 것 같습니다.)

2. 가격을 나타내는 말에 붙어, 사는 사람 입장에서「그 가격이다」「그다지 싸지 않은 경우」에 말하는 경우가 많다.

   [例]四十万円(よんじゅうまんえん)もする高級(こうきゅう)カメラ。

   (40만 엔이나 하는 고급 카메라.)

   これいくらしたの。

   (이것 얼마나 했어?)

   このごろは何(なん)でも高(たか)くなって、こんな小(ちい)さいリンゴでも一(ひと)つ百円(ひゃくえん)もするのですよ。

   (요즘은 무엇이든지 비싸져서 이런 작은 사과도 1개에 100엔이나 합니다.)

3. 사람 수를 나타내는 말에「~して」의 형태로 접속되어, 그 인원수로 함께 어떤 행동을 한다는 뜻을 나타낸다.

   [例]二人(ふたり)して出(で)かける。

   (둘이서 나가다.)

   家族(かぞく)みんなして働(はたら)く。

   (가족이 모두 일하다.)

---

しかし、彼(かれ)は、「あなたがたの話(はな)している[1]その人(ひと)のことは何(なに)も知(し)らない」と[2]言(い)い張(は)って、激(はげ)しく[3]誓(ちか)いはじめた。[マルコによる福音書 14:71]

(그러나 그는 "당신들이 이야기하는 그 사람에 관해서는 아무 것도 몰라."라고 우기고 격하게 맹서하기 시작했다.[14:71])

---

[1]その人(ひと)のことは何(なに)も知(し)らない : 그 사람에 관해서는 아무 것도 몰라. 「その人(ひと)」의「その」는 문맥지시 용법으로 쓰인 것이다.

   [例]女(おんな)「それじゃ、その人(ひと)はだれ?」

(여자「그럼 그 사람은?」)

男(おとこ)「ただの友(とも)だちだ」

(남자「그냥 친구야.」)

女「やっぱり、お金持(かねも)ち?」

(여자「역시 부자?」)

男「大金持(おおがねも)ち」

(남자「큰 부자.」)

[2] 言(い)い張(は)る : 자기의 주장을 끝까지 버티다. 우기다. 우겨대다. 복합동사 「言(い)い＋張(は)る」

[例]「これは定期(てい き)貯金(ちょきん)だ」と言(い)い張(は)って実現(じつげん)させた。

(「이것은 정기예금이라」고 우기고 실현시켰다.)

「その上(うえ)「健康(けんこう)管理(かんり)義務(ぎむ)」は会社(かいしゃ)の責任(せきにん)ではないと言(い)い張(は)っている。

(그리고 나서「건강관리의무」는 회사 책임은 아니라고 우기고 있다.)

[3] 誓(ちか)いはじめる : 맹서하기 시작하다. 복합동사.「誓(ちか)う」에 개시상의 후항동사「はじめる」가 결합한 것.

[例]彼(かれ)は「その人(ひと)のことは何(なに)も知(し)らない」と言(い)って、激(はげ)しく誓(ちか)いはじめた。するとすぐ鶏(にわとり)が鳴(な)いた。[口語訳 / マタイによる福音書 26:74]

(그는 "그 사람에 관해서는 아무 것도 몰라" 하고 말했다. 거세게 맹서하기 시작했다. 그러자 곧 닭이 울었다.)[마태복음 26:74]

するとすぐ、鶏(にわとり)が二度目(にどめ)に鳴(な)いた。ペテロは、「鶏(にわとり)りが二度(にど)鳴(な)く前(まえ)に、三度(さんど)わたしを知(し)らないと言(い)うであろう」と言(い)われたイエスの言葉(ことば)を[1]思(おも)い出

(だ)し、そして[2]思(おも)いかえして[3]泣(な)きつづけた。[マルコによる福音書 14:72]

(그러자 곧 닭이 두 번째로 울었다. 베드로는 "닭이 두 번 울기 전에 세 번 나를 모른다고 말할 것이다."라고 말씀하신 예수님 말씀을 상기하고 그리고 다시 생각하며 계속 울었다.[14:72])

[1]思(おも)い出(だ)す : 생각해 내다. 상기[회상]하다. 복합동사 「思(おも)い+出(だ)す」

　[例]「信(しん)ずるべきは自分(じぶん)の実験(じっけん)結果(けっか)である」という先生(せんせい)のお言葉(ことば)を思(おも)い出(だ)した。
　(「믿어야 할 것은 자기 실험 결과다.」라고 말하는 선생님의 말씀을 생각해 냈다.)

　昔(むかし)の恋人(こいびと)を思(おも)い出(だ)しはしますが、結局(けっきょく)は今(いま)一緒(いっしょ)にいる相手(あいて)ではないところを見(み)ると、うまくいく相手(あいて)ではなかったのだし、懐(なつ)かしい思(おも)い出(で)として大事(だいじ)にしておくまでです。
　(옛날 연인을 상기하고는 합니다만, 결국은 지금 함께 있는 상대가 아닌 것을 보면 잘 맞는 상대는 아니었고 그리운 추억으로서 소중히 간직해 두는 것뿐입니다.)

[2]思(おも)い返(かえ)す : 복합동사 「思(おも)い+返(かえ)す」
　①지난 일·결정한 일을 다시 생각하다.
　　[例]当時(とうじ)を思(おも)い返(かえ)してみる。
　　(당시를 다시 생각해 보다.)
　②고쳐 생각하다. 생각을 바꾸다.
　　[例]思(おも)い返(かえ)して自分(じぶん)の非(ひ)を認(みと)める。
　　(생각을 바꾸어 자신의 잘못을 인정하다.)

[3] 泣(な)きつづける : 계속 울다.「泣(な)く」에 계속상의 후항동사「つづける」가 결합된 것.

[例] 一方(いっぽう)、子供(こども)はその間(あいだ)も絶(た)え間(ま)なく<u>泣(な)き続(つづ)</u>けてた。

(한편, 아이는 그 사이도 끊임없이 계속해서 울고 있었다.)

家(いえ)へ帰(かえ)って、この部屋(へや)へ飛(と)び込(こ)んで泣(な)いた。しばらく<u>泣(な)き続(つづ)けたのだ</u>。

(집에 돌아와서 이 방에 뛰어들어 울었다. 잠시 동안 계속해서 울었다.)

# XV. マルコによる福音書 第15章

## 〚104〛[マルコによる福音書 15:1 - 15:5]

> [1]夜(よ)が明(あ)けるとすぐ、祭司長(さいしちょう)たちは長老(ちょうろう)、律法(りっぽう)学者(がくしゃ)たち、および全議会(ぜんぎかい)と[2][3]協議(きょうぎ)をこらした末(すえ)、イエスを[4]縛(しば)って[5]引(ひ)き出(だ)し、ピラトに渡(わた)した。[マルコによる福音書 15:1]
> (날이 새자마자, 대제사장들은 장로, 율법학자들 및 전 의회와 협의에 골몰한 끝에 예수를 결박하고 끌어내서 빌라도에게 넘겼다.[15:1])

[1]夜(よ)が明(あ)ける : 날이 새다. 새벽이 되다.

  [例]お駒(こま)は急(きゅう)に立(た)ち上(あ)がって、「夜(よ)が明(あ)けたらすぐ、ここを出(で)ましょう」と言(い)った。

    (오코마는 갑자기 일어나서「날이 새면 곧장 여기를 나갑시다」고 말했다.)

[2]協議(きょうぎ)を凝(こ)らす : 협의에 골몰하다.

  [例]祭司長(さいしちょう)たちは長老(ちょうろう)たちと集(あつ)まって協議(きょうぎ)を凝(こ)らし、兵卒(へいそつ)たちにたくさんの金(かね)を与(あた)えて言(い)った, [口語訳 / マタイによる福音書 28:12]

    (대제사장들은 장로들과 모여 협의에 골몰해서 병졸들에게 많은 돈을 주고 말했다.)[마태복음 28:12]

[3][協議(きょうぎ)を凝(こ)らした]＋末(すえ) : [협의에 골몰한] 끝에. 동사의 과거형에「〜末(すえ)」가 접속되면,「〜한 끝에」와 같이「그 결과 어떻게 하다[되다]」

의 뜻을 나타내는 경우에 사용한다.

[例]いろいろ<u>考(かんが)えた末(すえ)</u>、あの人(ひと)と結婚(けっこん)することにした。

(여러 가지 생각한 끝에, 그 사람과 결혼하기로 했다.)

結局(けっきょく)A君(くん)は、さんざん<u>迷(まよ)った末(すえ)</u>、この男(おとこ)の言(い)うことを信用(しんよう)することにしました。

(결국, A군은, 몹시 망설인 끝에, 이 남자가 하는 말을 신용하기로 했습니다.)

息詰(いきづ)まるような交渉(こうしょう)が二週間(にしゅうかん)以上(いじょう)も<u>続(つづ)いた末(すえ)</u>、乗客(じょうきゃく)は身代金(みのしろきん)と引(ひ)き換(か)えに解放(かいほう)された。

(숨이 막히는 그런 교섭이 2주 이상 계속된 끝에, 승객들은 몸값과 교환으로 해방되었다.)

部屋(へや)の前(まえ)を<u>行(い)ったり来(き)たりした末(すえ)</u>、部屋(へや)のチャイムを鳴(な)らしてみたが、やっぱり応答(おうとう)はない。

(방 앞을 왔다 갔다 한 끝에, 방의 차임벨을 울려 보았지만, 역시 응답은 없다.)

그리고「末(すえ)」는「명사+の+末(すえ)、」와 같이 동작성 명사에 접속되어 쓰이면「~(의) 끝에」의 뜻을 나타낸다.

[例]<u>長(なが)い沈黙(ちんもく)の末(すえ)</u>、相手(あいて)はふいにそう言(い)った。

(긴 침묵 끝에, 상대는 느닷없이 그렇게 말했다.)

<u>長(なが)い話(はなし)の末(すえ)</u>、ぼんやりと帰(かえ)ってゆく紀子(のりこ)の後(うし)ろ姿(すがた)を見(み)て、三森(みもり)が言(い)った。

(긴 이야기 끝에, 멍하니 돌아가는 노리코의 뒷모습을 보고 미모리가 말했다.)

<u>長考(ちょうこう)の末(すえ)</u>、アンプレアブルを宣言(せんげん)するために競技(きょうぎ)委員(いいん)を呼(よ)んだ。

(장고 끝에, 언플레이어블(unplayable)을 선언하기 위해 경기 위원을 불렀다.)

<u>熟考(じゅっこう)の末(すえ)</u>、彼(かれ)だけを先(さき)に帰(かえ)すことにした。

(숙고 끝에 그 사람만을 돌려보내기로 했다.)

それでも保守(ほしゅ)・革新(かくしん)の死闘(しとう)の末(すえ)、新安保(しんあんぽ)は批准(ひじゅん)され、六月(ろくがつ)二十三日(にじゅうさんにち)効力(こうりょく)が発生(はっせい)した。

(그래도 보수·혁신의 사투 끝에, 신안보안은 비준되어 6월 23일 효력이 발생했다.)

[4] 縛(しば)る : 묶다. 매다. 결박하다.

[例] 千卒長(せんそつちょう)は近寄(ちかよ)ってきてパウロを捕(とら)え、彼(かれ)を二重(にじゅう)の鎖(くさり)で縛(しば)っておくように命(めい)じた上(うえ)、パウロは何者(なにもの)か、また何(なに)をしたのか、と尋(たず)ねた。[口語訳 / 使徒行伝 21:33]

(천부장이 가까이 다가와서 바울을 붙잡고 그를 이중으로 된 쇠사슬로 결박해 두라고 명령하고 나서, 바울은 어떤 사람인지 또 무엇을 했는지 물었다.)[사도행전 21:33]

[5] 引(ひ)き出(だ)す : 끌어내다. 복합동사 「引(ひ)き＋出(だ)す」

[例] 群衆(ぐんしゅう)の中(なか)には悲鳴(ひめい)をあげる者(もの)もあったし、なかには「邪魔(じゃま)をした閣僚(かくりょう)を引(ひ)き出(だ)して殺(ころ)してしまえ」と怒鳴(どな)りたける者(もの)もあった。

(군중 속에는 비명을 지르는 사람도 있었고, 그 중에는 「방해를 한 각료를 끌어내서 죽여 버려라」고 고함치고 울부짖는 사람도 있었다.)

---

ピラトはイエスに尋(たず)ねた、「あなたが[1]ユダヤ人(じん)の王(おう)であるか」。イエスは、「[2]そのとおりである」と[3]お答(こた)えになった。[マルコによる福音書 15:2]

(빌라도는 예수에게 물었다. "당신은 유대인의 왕이냐?" 예수께서는 "맞다"고 대답하셨다.[15:2])

[1]ユダヤ人(じん)の王(おう) : 유대인의 왕.

[2]そのとおりである : 그대로이다. 맞다.

[例]「嫁(よめ)を教育(きょういく)するなら来(き)たばかりのとき、子供(こども)を躾(しつけ)るなら幼(おさな)いときに」とあるが、まったくそのとおりである。

(「며느리를 교육할 생각이라면 막 왔을 때, 아이에게 가정교육을 시킬 생각이라면 어릴 때」로 되어 있는데, 정말 그 말이 맞다.)

もうひとつは、自分(じぶん)を愛(あい)するように自分(じぶん)の隣人(りんじん)を愛(あい)する、横(よこ)の関係(かんけい)である。そのような答(こた)えをした律法学者(りっぽうがくしゃ)に対(たい)して、イエスはこういった。「まさにそのとおりである。それを実行(じっこう)せよ。そうすれば命(いのち)を得(え)る」

(또 하나는 자기를 사랑하는 것처럼 자기의 이웃을 사랑하는, 수평 관계이다. 그와 같은 대답을 한 율법학자에 대해 예수는 이렇게 말했다. 「정말 그대로이다. 그것을 실행해라. 그렇게 하면 생명을 얻는다.」)

[3]お答(こた)えになる : 대답하시다. 「答(こた)える」의 ナル형 경어로 レル형 경어인 「答(こた)えられる」보다 경의도가 높다.

[例]先(さき)ほど大蔵省(おおくらしょう)の方(かた)からお答(こた)えになりました数字(すうじ)との矛盾(むじゅん)は年金(ねんきん)の計算(けいさん)においてはないというふうに思(おも)っております。

(조금 전에 대장성에서 오신 분께서 대답하신 숫자의 모순은 연금 계산에 있어서는 없다는 식으로 생각하고 있습니다.)

---

そこで、祭司長(さいしちょう)たちは[1]イエスのことをいろいろと[2][3]訴(うった)えた。[マルコによる福音書 15:3]

(그래서 대제사장들은 예수에 관해 여러 가지로 고발했다.[15:3])

---

[1]イエスのことを : 예수에 관한 것을. 예수에 관해.

[2]訴(うった)える：

①소송하다. 고소하다. 고발하다.

[例]会社(かいしゃ)を相手(あいて)取(ど)って訴(うった)える。

(회사를 상대로 해서 소송하다.)

警察(けいさつ)に訴(うった)える。

(경찰에 고소[고발]하다.)

②호소하다.

[例]腹痛(ふくつう)を訴(うった)える。

(복통을 호소하다.)

腕力(わんりょく)に訴(うった)える。

(완력에 호소하다.)

「良識(りょうしき)に訴(うった)える。

(양식에 호소하다.)

[3]〜のことを訴(うった)える：〜{에 관한 것을·에 관해} 고발하다.

[例]先生(せんせい)が動(うご)かれている間(あいだ)に、私(わたし)たちが記者(きしゃ)と会(あ)い、学会(がっかい)のことを訴(うった)えておくべきだったと思(おも)います。

(선생님께서 움직이시고 있는 동안, 우리들은 기자와 만나, 학회에 관해 고발해 놓아야 했다고 생각합니다.)

あなたを訴(うった)える者(もの)と一緒(いっしょ)に道(みち)を行(い)く時(とき)には、その途中(とちゅう)で早(はや)く仲直(なかなお)りをしなさい。そうしないと、その訴(うった)える者(もの)はあなたを裁判官(さいばんかん)に渡(わた)し、裁判官(さいばんかん)は下役(したやく)に渡(わた)し、そして、あなたは獄(ごく)に入(い)れられるであろう。[口語訳/マタイによる福音書 5:25]

(너를 고소하는 사람과 함께 길을 갈 때에는 그 도중에서 빨리 화해를 해라. 그렇지 않으면 그 고소하는 사람은 너를 재판관에게 넘기고, 재판관

은 하급 관리에게 넘겨서 그리고 너를 옥에 집어넣을 것이다.)[마태복음 5:25]

> ピラトはもう一度(いちど)イエスに尋(たず)ねた、「何(なに)も答(こた)えないのか。見(み)よ、あなたに対(たい)して[1]あんなにまで[2]次々(つぎつぎ)に訴(うった)えているではないか」。[マルコによる福音書 15:4]
> (빌라도는 다시 한 번 예수에게 물었다. "아무 것도 대답하지 않는 것이냐? 봐라! 너에 대해 저렇게까지 잇따라 고발하고 있지 않느냐?"[15:4])

[1]あんなにまで : 저렇게까지. 「あんなに ; 저렇게(현장지사)」에 부조사 「まで」가 접속된 것으로 「こんなにまで[이렇게까지]・そんなにまで[그렇게까지]・あんなにまで[저렇게까지(현장지시)・그렇게까지(문맥지시)]・どんなにまで[얼마나]」와 같은 계열을 상정할 수 있다.

[例] 男(おとこ)の子(こ)はどうしてこんなにまで母親(ははおや)の影響(えいきょう)を受(う)けてきてしまったのであろうか。
(남자 아이는 어째서 이렇게까지 어머니의 영향을 받게 되었을까?))

私(わたし)のようなものを、そんなにまで思(おも)ってくださるあなた様(さま)のお気持(きも)ち、なんと申(もう)し上(あ)げてよいのか、ただただ、あなた様(さま)のお心(こころ)をお受(う)けするばかりです。
(나와 같은 사람을 그렇게까지 생각해 주시는 당신의 생각을 뭐라고 말씀드려야좋을지, 그냥 단지 당신의 마음 씀씀이를 삼가 받을 뿐입니다.)

けれども、今(いま)の私(わたし)は、あんなにまでして愛(あい)のあかしをお求(もと)めなすったお母(かあ)さんが、反(かえ)って西洋(せいよう)の香水(こうすい)のように厭(いと)わしいと思(おも)われます。
(하지만, 지금의 저는 그렇게까지 사랑의 징표를 찾으시는 어머니가 오히

려 서양 향수처럼 싫게 생각됩니다.)

どんなにまで彼(かれ)を監督(かんとく)として必要(ひつよう)とするかは — 彼(かれ)がそのモンタージュのための写真(しゃしん)を、自分(じぶん)では決(けっ)して受(う)け入(い)れなかった — 図版(ずはん)21から見(み)てとれよう。

(얼마나 그를 감독으로 필요로 하는가는 – 그가 그 몽타주를 위한 사진을 스스로는 결코 받아들이지 않았던 – 도판21에서 알아차릴 것이다.)

[2]次々(つぎつぎ)に : 계속해서. 잇따라. 연달아.

[例]私(わたし)の父(ちち)が亡(な)くなった時(とき)も、日頃(ひごろ)まったく行(ゆ)き来(き)のない親類(しんるい)が次々(つぎつぎ)に訪(おとず)れ、私(わたし)は顔(かお)のよくわからぬ人(ひと)に何(なん)と言(い)って挨拶(あいさつ)してよいか困(こま)った。

(우리 아버지가 돌아가셨을 때도 평소에는 전혀 왕래가 없는 친척들이 잇따라 방문해서 나는 얼굴을 알 수 없는 사람들에게 뭐라고 말하며 인사해야 좋을지 난처했다.)

---

しかし、イエスはピラトが[1]不思議(ふしぎ)に思(おも)うほどに、もう何(なに)も[2]お答(こた)えにならなかった。[マルコによる福音書 15:5]
(그러나 예수께서는 빌라도가 이상하게 생각할 정도로 더 이상 아무 것도 대답하지 않으셨다.[15:5])

---

[1]不思議(ふしぎ)に : 이상하게. 형용동사「不思議(ふしぎ)だ ; 이상하다. 불가사의하다」의 연용형이 부사적으로 사용된 것이다.

[例]なぜ人間(にんげん)たちはあんなによそよそしくしあうのかと、私(わたし)は時折(ときおり)不思議(ふしぎ)に思(おも)う。

(왜 사람들은 그렇게 서먹서먹하게 서로 대하는지 나는 가끔 이상하게 생각한다.)

[2]お答(こた)えにならなかった : 대답하지 않으셨다. 「答(こた)える」의 ナル형 경어인 「お答(こた)えになる」의 부정 「お答(こた)えにならない」의 과거.

   [例]しかし、祭司長(さいしちょう)、長老(ちょうろう)たちが訴(うった)えている間(あいだ)、イエスは一言(ひとこと)もお答(こた)えにならなかった。[口語訳 / マタイによる福音書 27:12]

   (그러나 대제사장, 장로들이 고발하는 동안에 예수께서는 한 마디도 대답하시지 않았다.)[마태복음 27:12]


《105》[マルコによる福音書 15:6 - 15:15]

> さて、[1]祭(まつり)のたびごとに、ピラトは人々(ひとびと)が[2]願(ねが)い出(で)る[3]囚人(しゅうじん)一人(ひとり)を、[4][5]許(ゆる)してやることにしていた。[マルコによる福音書 15:6]
> (그런데 명절 때마다 빌라도는 사람들이 청원하는 죄수 한 사람을 사면해 주는 것을 관습으로 하고 있었다.[15:6])

[1]祭(まつり)のたびごとに : 명절 때마다. 「たびごと[度毎]」는 「그때마다」「~할 때는 언제나」의 의미를 지닌 형식명사 「~度(たび)」에 「어느 ~도 각각 별도로」「어느 ~도 모두」의 의미를 나타내는 접미사 「~毎(ごと)」가 접속한 연어[連語;れんご]로서 「~할 때마다 언제나」「그 때마다」에 상당하는 뜻을 나타낸다.[25]

「たびごと」는 본문의 「たびごとに」와 같이 연용 조어(造語) 성분 「~に」를 수반하여, 「명사+の+たびごと(に)」「동사+たびごと(に)」와 같이 사용되기도 한다.

---

25) 1.「するごとに」・「するたびに」・「するたびごとに」는 모두 「~할 때는 언제나」「~할 때의 어느 경우나」 같은 의미를 나타낸다. 「ごと」는 한자로 쓰면 「毎」이기 때문에 「매번. 언제나.」를 의미하고, 「たび」는 「度」이기 때문에 「회수」를 의미한다. 원래는 「たびごと(に)」로 「몇 번 해도(있어도) 언제나」를 의미했었는데, 「ごとに」「たびに」와 같이 단축형으로도 쓰이게 된 것이다. 따라서 기본적으로 의미의 차이는 없다. 다만 「たび」 쪽이 「ごと」에 비해, 빈도가 높은(횟수가 많은) 경우에 사용되는 경우가 많다고 할 수 있는데 반드시 절대로 그렇다고는 말할 수 없다.

[예]そのたびごとに、どんなふうにききめがあらわれるか、たしかめているようです。
(그 때마다, 어떤 식으로 효과가 나타나는지 확인하고 있는 것 같습니다.)
乾燥(かんそう)は各(かく)収穫(しゅうかく)のたびごとに、火力(かりょく)乾燥(かんそう)が行(おこな)われる。
(건조는 각 수확 때마다, 화력 건조가 행해진다.)

---

※ あの家(いえ)の前(まえ)を通(とお)るたびに番犬(ばんけん)にほえられる。
  [「매일과 같이」와 같은 뉘앙스]
  (저 집 앞을 지날 때마다 집 지키는 개가 짓는다.)
※ 君(きみ)の子供(こども)は見(み)るごとに背(せ)が高(たか)くなっている。
  [매일이라는 것은 아니고 어느 정도 긴 간격으로 라는 뉘앙스]
  (자네 아이는 볼 때마다 키가 커진다.)

이상은 https://oshiete.goo.ne.jp/qa/4233533.html에서 인용하여 적의 번역함.

2. 같은 내용에 관해 말할 경우에도 「たびに」와 「ごとに」는 뒤에 오는 말이 달라지는 것 같다.
   번뜩 생각난 예문

   「見(み)るたびに、違(ちが)う」(볼 때마다 다르다)
   「見(み)るごとに、変(か)わっていく」(볼 때마다 바뀌다)

「ごとに」는 사항이 누적되어 가는, 진행해 간다고 하는 의미가 강하게 느껴진다.
「たびに」는 「ごとに」에 비해, 같은 일이 같은 정도로 일어나는 것을 나타내는 경우가 많은 것 같다.

   数式(すうしき)を見(み)るたびに、頭(あたま)が痛(いた)くなる。
   (수식을 볼 때마다, 머리가 아파진다.)
   思(おも)い出(だ)すたびに、冷(ひ)や汗(あせ)が出(で)る。
   (상기할 때마다, 식은땀이 나온다.)

규칙을 설명할 때 등은 「ごとに」도, 누적·진행하는 것이 아니라, 완전히 똑같은 일이 발생하는 것을 나타내는 경우도 있다.

   一時間(いちじかん)違(ちが)えるごとに、一点(いってん)減点(げんてん)される。
   (1시간 어길 때마다, 1점 감점된다.)

그리고 「ごとに」는 명사에 접속하는 경우도 있다.

   花壇(かだん)の花(はな)を一列(いちれつ)ごとに、色(いろ)を変(か)える。
   (화단의 꽃을 한 줄마다 색을 바꾼다.)
   一ヶ月(いっかげつ)ごとに、家賃(やちん)を払(はら)う。
   (1개월마다 집세를 내다.)
   日(ひ)ごとに、暑(あつ)さを増(ま)す。
   (날마다 더위가 심해진다.)

「たびごとに」는 강조표현이라고 생각한다.

이상은 https://oshiete.goo.ne.jp/qa/4233533.html에서 인용하여 적의 번역함.

これは、小(ちい)さな地震(じしん)のたびごとに、前(まえ)の大(おお)きな地震(じしん)の恐怖(きょうふ)を、思(おも)い出(だ)しているのだということです。
(이것은 작은 지진이 일어날 때마다, 앞에 발생한 커다란 지진의 공포를 상기하고 있다고 합니다.)
進度(しんど)のものさしについては、基礎(きそ)訓練(くんれん)のたびごとに、自分(じぶん)で進歩(しんぽ)を確認(かくにん)することが大切(たいせつ)です。
(진도의 척도에 관해서는 기초 훈련 때마다, 스스로 진보를 확인하는 것이 중요합니다.)
このトーナメントのあるたびごとに、参加(さんか)会費(かいひ)として二円(にえん)か三円(さんえん)徴収(ちょうしゅう)されただけであったが。
(이 토너먼트가 있을 때마다, 참가회비로서 2엔이나 3엔 징수될 뿐이었지만.)
そして、訪(おとず)れるたびごとに、熊野(くまの)はわたしに新鮮(しんせん)な感動(かんどう)を与(あた)えた。
(그리고 방문할 때마다, 구마노는 내게 신선한 감동을 주었다.)
その手順(てじゅん)をプログラムしておけば一回(いっかい)一回(いっかい)の計算(けいさん)が終(お)わるたびごとに、機械(きかい)を止(と)めずに最後(さいご)まで行(い)くことができます。
(그 수순을 프로그램화해 두면 1회 1회의 계산이 끝날 때마다, 기계를 멈추지 않고 마지막까지 갈 수가 있습니다.)
直接的(ちょくせつてき)な地上的(ちじょうてき)救済(きゅうさい)への民衆(みんしゅう)の願望(がんぼう)に直面(ちょくめん)するたびごとに、イエスに取(と)った態度(たいど)はいつもこのようなものであった。
(직접적인 지상적 구제에 대한 민중의 간절한 소망에 직면할 때마다, 예수에게 취한 태도는 항상 이와 같은 것이었다.)
毎週(まいしゅう)のように米山(よねやま)さんの診察室(しんさつしつ)を訪(たず)ねてきていた彼女(かのじょ)は来(く)るたびごとに、明(あき)らかに病状(びょうじ

よう)が悪化(あっか)していました。

(매주처럼 요네야마 씨의 진찰실을 방문해 왔던 그녀는 올 때마다 확실히 병세가 악화되고 있었습니다.)

妻(つま)が出発(しゅっぱつ)のための身支度(みじたく)を彼(かれ)にさせるたびごとに、必(かなら)ずこう言(い)うのを忘(わす)れなかった。

(아내가 출발하기 위한 치장을 그에게 시킬 때마다, 반드시 이렇게 말하는 것을 잊지 않았다.)

[2] 願(ねが)い出(で)る : 출원하다. 신청하다. 청원하다. 복합동사「願(ねが)い＋出(で)る」

　[例] 休暇(きゅうか)を願(ねが)い出(で)る。

　　(휴가를 신청하다.)

　　早退(そうたい)を願(ねが)い出(で)る。

　　(조퇴를 신청하다.)

　　退職(たいしょく)を願(ねが)い出(で)る。

　　(퇴직을 청원하다.)

　　辞職(じしょく)を願(ねが)い出(で)る。

　　(사직원을 내다.)

[3] 囚人(しゅうじん) : 수인. 죄수.

　[例] 入獄(にゅうごく)のとき、囚人(しゅうじん)一同(いちどう)の紹介(しょうかい)があり、ただ一人(ひとり)の女囚(じょしゅう)だから高須(たかす)尚子(ひさこ)という名(な)はよく覚(おぼ)えている。

　　(감옥에 들어올 때, 죄수 일동의 소개가 있고, 단 한 사람의 여 죄수이기 때문에 다카스 히사코라는 이름은 잘 기억하고 있다.)

[4] 許(ゆる)してやる : 사면해 주다.「許(ゆる)す」에 수수표현「〜てやる」가 접속된 것. 「〜てやる」는 한국어에 대응하는 경우도 있지만, 수수 내용이 본동사에 함의되어 있거나 구체적인 수수 행위로 간주되지 않는 경우는 언어화되지 않는다.

[예]この件(けん)については徹底的(てっていてき)に洗(あら)い出(だ)してやるぞ。

(이 건에 관해서는 철저히 모조리 밝혀내고 말 거야.)

殺(ころ)してやる、という電話(でんわ)が再三(さいさん)、かかっておったのです。

(죽여 버릴 거야, 라는 전화가 재삼 걸려 왔습니다.)

どちらの言(い)い分(ぶん)も平等(びょうどう)に聞(き)いてやる。ただそれだけで子供(こども)は満足(まんぞく)し、どちらからともなく和解(わかい)するのだそうだ。

(어느 쪽의 주장도 평등하게 들어 준다. 그냥 그것만으로 어린이는 만족해서 누가 먼저라고 할 것 없이 화해한다고 한다.)

[5] 許(ゆる)してやることにしていた : 사면해 주는 것을 관습으로 하고 있었다. 「～ことにしていた」는 습관이나 관습 혹은 주의를 나타내는 「～ことにしている」의 과거이다.

[예]私(わたし)は毎日(まいにち)そこで二(に)、三本(さんぼん)のハバナを買(か)うことにしていた。

(나는 매일 거기에서 2, 3개의 바나나를 사는 것을 습관으로 하고 있었다.)

朝(あさ)の食事(しょくじ)だけは必(かなら)ず子供(こども)と一緒(いっしょ)に取(と)ることにしていた。

(아침 식사만은 반드시 아이와 함께 먹도록 하고 있었다.)

「～ことにしている」는 「～하는 것으로 하고 있다」나 「～하도록 하고 있다」에 해당하는 표현으로 개인의 습관이나 주의(主義)를 나타낼 때 쓰는데, 한국어에 직접 대응하지 않는 경우가 많다.

[예]寝(ね)る前(まえ)には何(なに)も食(た)べないことにしている。

(자기 전에는 아무 것도 안 먹는 것으로 하고 있다.)

毎朝(まいあさ)、犬(いぬ)を散歩(さんぽ)に連(つ)れて行(い)くことにしています。

(매일 아침 개를 산책에 데리고 가는 것을 습관으로 하고 있습니다.)

海外(かいがい)旅行(りょこう)に行(い)きたいので、ぼくは毎月(まいつき)少(す

こ)しずつ貯金(ちょきん)することにしています。
(해외여행을 하고 싶어서 나는 매월 조금씩 저금하고 있습니다.)

以前(いぜん)は人(ひと)に聞(き)いていたが、最近(さいきん)はわからない言葉(ことば)があったらいつも自分(じぶん)でひくことにしています。
(전에는 남에게 물어 보았지만 요즘은 모르는 말이 있으면 언제나 직접 사전을 찾는 습관을 붙이고 있습니다.)

---

ここに、[1]暴動(ぼうどう)を起(お)こし[2][3]人殺(ひとごろ)しをして繋(つな)がれていた[4]暴徒(ぼうと)の中(なか)に、[5]バラバという者(もの)がいた。
[マルコによる福音書 15:7]
(여기, 폭동을 일으켜서 살인을 하고 갇혀 있던 폭도 중에 바라바라는 사람이 있었다.[15:7])

---

[1]暴動(ぼうどう)を起(お)こす : 폭동을 일으키다.

[例]貧困層(ひんこんそう)が暴動(ぼうどう)を起(お)こすたびに、人々(ひとびと)が驚(おどろ)くのは不思議(ふしぎ)な話(はなし)だ。
(빈곤층이 폭동을 일으킬 때마다, 사람들이 놀라는 것은 이상한 이야기다.)

試合(しあい)は翌日(よくじつ)に順延(じゅんえん)となり、この決定(けってい)に怒(おこ)った観客(かんきゃく)が暴動(ぼうどう)を起(お)こし、スタンドのひとつを焼(や)き払(はら)った。
(시합은 다음날로 순연되었고, 이 결정에 화가 난 관객이 폭동을 일으키고 스탠드의 하나를 태워버렸다.)

[2]人殺(ひとごろ)し : 살인자. 살인. 복합명사「← 人(ひと)＋殺(ころ)し」

[例]どうしよう、こんなところを見(み)られたら、私(わたし)は人殺(ひとごろ)しにされてしまう。夫(おっと)ももう私(わたし)を信用(しんよう)しないだろう。
(어떻게 하지. 이런 것을 보이면 나는 살인자가 되어 버리고 만다. 남편도 이제 믿지 않을 것이다.)

[3] 人殺(ひとごろ)しをする : 살인을 하다. 복합명사「人殺(ひとごろ)し」를 동사화한 것.「人殺(ひとごろ)しをする」는 구어체에서는 격조사가 탈락되어「人殺(ひとごろ)しする」로 쓰이는 경우가 있다.

[예]われわれは、春山(はるやま)は人殺(ひとごろ)しをするような人物(じんぶつ)ではないと、君(きみ)に思(おも)わせたかったのです。

(우리들은 하루야마는 살인을 할 그런 인물이 아니라고 자네에게 믿게 만들고 싶었던 것입니다.)

戦争(せんそう)って人殺(ひとごろ)しだよ。人殺(ひとごろ)しするのに、正当(せいとう)な理由(りゆう)なんかあると思(おも)う? 正(ただ)しいと思(おも)う? 話(はな)し合(あ)いで解決(かいけつ)すべき。

(전쟁이란 살인이야. 살인하는 데에 정당한 이유 같은 것은 있다고 생각해? 옳다고 생각해? 대화로 해결해야 한다.)

[4] 暴徒(ぼうと) : 폭도.

[예]彼(かれ)らは突然(とつぜん)暴徒(ぼうと)の大集団(だいしゅうだん)となり、決断力(けつだんりょく)のある指揮官(しきかん)のいない軍隊(ぐんたい)を威圧(いあつ)することもあった。暴徒(ぼうと)には少(すく)なくとも三種類(さんしゅるい)があった。

(그들은 갑자기 폭도의 대집단이 되고 결단력 있는 지휘관이 없는 군대를 위압하는 경우도 있었다. 폭도에게는 적어도 세 종류가 있었다.)

[5] バラバ[Barabbas] : 바라바.「아버지의 아들」이란 뜻. 히브리어「바르 아브」의 헬라어 음역. 강도요(요 18:40), 폭동과 살인죄로 기소되었던 자(막 15:7). 로마 총독 빌라도가 유월절 전례에 따라 예수님을 풀어주려 했으나(마 27:15; 요 18:39), 대제사장과 장로들의 사주를 받은 무리들의 강력한 요구로 인해 예수님을 대신하여 석방한 죄수(마 27:16-20; 막 15:11, 15; 눅 23:18; 요 18:40). 열심당의 핵심 당원이었던 것으로 추정된다.[26]

---

26) [네이버 지식백과] 바라바 [Barabbas] (라이프성경사전, 2006. 8. 15., 생명의말씀사)

> 群衆(ぐんしゅう)が[1]押(お)しかけてきて、[2]いつものとおりにしてほしいと[3]要求(ようきゅう)しはじめたので、[マルコによる福音書 15:8]
> (군중이 여럿이 우르르 몰려와서 여느 때와 마찬가지로 해 달라고 요구하기 시작했기 때문에,[15:8])

[1]押(お)しかける : 밀어닥치다. 여럿이 우르르 몰려가다. 복합동사「押(お)し+かける」. 본문에서는 복합동사「押(お)しかける」에 다시 보조동사「〜てくる」가 접속되어 쓰이고 있다.

[例]わたしの正体(しょうたい)がばれたら、デモ隊(たい)が押(お)しかけてくるかもしれないわ。

(내 정체가 탄로 나면 데모대가 우르르 몰려올지도 몰라.)

突然(とつぜん)押(お)しかけてきたうえ、猫(ねこ)まで連(つ)れ込(こ)んでとんだ騒動(そうどう)を起(お)こしてしまって、ほんとうに申(もう)し訳(わけ)ありません。

(갑자기 우르르 몰려오고 게다가 고양이까지 데리고 와서 엉뚱한 소동을 피워서 정말 죄송합니다.)

美也子(みやこ)はいわば押(お)しかけてきて、勝手(かって)に店(みせ)で働(はたら)き、嬉々(きき)とした表情(ひょうじょう)で、一円(いちえん)の報酬(ほうしゅう)も受(う)け取(と)ろうとはしない。

(미야코는 말하자면 밀어닥쳐 와서 멋대로 가게에서 일하고 희희낙락한 표정으로 1엔의 보수도 받으려고 하지는 않았다.)

[2]いつものようにしてほしい : 여느 때와 마찬가지로 {해 주었으면 좋겠다・해 달라고 하다}.「〜てほしい」는 화자가 상대에게 무엇인가를 해 주기를 바라는 형식으로 쓰인다.

[例]また一方(いっぽう)では、これを早(はや)く進(すす)めてほしいと言(い)う方(ほう)もたくさんおりました。

---

https://terms.naver.com/entry.nhn?docId=2392397&cid=50762&categoryId=51387에서 인용.

(그리고 한편으로는 이것을 빨리 진행시켜 주었으면 좋겠다고 말하는 쪽도 많이 있었습니다.)

日本(にほん)大使館(たいしかん)に連絡(れんらく)を取(と)ってほしいと要求(ようきゅう)したが、受(う)け入(い)れられなかった。

(일본대사관에 연락을 취해 달라고 요구했지만, 받아들이지 않았다.)

驚(おどろ)いてA社(しゃ)に連絡(れんらく)して調(しら)べさせたところ、製造(せいぞう)過程(かてい)でのミスだということがわかりました。私(わたし)は、別(べつ)の新車(しんしゃ)と取(と)り替(か)えてほしいと要求(ようきゅう)しましたが、断(ことわ)られてしまった。

(놀라서 A사에 연락해서 조사를 시켰더니, 제조 과정에서의 미스라는 것을 알았습니다. 저는 다른 신차로 교환해 달라고 요구했습니다만, 거절당하고 말았습니다.)

[3] 要求(ようきゅう)しはじめる : 요구하기 시작하다. 「要求(ようきゅう)する」에 개시상의 후항동사 「～はじめる」가 결합한 복합동사.

[例] 彼(かれ)は突然(とつぜん)、個室(こしつ)をくれ、車(くるま)が必要(ひつよう)だと、待遇面(たいぐうめん)の改善(かいぜん)をかなり「大胆(だいたん)」に要求(ようきゅう)しはじめた。

(그는 갑자기 개실을 달라, 차가 필요하다고 대우 면에서의 개선을 상당히 대담하게 요구하기 시작했다.)

---

ピラトは彼(かれ)らに向(む)かって、「おまえたちはユダヤ人(じん)の王(おう)を[1]許(ゆる)してもらいたいのか」と言(い)った。[マルコによる福音書 15:9]
(빌라도는 그들을 향해, "너희는 유대인의 왕을 사면해 달라고 하는 것이냐?"고 말했다.[15:9])

---

[1] 許(ゆる)してもらいたい : 사면해 주었으면 한다. 사면해 주기를 바란다. 사면해

달라고 하다.

[15:8]의「～てほしい」나 [15:9]의「～てもらいたい」그리고「～ていただきたい」는 화자가 상대에게 어떤 사태·사건의 실현을 희망하는 표현형식이다.

1. 「～てほしい」는「～てもらいたい」와 마찬가지로 한국어의「～해 주었으면 하다」에 해당하는 표현으로 말하는 사람이 상대에게 무엇인가를 해 주기를 바랄 때 쓴다.

　　[例] あのことは水(みず)に流(なが)してほしい。
　　　　(그 일은 없었던 일로 해 주었으면 한다.)
　　　　これはみんなで考(かんが)えてほしい問題(もんだい)だ。
　　　　(이것은 다 같이 생각했으면 하는 문제이다.)
　　　　妻(つま)がもっと家庭(かてい)のことを考(かんが)えてほしいって言(い)うんです。
　　　　(집사람이 가정을 좀 더 생각해 달라고 해서요.)
　　　　A : それに、男(おとこ)の人(ひと)はみんな妻(つま)に家(うち)にいてほしいって思(おも)っているんじゃありませんか。
　　　　(게다가 남자는 모두 처가 집에 있어 주기를 원하지 않습니까?)
　　　　B : ぼくは違(ちが)います。妻(つま)にも働(はたら)いてもらいたいですよ。一人(ひとり)では経済的(けいざいてき)にも大変(たいへん)ですし。
　　　　(나는 그렇지 않아요. 집사람도 일해 주었으면 합니다. 혼자서는 경제적으로 힘들고 해서요.)
　　　　社長(しゃちょう)が田中(たなか)さんにはぜひ出席(しゅっせき)してほしいとのことですので、その旨(むね)よろしくお願(ねが)いいたします。
　　　　(사장님께서 다나카 씨가 꼭 출석했으면 좋겠다고 말을 해서요. 그 점 잘 부탁드립니다.)

2. 「～てもらいたい」는 일반적으로 특정 상대를 대상으로 한 표현에 많이 쓰인다. 이에 대해「～てほしい」는 다음과 같이 마음속에 담고 있는 바람을 나타

내는 데에도 쓰인다는 점이 특징적이다.

[例]早(はや)く春(はる)が来(き)てほしい。

(빨리 봄이 왔으면 좋겠다.)

もっと住(す)みよい社会(しゃかい)になってほしい。

(더 살기 좋은 사회가 되었으면 좋겠다.)

그리고 원래 「〜てほしい」는 「간세이방언(関西方言;かんさいほうげん)」에서 사용된 것이 「도쿄방언(東京方言;とうきょうほうげん)」에 유입된 것으로 최근에 와서 「〜てもらいたい」와 함께 널리 사용되게 되었다고 한다. 이런 점에서 도쿄방언을 표준으로 하는 규범의식에서는 그 사용을 적극적으로 인정하지 않는 입장도 있다.

[例]ちょっとわたしの部屋(へや)に来(き)てもらいたい。

(잠깐만 내 방에 와요.)

彼(かれ)もいっしょに連(つ)れて行(い)ってもらいたいようだ。

(그 사람과 함께 가기를 원하는 것 같다.)

やってもらいたいことがあったら、彼女(かのじょ)に頼(たの)んでください。

(필요한 것이 있으면 그녀에게 부탁하세요.)

最新(さいしん)の設備(せつび)が整(ととの)っているんだから、みんなに広(ひろ)く使(つか)ってもらいたいものだ。

(최신설비가 갖춰져 있으니까, 다들 널리 이용해 주었으면 한다.)

のど自慢(じまん)もいいけど、仕事(しごと)のほうでもがんばってもらいたいものだな。

(노래자랑도 좋지만, 일에서도 분발해 주었으면 해.)

長島君(ながしまくん)も早(はや)く一人前(いちにんまえ)になってもらいたいものだよなあ。

(나가시마 군도 빨리 제몫을 하는 사람이 되어 주었으면 좋겠어.)

3. 「~ていただいきたい」는 「~てもらいたい」의 겸양어I로 화자가 상대에게 상대와 관련이 있는 자신의 동작을 낮춤으로써 결과적으로 상대를 높이게 된다.

   [例] 今(いま)の発言(はつげん)を取(と)り消(け)していただきたい。
   (지금 발언은 취소하시오.)
   今日(きょう)はお先(さき)に帰(かえ)らせていただきたいんですが。
   (오늘은 먼저 돌아갔으면 합니다만.)
   これは大事(だいじ)な書類(しょるい)ですから、書留(かきとめ)で送(おく)っていただきたいのですが。
   (이것은 중요한 서류이니, 등기로 보내 주셨으면 하는데요.)

「~てもらいたい」「~ていただいきたい」는 어형에 「たい」를 사용함으로써 형식적으로는 자신의 뜻을 헤아려 줄 것을 상대에게 희망하는 뜻을 나타내지만, 실질적인 의미에 있어서는 특히 문말 술어로 사용될 때는 상대에게 어떤 사항을 요구·명령·의뢰하는 표현이 된다. 특히 「~てもらいたい」「~ていただきたい」로 문을 맺을 경우에는 완곡한 명령표현이 되는 경우가 많다.

4. 「~てもらいたい」는 희망을 나타내는 다른 형식과 마찬가지로 뒤에 감정적 강조를 나타내는 「のです·んです」를 수반하여 쓰이면 명령, 또는 의뢰표현으로 쓰인다.

   [例] (1a) 至急(しきゅう)、この報告書(ほうこくしょ)のここを手直(てなお)してもらいたいんですが。
   (시급히 이 보고서 여기를 수정해 주었으면 하는데요.)
   (1b) いま、課長(かちょう)がおりませんので、係長(かかりちょう)の田中(たなか)さんにお願(ねが)いしてください。

(지금 과장님이 안 계시니까 다나카 계장에게 부탁하세요.)

(2a) 先月分(せんげつぶん)の作業(さぎょう)報告書(ほうこくしょ)を提出(ていしゅつ)してもらいたいんですが。

(지난 달 작업 보고서를 {제출해 주었으면 하는데요·제출해 주세요}.)

(2b) すみません。すぐに出(だ)します。

(미안합니다. 금방 제출하겠습니다.)

(3a) 李(イー)さんがいらしたら、この資料(しりょう)を渡(わた)してもらいたいんですけど。

(이경민 씨가 오시면 이 자료를 {전달해 주었으면 하는데요·전달해 주세요}.)

(3b) いいですよ。そこに置(お)いておいてください。

(좋아요. 거기에 놓아두세요.)

5. 「～てもらいたい」「～てほしい」가 부정적인 내용을 나타낼 때는 (4a)(5a)와 같이 「～ないでもらいたい」「～ないでほしい」의 형태를 취하는 경우와 (4b)(5b)와 같이 「～てもらいたくない」「～てほしくない」의 형태를 취하는 경우가 있다. 일반적으로 전자는 어떤 사태가 실현되는 것을 강하게 거부하는 뉘앙스가 있어 요구나 명령의 이미지가 강해진다. 이에 대해 후자는 어떤 사태가 실현되는 것을 그다지 환영하지 않고 가능하다면 그것을 피하고자 하는 뉘앙스를 나타내는 데 쓴다.

[例](4a) この部屋(へや)には入(はい)らないでもらいたい。

(이 방에는 {들어가지 않았으면 한다·들어가지 말아요}.)

(4b) この部屋(へや)には入(はい)ってもらいたくない。

(이 방에는 {들어가 주지 않았으면 한다·들어가지 말아요}.)

(5a) 彼(かれ)には言(い)わないでほしい。

(그에게는 {말하지 않았으면 한다·말하지 말아요}.)

(5b) 彼(かれ)には言(い)ってほしくない。

(그에게는 {말해 주지 않았으면 한다·말하지 말아요}.)

6. 「～ていただきたい」는 「～てもらいたい(～해 주었으면 좋겠다)」의 겸양어I로 상대가 경어적 상위자인 경우에 쓴다. 「～ていただきたい」는 상대가 나를 위해 무엇인가를 해 주기를 희망할 때 쓰이는데 한국어의 「～해 주셨으면 합니다·～해 주십시오」에 해당하는 표현으로 실질적인 의미에 있어서는 의뢰표현에 해당한다고 할 수 있다.

[例] 買(か)い物(もの)に行(い)くついでに銀行(ぎんこう)に寄(よ)ってきていただきたいと思(おも)うんですが。

(물건 사러 간 김에 은행에 들렀다 와 주셨으면 해서요.)

実(じつ)はこれを一読(いちどく)していただきたいと思いまして。

(실은 이것을 한 번 읽어봐 주셨으면 해서요.)

あしたの午前中(ごぜんちゅう)までに直(なお)していただきたいのですが。

(내일 오전 중까지 고쳐 주셨으면 하는데요.)

この宝石(ほうせき)、本物(ほんもの)か偽物(にせもの)か、鑑定(かんてい)していただきたいんですが。

(이 보석이 진짜인지 가짜인지 감정해 주셨으면 합니다만.)

課長(かちょう)、ちょっと相談(そうだん)に乗(の)っていただきたいんですが。

(과장님, 좀 의논드리고 싶은 것이 있는데요.)[27]

---

27) 李成圭·權善和(2006a)『일본어 조동사 연구Ⅲ』不二文化. pp. 179-185에서 인용하여 일부 수정함.

> それは、祭司長(さいしちょう)たちがイエスを引(ひ)き渡(わた)したのは、[1]妬(ねた)みのためであることが、[2]ピラトにわかっていたからである。[マルコによる福音書 15:10]
> (그것은 대제사장들이 예수를 넘겨준 것은 시기에 기인하는 것을 빌라도가 알고 있었기 때문이다.[15:10])

[1]妬(ねた)み : 시샘. 질투. 시기.「妬(ねた)む ; 질투하다. 시기하다」의 연용형이 전성명사화한 것이다.

  [例]愛(あい)の種(たね)を蒔(ま)けば、愛(あい)の花(はな)が咲(さ)きます。恨(うら)みの種(たね)を蒔(ま)けば、恨(うら)みの花(はな)が咲(さ)きます。妬(ねた)みの種(たね)を蒔(ま)けば、妬(ねた)みの花(はな)が咲(さ)きます。自分(じぶん)の心(こころ)がそのまま花(はな)になるのです。

  (사랑의 씨앗을 뿌리면 사랑의 꽃이 핍니다. 원한의 씨앗을 뿌리면 원한의 꽃이 핍니다. 질투의 씨앗을 뿌리면 질투의 꽃이 핍니다. 자기 마음이 그대로 꽃이 되는 것입니다.)

  白雪姫(しらゆきひめ)というのは、妬(ねた)みのあまりに自分(じぶん)の子(こ)を殺(ころ)してしまう母親(ははおや)の話(はなし)だ。

  (백설 공주라는 것은 너무나 시기해서 자기의 자식을 죽여 버리는 어머니의 이야기다.)

[2]ピラトにわかっていたからである : 빌라도가 알고 있었기 때문이다.「ピラトに」의「〜に」는 상태성 가능동사인「わかる」의 주격 역할을 한다.

  [例]いっそ流(なが)されてしまったほうが、彼女(かのじょ)も僕(ぼく)も楽(らく)になれるのかもしれなかった。でも、僕(ぼく)にはわかっていた。

  (차라리 떠내려가 버리는 편이 그녀도 나도 마음이 편안해질 수 있을지도 몰랐다. 하지만 나는 알고 있었다.)

  あそこに足(あし)を踏(ふ)み出(だ)すたびに彼(かれ)を待(ま)ち伏(ぶ)せしてい

るあの抑制(よくせい)のきかない別世界(べっせかい)では、みんなが幸福(こうふく)になる可能性(かのうせい)すらないのだと、彼(かれ)にはわかっていた。
(거기에 발을 내디딜 때마다, 매복하고 그를 기다리고 있는 그 억제할 수 없는 별세계에서는 모두가 행복해지는 가능성조차 없다고 그는 알고 있었다.)

---

しかし祭司長(さいしちょう)たちは、バラバの方(ほう)を[1]許(ゆる)してもらうように、[2]群衆(ぐんしゅう)を煽動(せんどう)した。[マルコによる福音書 15:11]
(그러나 대제사장들은 바라바 쪽을 사면해 달라고 군중을 부추겼다.[15:11])

---

[1]許(ゆる)してもらう: 사면해 달라고 하다. 「許(ゆる)す」에 수수표현 「〜てもらう」가 접속된 것.

1. 「〜てもらう」는 「AがB{に・から}〜てもらう」의 문형으로 쓰이는데, 한국어로 직역하면 「A가 {B에게・에게서} 〜해 받다(〜해 주다)」의 뜻을 나타낸다. 그런데 「〜てもらう」는 한국어에 직접 대응하지 않기 때문에 「〜해 주다・〜해 달라고 하다」로 번역되는 경우가 많다.
   [例] 友(とも)だち(B)が来(く)る。
   → 友だち(B)に来(き)てもらう。
   (친구에게 와 받다 → 친구가 와 주다・친구가 오다.)
   加藤(かとう)さん(B)がわたし(A)を家(いえ)まで送(おく)った。
   → [わたし(A)は]田中(たなか)さん(B)に家(いえ)まで送(おく)ってもらった。
   (가토 씨는 나를 집까지 바라다 주었다.)

2. 「〜てもらう」: 「〜해 받다・〜해 주다・〜해 달라고 하다」 「〜てもらう」는 기본

적으로「은혜를 받거나 이익을 받는 화자 쪽에서 상대에게 부탁해서 어떤 행위를 해 받다」와 같은 의미를 나타낸다.

[例]いつも、国(くに)の母(はは){に・から}新聞(しんぶん)を送(おく)ってもらいます。

(언제나 고향에 있는 어머니가 신문을 보내 줍니다.)

友(とも)だち{に・から}大阪城(おおさかじょう)への行(ゆ)き方(かた)を教(おし)えてもらいました。

(친구가 오사카성으로 가는 길을 가르쳐 주었습니다.)

迷子(まいご)になってしまったので、おまわりさんに道(みち)を教(おし)えてもらいました。

(길을 잃어 버렸는데, 경찰 아저씨가 길을 가르쳐 주었습니다.)

病気(びょうき)の時(とき)は、友(とも)だちに来(き)てもらうのが一番(いちばん)です。

(아플 때는 친구에게 와 달라고 하는 것이 가장 좋습니다.)

3. 그런데「～てもらう」용법 중에는 다음과 같이 한국어의「～해 주다」「～해 달라고 하다」에 대응하지 않는 예도 상당히 많으니 주의한다.

[例]知(し)り合(あ)いの紹介(しょうかい)で、安(やす)くしてもらったんです。

(아는 사람 소개로 싸게 샀습니다.)

このクッキーは、林(はやし)さんに食(た)べてもらうために、作(つく)ったんですよ。

(이 쿠키는 하야시 씨에게 드리기 위해서 만들었어요.)[28]

[2]群衆(ぐんしゅう)を扇動(せんどう)する : 군중을 {선동하다・부추기다}.

[例]その上(うえ)、民衆(みんしゅう)や長老(ちょうろう)たちや律法(りっぽう)学者(がくしゃ)たちを煽動(せんどう)し、彼(かれ)を襲(おそ)って捕(と)らえさせ、議会(ぎかい)にひっぱってこさせた。[口語訳 / 使徒行伝 6:12]

---

28) 李成圭等著(1996)『홍익나가누마 일본어2 해설서』홍익미디어. pp. 135-136에서 인용하여 일부 수정.

(게다가 군중과 장로들과 율법학자들을 선동하여 그를 습격하여 붙잡아 의회로 끌어 오게 하였다.) [사도행전 6:12]

ところが、ユダヤ人(じん)たちは、信心(しんじん)深(ぶか)い貴婦人(きふじん)たちや町(まち)の有力者(ゆうりょくしゃ)たちを煽動(せんどう)して、パウロとバルナバを迫害(はくがい)させ、ふたりをその地方(ちほう)から追(お)い出(だ)させた。
[口語訳 / 使徒行伝 13:50]
(그러나 유대인들은 신심이 깊은 귀부인들과 그 도시의 유력자들을 선동해서, 바울과 바나바를 박해하게 하였고, 두 사람을 그 지역에서 내쫓게 하였다.)[사도행전 13:50]

そこで、ピラトはまた彼(かれ)らに言(い)った、「それでは、[1]おまえたちがユダヤ人(じん)の王(おう)と呼(よ)んでいるあの人(ひと)は、どうしたらよいか」。
[マルコによる福音書 15:12]
(그래서 빌라도는 다시 그들에게 말했다. "그러면, 너희들이 유대인 왕이라고 부르고 있는 그 사람은 어떻게 하면 좋으냐?"[15:12])

[1]おまえたち: 너희(들). 2인칭대명사 복수 중에서 정중도가 가장 낮다.
　[예]ヨハネは、パリサイ人(びと)やサドカイ人(びと)が大(おお)ぜいバプテスマを受(う)けようとしてきたのを見(み)て、彼(かれ)らに言(い)った、「まむしの子(こ)らよ、迫(せま)ってきている神(かみ)の怒(いか)りから、おまえたちはのがれられると、だれが教(おし)えたのか。[口語訳 / マタイによる福音書 3:7]
　(요한은 바리새파 사람과 사두개파 사람이 많이 세례를 받으려고 온 것을 보고, 그들에게 말했다. "독사의 자식들아, 닥쳐오고 있는 하나님의 분노에서 너희는 도망갈 수 있다고 누가 가르쳤느냐?)[마태복음 3:7]

自分(じぶん)たちの父(ちち)にはアブラハムがあるなどと、心(こころ)の中(なか)で思(おも)ってもみるな。おまえたちに言(い)っておく、神(かみ)はこれらの石(いし)ころからでも、アブラハムの子(こ)を起(お)こすことができるのだ。[口語訳 / マタイによる福音書 3:9]
(자기들 아버지에는 아브라함이 있다는 등, 마음속으로 생각해 보지도 마라. 너희에게 말해 둔다. 하나님께서는 이들 돌멩이에서도 아브라함의 자손을 일으킬 수가 있는 것이다.)[마태복음 3:9]

わたしは悔改(くいあらた)めのために、水(みず)でおまえたちにバプテスマを授(さず)けている。しかし、わたしのあとから来(く)る人(ひと)はわたしよりも力(ちから)のあるかたで、わたしはそのくつをぬがせてあげる値(ね)うちもない。このかたは、聖霊(せいれい)と火(ひ)とによっておまえたちにバプテスマをお授(さず)けになるであろう。[口語訳 / マタイによる福音書 3:11]
(나는 회개를 위해 물로 너희에게 세례를 준다. 그러나 내 뒤에 오시는 이는, 나보다도 권능을 가지고 있는 분으로 나는 그 신을 벗겨 드릴 가치도 없다. 이 분은 성령과 불에 의해 너희에게 세례를 주실 것이다.)[마태복음 3:11]

[2]あの人(ひと) : 그 사람. 지시사는 눈으로 직접 관찰할 수 있는 [현장지시] 용법과 화제상의 인물이나 장소 등을 가리키는 [문맥지시] 용법으로 분류할 수 있는데 여기에서는 후자로 쓰이고 있다.

1. 현장지시 용법
[例]イエスはナタナエルが自分(じぶん)の方(ほう)に来(く)るのを見(み)て、彼(かれ)について言(い)われた、「見(み)よ、あの人(ひと)こそ、ほんとうのイスラエル人(びと)である。その心(こころ)には偽(いつわ)りがない」。[口語訳 / ヨハネによる福音書 1:47][현장지시]

(예수께서 나다나엘이 자기에게로 오는 것을 보고, 그에 관해 말씀하셨다. "보아라, 저 사람이야말로 참된 이스라엘 사람이다. 그 마음에는 거짓이 없다.")[요한복음 1:47]

ペテロはこれを見(み)て、人々(ひとびと)にむかって言(い)った、「イスラエルの人(ひと)たちよ、なぜこの事(こと)を不思議(ふしぎ)に思(おも)うのか。また、わたしたちが自分(じぶん)の力(ちから)や信心(しんじん)で、あの人(ひと)を歩(ある)かせたかのように、なぜわたしたちを見(み)つめているのか。[口語訳 / 使徒行伝3:12][현장지시]

(베드로는 이것을 보고, 사람들에게 말했다. "이스라엘 사람들이여, 어찌하여 이 일을 이상하게 생각하느냐? 또 우리들이 자신의 힘과 신심으로 저 사람을 걷게 한 것과 같이 왜 우리들을 주시하느냐?)[사도행전 3:12]

2. 문맥지시 용법

[例]ユダヤ人(じん)らは祭(まつり)の時(とき)に、「あの人(ひと)はどこにいるのか」と言(い)って、イエスを捜(さが)していた。[口語訳 / ヨハネによる福音書 7:11][문맥지시]

(유대인들은 명절 때 "그 사람은 어디에 있느냐?"고 말하고 예수를 찾고 있었다.)[요한복음 7:11]

さて、下役(したやく)どもが祭司長(さいしちょう)たちやパリサイ人(びと)たちのところに帰(かえ)ってきたので、彼(かれ)らはその下役(したやく)どもに言(い)った、「なぜ、あの人(ひと)を連(つ)れてこなかったのか」。[口語訳 / ヨハネによる福音書 7:45][문맥지시]

(그런데 하급 관리들이 대제사장들과 바리새파 사람들에게 돌아오니, 그들은 그 하급 관리들에게 말했다. "왜 그 사람을 데리고 오지 않았느냐?")[요한복음 7:45]

そこで彼(かれ)らは、盲人(もうじん)であった人(ひと)をもう一度(いちど)呼(よ)んで言(い)った、「神(かみ)に栄光(えいこう)を帰(き)するがよい。あの人(ひと)が罪人(つみびと)であることは、わたしたちにはわかっている」。[口語訳 / ヨハネによる福音書 9:24][문맥지시]

(그러자, 그들은 맹인이었던 사람을 다시 한 번 불러 말했다. "하나님께 영광을 돌려라. 그 사람이 죄인이라는 것은 우리들은 안다.")[요한복음 9:24]

---

彼(かれ)らは、また叫(さけ)んだ、「[1]十字架(じゅうじか)につけよ」。[マルコによる福音書 15:13]

(그들은 다시 소리를 질렀다. "십자가에 매달아라."[15:13])

---

[1]十字架(じゅうじか)につける : 십자가에 매달다. 그리고 「つけよ」는 「つける」의 문어체 명령형.

[例]しかし、彼(かれ)らはますます激(はげ)しく「十字架(じゅうじか)につけろ。」と叫(さけ)び続(つづ)けた。

(그러나 그들은 더욱 더 거세게 「십자가에 매달아라.」라고 계속 외쳤다.)

神(かみ)の定(さだ)めた計画(けいかく)と神(かみ)の予知(よち)とによって引(ひ)き渡(わた)されたこの方(かた)を、不法(ふほう)な者(もの)の手(て)によって十字架(じゅうじか)につけて殺(ころ)しました。

(하나님이 정한 계획과 하나님의 예지에 의해 넘겨진 이 분을 불법적인 자의 손에 의해 십자가에 매달아 죽였습니다.)

そして教会(きょうかい)は復活節(ふっかつせつ)のあいだ、次(つぎ)のように高(たか)らかに歌(うた)います。「主(しゅ)はわたしたちのために十字架(じゅうじか)につけられ、死者(ししゃ)の中(なか)から復活(ふっかつ)された。アレルヤ」。

(그리고 교회는 부활절 동안 다음과 같이 소리 높여 노래합니다. 「주께서는 우리들을 위해 십자가에 매달려 죽은 자 가운데에서 살아나셨다. 알렐

루야[(라틴어) alleluia].」)

> ピラトは言(い)った、「あの人(ひと)は、[1]いったい、どんな[2]悪事(あくじ)をしたのか」。すると、彼(かれ)らは[3]いっそう激(はげ)しく叫(さけ)んで、「十字架(じゅうじか)につけよ」と言(い)った。[マルコによる福音書 15:14]
> (빌라도는 말했다. "그 사람이 도대체 어떤 나쁜 짓을 했느냐?" 그러자, 그들은 더욱 더 격하게 소리를 지르고, "십자가에 매달아라!"라고 말했다.[15:14])

[1]いったい[一体] : 도대체. 「一体(いったい)」는 한국어의 「도대체」에 해당하는 부사로 뒤에 의문을 나타내는 말을 수반하여 전혀 이해할 수 없는 기분이나 상대를 비난하는 기분을 표현한다. 그리고 「いったい」의 강조형으로 「一体(いったい)全体(ぜんたい)」가 쓰인다.
[例]わたしは、いったいどうしたらいいんだ。
　　(나는 도대체 어떻게 하면 되지?)
いったい今(いま)何時(なんじ)だと思(おも)っているのだろう、こんなに遅(おそ)く電話(でんわ)をかけたりして。
　　(도대체 지금 몇 시라고 생각하고 있는 걸까? 이렇게 늦게 전화를 걸다니.)
先輩方(せんぱいがた)の話(はなし)を聞(き)いて、「いったい何(なに)が出世(しゅっせ)のポイントなんだろうか。」と考(かんが)えてみた。
　　(선배 분들의 이야기를 듣고 「도대체 무엇이 출세의 포인트일까?」라고 생각해 보았다.)
いったい、わたしはどんな相手(あいて)と結婚(けっこん)すればいいんだろうかと真剣(しんけん)に考(かんが)えたこともあったんだよ。
　　(도대체 나는 어떤 상대와 결혼하면 좋은지 진지하게 생각한 적도 있어.)
一体(いったい)全体(ぜんたい)どうしたの。

(도대체 어떻게 된 거야?)

<u>一体(いったい)全体(ぜんたい)</u>、彼(かれ)は何(なに)を考(かんが)えてこんなことをしたんだ。

(도대체 그는 무엇을 생각하고 이런 짓을 한 거야?)[29]

[2]悪事(あくじ) : 악사. 나쁜 짓. 흉악한 일.

  [例]彼(かれ)はシヴァ神(しん)の命(めい)を受(う)けて、数千(すうせん)の配下(はいか)を率(ひき)いて人間(にんげん)どもを襲(おそ)い、人間(にんげん)からその精気(せいき)を吸(す)い取(と)るといった<u>悪事(あくじ)</u>をしていました。

(그는 시바신의 명을 받아, 수천의 부하를 이끌고 인간 무리를 습격하고 인간으로부터 그 정기를 빨아들인다고 하는 나쁜 짓을 하고 있었습니다.)

あなたもわたしと同(おな)じく、仏教(ぶっきょう)に帰依(きえ)して、仏教(ぶっきょう)の信者(しんじゃ)に<u>悪事(あくじ)</u>をしないでほしいの…。

(당신도 나와 마찬가지로 불교에 귀의하여 불교 신자에게 나쁜 짓을 하지 않으면 좋겠어요.)

[3]いっそう[一層(いっそう)] : 한층 더. 더욱더. =「さらに」「ますます」

  [例]化粧(けしょう)をすると<u>一層(いっそう)</u>美(うつく)しく見(み)える。

(화장을 하니 한층 더 아름답게 보인다.)

それゆえにこそ私(わたし)は<u>一層(いっそう)</u>焦立(あせりた)たせられた。

(그런 까닭에 나는 한층 더 초조해졌다.)

入試制度(にゅうしせいど)が変(か)わり、その結果(けっか)、前(まえ)より<u>いっそう</u>受験生(じゅけんせい)の負担(ふたん)が増(ふ)えることになった。

(입시제도가 바뀌고, 그 결과 전보다도 한층 더 수험생의 부담이 늘게 되었다.)

今年(ことし)もサービスの<u>一層(いっそう)</u>の充実(じゅうじつ)を図(はか)り、皆様(みなさま)に信頼(しんらい)され、お役(やく)に立(た)てる協会(きょうかい)として

---

29) 李成圭等著(1997)『홍익일본어독해2』홍익미디어. p. 83에서 인용하여 일부 수정.

職員(しょくいん)一同(いちどう)業務(ぎょうむ)に精励(せいれい)いたしますので、引(ひ)き続(つづ)きましてのご指導(しどう)ご支援(しえん)をお願(ねが)い申(もう)し上(あ)げます。
(올해도 가일층 서비스에 진력해서 여러분의 신뢰를 받고 도움이 될 수 있도록 협회 직원 일동 업무에 정려할 생각이오니 한결 같은 지도와 지원을 해 주시기를 부탁드립니다.)

---

それで、ピラトは[1]群衆(ぐんしゅう)を満足(まんぞく)させようと思(おも)って、バラバを許(ゆる)してやり、イエスを[2]鞭打(むちう)ったのち、十字架(じゅうじか)につけるために引(ひ)き渡(わた)した。[マルコによる福音書 15:15]
(그래서 빌라도는 군중을 만족시키려고 생각하여 바라바를 사면해 주고, 예수를 채찍질한 다음 십자가에 매달기 위해 넘겨주었다.[15:15])

---

[1]群衆(ぐんしゅう)を満足(まんぞく)させようと思(おも)って : 군중을 만족시키려고 생각하여. 「満足(まんぞく)する」의 사역인 「満足(まんぞく)させる」에 화자의 의지를 나타내는 「~ようと思(おも)う」가 접속된 것.

[例]他(た)の行事(ぎょうじ)についても、子(こ)どもの生活(せいかつ)にムリがないように参加(さんか)させようと思(おも)っています。
(다른 행사에 관해서도 아이들의 생활에 무리가 없도록 참가시키려고 생각하고있습니다.)

朝食(ちょうしょく)を変化(へんか)させようと思(おも)って、白和(しらあ)えやヌタを作(つく)るんですが、主人(しゅじん)はお気(き)に召(め)さないようです。
(조식에 변화를 주려고 생각하여, 시라아에[음식명]와 누타[음식명]을 만듭니다만, 남편은 마음에 드시지 않는 것 같습니다.)

それで息子(むすこ)自身(じしん)を矯正(きょうせい)したり劇的(げきてき)に変

化(へんか)させようと思(おも)っている訳(わけ)ではない。全(すべ)てはアドバイスにすぎない。

(그래서 아들 자신을 교정하거나 극적인 변화를 주려고 생각하고 있는 것은 아니다. 모든 것은 충고에 지나지 않는다.)

[2]鞭打(むちう)つ: ①채찍질하다. ②채찍을 가하다. ③격려하다. 지도 편달하다.

[例]続(つづ)いて、奴隷(どれい)の一団(いちだん)の後方(こうほう)に行(い)って、落後者(らくごしゃ)の足首(あしくび)を強(つよ)く鞭打(むちう)った。

(계속해서 노예 무리의 후방에 가서 낙오자의 발목을 세게 채찍질했다.)

せいぜい女(おんな)を鞭打(むちう)ったり縛(しば)ったりして、女(おんな)が恐(おそ)れおののく表情(ひょうじょう)や涙(なみだ)や哀願(あいがん)、叫(さけ)び声(ごえ)、血(ち)のにじんだ尻(しり)を見(み)ているだけで充分(じゅうぶん)だったのです。

(기껏해야 여자를 채찍질하거나 묶거나 해서 여자가 무서워서 벌벌 떠는 표정이나 눈물, 애원, 외치는 소리, 피가 밴 엉덩이를 보고 있는 것만으로 충분했던 것입니다.)


《106》[マルコによる福音書 15:16 - 15:19]

兵士(へいし)たちはイエスを、[1]邸宅(ていたく)、すなわち[2]総督(そうとく)[3]官邸(かんてい)の内(うち)に連(つ)れて行(い)き、[4]全部隊(ぜんぶたい)を[5]呼(よ)び集(あつ)めた。[マルコによる福音書 15:16]
(병사들은 예수를 저택, 즉 총독 관저 안에 데리고 가서 전 부대를 불러 모았다.[15:16])

[1]邸宅(ていたく): 저택.

[2] 総督(そうとく) : 총독.

[3] 官邸(かんてい) : 관저.

[4] 全部隊(ぜんぶたい) : 전 부대.

[5] 呼(よ)び集(あつ)める : 불러 모으다. 복합동사 「呼(よ)び＋集(あつ)める」

　[例] 地元(じもと)の百姓(ひゃくしょう)を呼(よ)び集(あつ)めても千人(せんにん)ほど増(ふ)えるだけであった。

　(그 지역의 농민들을 불러 모아도 천 명 정도 늘 뿐이었다.)

　指導的(しどうてき)な教養人(きょうようじん)たちが、ばらばらの方向(ほうこう)に分散(ぶんさん)していこうとする人材(じんざい)をもう一度(いちど)呼(よ)び集(あつ)めようとしています。

　(지도적인 교양인들이 제각기 다른 방향으로 분산해 가려고 하는 인재를 다시 한 번 불러 모으려고 하고 있습니다.)

---

そして、イエスに[1]紫(むらさき)の衣(ころも)を着(き)せ、[2]いばらの冠(かんむり)を[3]編(あ)んで[4]かぶらせ、[マルコによる福音書 15:17]
(그리고 예수에게 자주색 옷을 입히고, 가시관을 엮어서 씌우고,[15:17])

---

[1] 紫(むらさき)の衣(ころも)を着(き)せる : 자주색 옷을 입히다. 「着(き)せる」는 「着(き)る; 입다」의 복타동사.

　[例] ガウンを着(き)せてソファーに座(すわ)らせると、月子(つきこ)はやっと泣(な)き止(や)んだ。

　(가운을 입히고 소파에 앉히자, 쓰키코는 겨우 울음을 멈추었다.)

　ブランド物(もの)の洋服(ようふく)を着(き)せ、よい学校(がっこう)へ通(かよ)わせ、子(こ)どもは親(おや)にとって消費財(しょうひざい)へと転化(てんか)する。

　(브랜드 옷을 입히고 좋은 학교에 다니게 하고 아이는 부모의 입장으로서 소비재로 전화한다.)

[2]いばらの冠(かんむり) : 가시관.

[3]編(あ)む : 엮다. 겯다. 뜨다.

[例]少(すこ)し時間(じかん)が余(あま)る時(とき)には必(かなら)ず毛糸(けいと)を出(だ)してきて、小(ちい)さな靴下(くつした)やケープを編(あ)む。

(조금 시간이 남을 때에는 반드시 털실을 꺼내 와서 작은 양말이나 케이프를 뜬다.)

[4]かぶらせる : 씌우다. 「かぶる ; 쓰다」의 복타동사.

[例]外国(がいこく)では子供(こども)に紫外線(しがいせん)よけの帽子(ぼうし)をかぶらせるという。

(외국에서는 아이들에게 자외선 막이 모자를 씌운다고 한다.)

児童(じどう)、幼児(ようじ)に自転車用(じてんしゃよう)ヘルメットをかぶらせるように勤(つと)めなければならない。

(아동, 유아에게 자전거용 안전모를 씌우도록 노력해야 한다.)

**[복타동사와 사역]**

「見(み)る」「着(き)る」등의 일부 타동사의 경우, 다른 타동사와는 달리 동사의 사역형 이외에 사역의 의미를 내포한 소위「복타동사(複他動詞)」가 존재한다. 두 형식은 형태는 달리하지만, 의미적으로 상호 근접되어 있다. 이로 인해 양자의 사용상의 구별과 의미·용법상의 차이가 문제가 된다.

[例](1a)わたしにもたまにはいい夢(ゆめ)を見(み)させてください。

(제게도 가끔은 좋은 꿈을 꾸게 해 주세요.)

(1b)社長(しゃちょう)は私(わたし)に社内秘資料(しゃないひしりょう)を見(み)せて、説明(せつめい)した。

(사장님은 내게 사내 비밀 서류를 보여주며 설명했다.)

「見(み)る」의 경우 (1a)의 「見(み)させる」(사역형) 이외에도 (1b)의 「見(み)せる」와 같은 복타동사(사역동사)가 있어, 양자의 사용 실태 및 의미 용법상의 차이가 문제가 된다. 사역형 「見させる」는 [～に～を見(み)るようにさせる(～에게 ～을 보도록 시키다)]의 뜻으로 사역주가 [대상으로 하여금 어떤 것을 보게끔 하다]의 의미를 나타낼 때 쓰이고, 「見せる」는 [～에게 ～을 보여 주다]의 뜻으로 사역주의 행위에 중점이 놓일 때 쓰인다. 그런데, 이와 같은 의미적 차이는 인정되지만, 양자 사이에 의미의 차가 미미하다 보니, 실제 사용에 있어서는 복타동사인 「見せる」쪽의 사용빈도가 높다. 또한 개인차도 존재하여, 「見(み)せる」만을 쓰고, 「見(み)させる」를 쓰지 않는 사람도 있는데, 이 경우 (1a)의 노래 가사를 어떻게 해석할지 궁금하다. 그리고 타동사 「着(き)る」도 복타동사 「着(き)せる」와 사역형 「着(き)させる」가 모두 가능하고, 자동사 「寝(ね)る」도 복타동사 「寝(ね)かす」와 사역형 「寝(ね)させる」가 둘 다 가능하다.

[例] (2a) まだ自分(じぶん)で着(き)られないので、赤(あか)ん坊(ぼう)に服(ふく)を<u>着(き)せ</u>た。

　　　(아직 혼자서 옷을 입을 수 없어서 갓난아이에게 옷을 입혔다.)

　　(2b) 母親(ははおや)は「自分(じぶん)で着(き)なさい」と言(い)って、子供(こども)に服(ふく)を<u>着(き)させ</u>た。

　　　(어머니는 「네가 입어라」라며, 아이에게 옷을 입게 했다.)

　　(3a) うちの娘(むすめ)は人形(にんぎょう)に着物(きもの)を<u>着(き)せ</u>て遊(あそ)んでいます。

　　　(우리 집 딸은 인형에게 옷을 입히고 놀고 있습니다.)

　　(3b) ×うちの娘は人形に着物を<u>着(き)させ</u>て遊んでいます。

　　　(우리 집 딸은 인형에게 옷을 입히고 놀고 있습니다.)

(4a) 夜(よる)は子供を寝(ね)かした後(あと)、自分(じぶん)の仕事(しごと)をします。

(밤에는 아이를 재운 다음에 내 일을 합니다.)

(4b) 寝(ね)たがらない子(こ)を{寝(ね)かす・寝(ね)させる}のに、一苦労(ひとくろう)しました。

(안 자려고 하는 아이를 {재우는・자게 하는} 데에 상당히 애를 먹었습니다.)

먼저 「着(き)せる」와 「着(き)させる」의 쓰임을 살펴보면, (2a)(2b)와 같이 피사역주가 사람과 같은 유생명사인 경우에는 「着せる」「着させる」 둘 다 가능하지만, (3a)(3b)와 같이 피사역주가 무생명사인 경우에는 복타동사인 「着せる」는 가능하나 사역형인 「着させる」는 허용되지 않는다. 왜냐하면 「着させる」는 [~로 하여금 ~ 하게 하다]의 의미를 나타내기 때문에, 그 대상은 반드시 스스로 무엇인가를 할 수 있는 능력의 소유자, 즉 유생명사(有生名詞)가 와야 하기 때문이다. (4a)의 「寝(ね)かす」, (4b)의 「寝(ね)かす」「寝(ね)させる」도 이에 준해 해석할 수 있다.[30]

「ユダヤ人(じん)の王(おう)、[1]万歳(ばんざい)」と言(い)って[2]敬礼(けいれい)を[3]しはじめた。[マルコによる福音書 15:18]

("유대인의 왕, 만세!"라고 하며 경례를 하기 시작했다.[15:18])

[1] 万歳(ばんざい) : 만세. 「万歳(ばんざい)三唱(さんしょう) ; 만세 삼창」
[2] 敬礼(けいれい)をする : 경례를 하다.

[例] 松坂(まつざか)はさっと敬礼(けいれい)をすると、背(せ)を向(む)けて行(い)ってしまった。

(마쓰자카는 재빠르게 경례를 하자, 돌아서서 가 버렸다.)

---

30) 李成圭・権善和(2004b) 『일본어 조동사 연구Ⅱ』 不二文化. pp. 74-76에서 인용하여 일부 수정.

歌(うた)いながら党員(とういん)が街(まち)に入(はい)ってくると、子供(こども)や女性(じょせい)、老人(ろうじん)たちがナチ式(しき)の敬礼(けいれい)をする。
(노래하면서 당원들이 거리에 들어서자, 아이들과 여성, 노인들이 나치식의 경례를 한다.)

[3]しはじめる:「する」에 개시상의 후항동사「〜はじめる」가 결합된 복합동사.

[例]ライカーが何(なに)を話(はな)すのか、なぜ唐突(とうとつ)に自分(じぶん)の話(はなし)をしはじめたのか、彼女(かのじょ)にはわからなかった。
(라이카가 무엇을 이야기하는지, 왜 당돌하게 자기 이야기를 하기 시작했는지 그녀는 알 수 없었다.)

自由党(じゆうとう)と改進党(かいしんとう)は、互(たが)いに攻撃(こうげき)をしはじめ、また、自由党(じゆうとう)の内部(ないぶ)でも分裂(ぶんれつ)が起(お)こり、いがみあいがはじまった。
(자유당과 개진당은 서로 공격을 하기 시작하고 또 자유당 내부에서도 분열이 일어나서 반목이 시작되었다.)

---

また、[1]葦(あし)の棒(ぼう)でその頭(あたま)をたたき、唾(つばき)をかけ、[2]ひざまずいて[3]拝(おが)んだりした。[マルコによる福音書 15:19]
(또 갈대 몽둥이로 그 머리를 때리고 침을 뱉고 무릎을 꿇고 배례하거나 했다.[15:19])

---

[1]葦(あし)の棒(ぼう):갈대로 만든 몽둥이.
[2]ひざまずく[跪く]:무릎을 꿇다.

[例]贈(おく)り物(もの)を持(も)ってやってきた東方(とうほう)の三賢人(さんけんじん)は聖母子(せいぼし)の前(まえ)にひざまずく。
(선물을 들고 찾아온 동방의 삼현인은 성모자 앞에 무릎을 꿇는다.

神(かみ)は「ヤコブよ。イスラエルよ」と切(せつ)に叫(さけ)ばれます。イスラエル

が偶像(ぐうぞう)の前(まえ)にひざまずく存在(そんざい)ではなく、神(かみ)の尊(とうと)い御心(みこころ)をなすしもべであることを宣言(せんげん)されます。

(하나님은「야곱아. 이스라엘아.」하고 간절히 외치십니다. 이스라엘이 우상 앞에 무릎을 꿇는 존재가 아니라 하나님의 고귀한 마음을 행하는 종이라는 것을 선언하십니다.)

[3] 拝(おが)む : 공손히 절하다. 합장 배례하다. 몸을 굽혀 절하다.

[例] 人(ひと)が創造主(そうぞうしゅ)である神(かみ)の上(うえ)に立(た)ったり、治(おさ)める動物(どうぶつ)や自然(しぜん)を拝(おが)んだりすることはその秩序(ちつじょ)の破壊(はかい)を意味(いみ)します。

(사람이 창조주인 하나님의 위에 서거나 다스리는 동물이나 자연을 배례하거나 하는 것은 그 질서의 파괴를 의미합니다.)

ヤーウェとともにバアルやアシュトレトその他(た)の神々(かみがみ)を同等(どうとう)に拝(おが)んだり、これらの神々(かみがみ)の性格(せいかく)をヤーウェの中(なか)に混入(こんにゅう)したりして、緩和(かんわ)なり補強(ほきょう)なりをはかったのである。宗教史的(しゅうきょうしてき)には、融合(ゆうごう)の発展的(はってんてき)展開(てんかい)と見(み)ることもできる。

(야훼와 함께 바알과 아스다롯 기타 신들을 동등하게 배례하거나 이들 신들의 성격을 야훼 속에 혼입하거나 해서 완화 내지 보강을 꾀한 것이다. 종교사적으로는 융합의 발전적 전개로 볼 수도 있다.)

《107》 [マルコによる福音書 15:20 - 15:22]

こうして、イエスを[1][2]嘲弄(ちょうろう)したあげく、[3]紫(むらさき)の衣(ころも)を剥(は)ぎ取(と)り、元(もと)の[4]上着(うわぎ)を着(き)せた。それから、彼(かれ)らはイエスを十字架(じゅうじか)につけるために[5]引(ひ)き出(だ)し

> た。[マルコによる福音書 15:20]
> (이렇게 예수를 조롱한 끝에 자주색 옷을 벗기고 원래의 겉옷을 입혔다. 그리고 그들은 예수를 십자가에 매달기 위해 끌어냈다.[15:20])

[1]嘲弄(ちょうろう)する: 조롱하다.
　[例]自分(じぶん)の知恵(ちえ)を嘲弄(ちょうろう)するために、自分(じぶん)の愚(おろ)かさを人々(ひとびと)に知(し)らしめること。
　(자신의 지혜를 조롱하기 위해 자신의 우둔함을 사람들에게 알리게 할 것.)
　彼(かれ)は私(わたし)を嘲弄(ちょうろう)したのです! 私(わたし)は彼(かれ)が暴力(ぼうりょく)をふるった両替人(りょうがえにん)のほうを指(ゆび)さしました。
　(그는 나를 조롱했습니다. 나는 그가 폭력을 휘두른 환전상 쪽을 손가락으로 가리켰습니다.)

[2]嘲弄(ちょうろう)したあげく: 조롱한 끝에. 「挙(あ)げ句(く)」는 「여러 가지 해 본 결과, 결국은」의 뜻을 나타내는 말인데, 일반적으로 좋지 않은 결과가 되는 경우에 사용한다. 본문과 같이 동사의 과거형에 「~あげく」가 접속하여 쓰이면 한국어의「~한 끝」에 해당한다.
　[例]さんざん言(い)い合(あ)った揚句(あげく)、けんかした。
　(심하게 말다툼한 끝에 싸웠다.)
　いろいろ難癖(なんくせ)をつけたあげく、何(なに)も買(か)わずに帰(かえ)った。
　(여러 가지 트집을 잡은 끝에 아무 것도 사지 않고 돌아갔다.)
　真夜中(まよなか)にサンドウィッチを作(つく)らされたあげく、名前(なまえ)を嘲笑(あざわら)われてみれば、考(かんが)えも変(か)わるだろう。
　(한밤중에 샌드위치를 만들어야 했고 종국에 이름을 조소당해 보면 생각도 달라질 것이다.)

[3]紫(むらさき)の衣(ころも)を剥(は)ぎ取(と)る: 자주색 옷을 벗기다.「剥(は)ぎ取(と)る」는 복합동사로 ①[벗겨내다·떼어내다], ②[입고 있는 의복이나 소지품을

빼앗다]의 뜻을 나타낸다.

[例]お互(たが)いに相手(あいて)の着(き)ているものを剥(は)ぎ取(と)りながら、裸(はだか)同士(どうし)でぶつかり合(あ)う世界(せかい)になっていくのです。

(상호 상대가 입고 있는 것을 벗기면서 서로 알몸으로 부딪히는 세계가 됩니다.)

[4]上着(うわぎ)を着(き)せる : 겉옷을 입히다.

[例]男(おとこ)の子(こ)の洋服(ようふく)は何(なに)を着(き)せたらいいですか。

(남자 아이의 옷은 무엇을 입히면 좋겠습니까?)

[5]引(ひ)き出(だ)す : 꺼내다. 끌어내다. 복합동사「引(ひ)き＋出(だ)す」

[例]そして彼(かれ)をつかまえて、ぶどう園(えん)の外(そと)に引(ひ)き出(だ)して殺(ころ)した。[口語訳 / マタイによる福音書 21:39]

(그리고 그를 잡아, 포도원 밖으로 끌어내어 죽였다.)[마태복음 21:39]

彼(かれ)を市外(しがい)に引(ひ)き出(だ)して、石(いし)で打(う)った。これに立(た)ち合(あ)った人(ひと)たちは、自分(じぶん)の上着(うわぎ)を脱(ぬ)いで、サウロという若者(わかもの)の足(あし)もとに置(お)いた。[口語訳 / 使徒行伝 7:58]

(그를 성 밖으로 끌어내어 돌로 쳤다. 이것에 입회한 사람들은 자기 겉옷을 벗어 사울이라는 청년의 발 앞에 두었다.)[사도행전7:58]

[1]そこへ、アレキサンデルとルポスとの父(ちち)シモンというクレネ人(びと)が、郊外(こうがい)から来(き)て[2]通(とお)りかかったので、人々(ひとびと)はイエスの十字架(じゅうじか)を[3]無理(むり)に負(お)わせた。[マルコによる福音書 15:21]

(알렉산더와 루포의 아버지인 시몬이라고 하는 구레네 사람이 교외에서 그곳에 와서 지나갔기 때문에, 사람들은 예수의 십자가를 강제로 지게 했다.[15:21])

[1]そこへ : 전체를 하나의 접속사 상당어구로 간주할 경우에는「그때에」에 해당하고,「そこ+へ」와 같이 분석할 경우에는「郊外(こうがい)から[そこへ]来(き)て」와 같은 문의 성분이 도치한 것으로 해석할 수도 있는데 여기에서는 후자의 입장을 따랐다.

[2]通(とお)りかかる : 우연히 그 곳을 지나가다. 마침 지나가다. 복합동사「通(とお)り+かかる」

[例]アパートの前(まえ)を通(とお)りかかるまで、私(わたし)は学校(がっこう)の敷地内(しきちない)から一歩(いっぽ)も外(そと)に出(で)ていない。
(집 앞을 우연히 지나갈 때까지 나는 학교 부지 내에서 한 발자국도 밖으로 나오지 않았다.)

いくら人通(ひとどお)りの少(すく)ない道(みち)だといっても、まだ真夜中(まよなか)というほど遅(おそ)い時間(じかん)ではない。誰(だれ)かが通(とお)りかかるかもしれない、と、克子(かつこ)は気(き)が気(き)でなかった。
(아무리 사람의 왕래가 적은 길이라고 하더라도 아직 한밤중이라고 할 정도로 늦은 시간은 아니다. 누군가가 지나갈지도 모른다고 가쓰코는 걱정이 되어서 안절부절 못했다.)

[3]無理(むり)に : 억지로. 강제로.

[例]食(た)べたくないのに無理(むり)に食(た)べる必要(ひつよう)はまったくない。
(먹고 싶지 않은데 억지로 먹을 필요는 전혀 없다.)

お昼寝(ひるね)をしてもすぐ起(お)きてしまうのでしたら、無理(むり)にお昼寝(ひるね)させる必要(ひつよう)は無(な)いかと思(おも)います。
(낮잠을 자도 금방 깨서 일어난다면 억지로 낮잠을 자게 할 필요는 없지 않은가 생각합니다.)

[4]負(お)わせる : 지우다. 지게 하다.「負(お)う」의 사역.

[例]彼(かれ)らが出(で)て行(い)くと、シモンという名(な)のクレネ人(びと)に出会(であ)ったので、イエスの十字架(じゅうじか)を無理(むり)に負(お)わせた。[口語訳 /

マタイによる福音書 27:32]

(그들이 나가자, 시몬이라는 이름의 구레네 사람을 만나서, 예수의 십자가를 강제로 지게 하였다.)[마태복음 27:32]

そこで言(い)われた、「あなたがた律法(りっぽう)学者(がくしゃ)も、わざわいである。負(お)い切(き)れない重荷(おもに)を人(ひと)に負(お)わせながら、自分(じぶん)ではその荷(に)に指(ゆび)一本(いっぽん)でも触(ふ)れようとしない。[口語訳 / ルカによる福音書]

(그러자 말씀하셨다. "너희 율법학자도 화가 있을 것이다. 다 질 수 없는 무거운 짐을 사람에게 지우면서, 스스로는 그 짐에 손가락 하나도 대려고 하지 않는다.)[누가복음 11:46]

> そしてイエスをゴルゴタ、その意味(いみ)は、[1]されこうべ、という所(ところ)に連(つ)れて行(い)った。[マルコによる福音書 15:22]
> (그리고 예수를 골고다, 그 의미는「비바람을 맞아 뼈만 남은 해골」이라는 곳에 데리고 갔다.[15:22])

[1]されこうべ[髑髏] : 촉루. 비바람을 맞아 뼈만 남은 해골.


《108》[マルコによる福音書 15:23 - 15:24]

> そしてイエスに、[1]没薬(もつやく)を[2]混(ま)ぜたぶどう酒(しゅ)を[3]差(さ)し出(だ)したが、[4]お受(う)けにならなかった。[マルコによる福音書 15:23]
> (그리고 예수에게 몰약을 탄 포도주를 내밀었지만, [예수께서는] 받지 않으셨다.[15:23])

[1]没薬(もつやく) : 몰약.
[2]混(ま)ぜる : 넣어 섞다. 혼합하다. 타다. 타동사. 자동사에는「混(ま)じる ; 섞이다」와「混(ま)ざる ; 섞이다」가 있다.
[3]差(さ)し出(だ)す : 내밀다. 복합동사「差(さ)し+出(だ)す」
   [例]私(わたし)は、令子(れいこ)の方(ほう)へ缶(かん)ビールを差(さ)し出(だ)した。
      (나는 레이코에게 캔 맥주를 내밀었다.)
      優希(ゆうき)は、うなずき、手(て)にあったライターを差(さ)し出(だ)した。
      (유키는 고개를 끄덕이고 손에 있던 라이터를 내밀었다.)
[4]お受(う)けにならなかった : 받지 않으셨다.「受(う)ける」의 ナル형 경어「お受(う)けになる」의 부정「お受(う)けにならない」의 과거.
   [例]どうしてそれを、お受(う)けにならないんですか。
      (어째서 그것을 받지 않으십니까?)
      兄上(あにうえ)は魚(さかな)がお好(す)きでいらっしゃるのに、お受(う)けにならないのはどうしてですか。
      (오라버니께서는 생선을 좋아하시는데, 받지 않으시는 것은 어째서입니까?)

---

それから、イエスを十字架(じゅうじか)につけた。そして[1]くじを引(ひ)いて、だれが何(なに)を取(と)るかを[2][3]定(さだ)めたうえ、イエスの[4]着物(きもの)を分(わ)けた。[マルコによる福音書 15:24]
(그러고 나서 예수를 십자가에 매달았다. 그리고 제비를 뽑아서 누가 무엇을 가질 것인가를 정한 다음, 예수의 옷을 나누어 가졌다.[15:24])

---

[1]くじ[籤]を引(ひ)く : 제비를 뽑다. 추첨을 하다.
   [例]こうして、イエスを十字架(じゅうじか)につけてから、彼らはくじを引(ひ)いて、イエスの着物(きもの)を分(わ)け、[口語訳 / マタイによる福音書 27:35]そこにすわって、イエスの見張(みは)りをした。[口語訳 / マタイによる福音書 27:36]

(이렇게 해서 예수를 십자가에 매달고 나서, 그들은 제비를 뽑아서, 예수의 옷을 나누어 가지고, 거기에 앉아 예수를 지키고 있었다.)[마태복음 27:35-36]

[2]定(さだ)める : 정하다. 결정하다.

[3]定(さだ)めたうえ : 정한 다음. 정하고 나서.「～上(うえ)」는 형식명사로 쓰여 ①「相談(そうだん)した上(うえ)で返事(へんじ)する ; 의논하고 나서 답장하다」와 같이 동사의 과거형이나, ②「知的(ちてき)探検家(たんけんか)の努力(どりょく)の上(うえ)に現代(げんだい)科学(かがく)は築(きず)かれている ; 지적 탐험가의 노력의 결과, 현대과학은 구축되어 있다」와 같이 명사에 접속하여「～한 다음·～고 나서·～한 결과」에 상당하는 뜻을 나타낸다.

[例]彼(かれ)を見(み)つけたうえ、アンテオケに連(つ)れて帰(かえ)った。ふたりは、まる一年(いちねん)、ともどもに教会(きょうかい)で集(あつ)まりをし、大(おお)ぜいの人々(ひとびと)を教(おし)えた。このアンテオケで初(はじ)めて、弟子(でし)たちがクリスチャンと呼(よ)ばれるようになった。[口語訳 / 使徒行伝 11:26]

(그를 찾고 나서 안디옥에 데리고 돌아왔다. 두 사람은 만 1년 동안 같이 교회에서 모임을 가지고 많은 사람을 가르쳤다. 이 안디옥에서 처음으로 제자들이 크리스천이라고 불리게 되었다.)[사도행전 11:26]

ヘロデはペテロを捜(さが)しても見(み)つからないので、番兵(ばんぺい)たちを取(と)り調(しら)べたうえ、彼(かれ)らを死刑(しけい)に処(しょ)するように命(めい)じ、そして、ユダヤからカイザリヤにくだって行(い)って、そこに滞在(たいざい)した。[口語訳 / 使徒行伝 12:19]

(헤롯은 베드로를 찾아도 찾을 수가 없자, 경비병을 취조한 다음, 그들을 사형에 처하도록 명하고, 유대에서 가이사랴로 내려가서, 거기에 체재했다.)[사도행전 12:19]

[4]着物(きもの)を分(わ)ける : 옷을 나누다. 옷을 나누어 가지다.

## 《109》[マルコによる福音書 15:25 - 15:28]

> イエスを十字架(じゅうじか)につけたのは、[1]朝(あさ)の九時(くじ)ごろであった。[マルコによる福音書 15:25]
> (예수를 십자가에 매단 것은 아침 9시경이었다.[15:25])

[1]朝(あさ)の九時(くじ)ごろであった : 아침 9시경이었다. 「であった」는 「〜だ」의 문어체인「である」의 과거형.
　　[例]これが彼(かれ)としての最初(さいしょ)の経験(けいけん)であった。
　　　　(이것이 그로서의 최초의 경험이었다.)
　　　　その大部分(だいぶぶん)は、女性(じょせい)・子供(こども)を含(ふく)む非戦闘員(ひせんとういん)であった。
　　　　(그 대부분은 여성・아이를 포함하는 비전투원이었다.)

> イエスの[1]罪状書(ざいじょうが)きには「ユダヤ人(じん)の王(おう)」と、[2]記(しる)してあった。[マルコによる福音書 15:26]
> (예수의 죄상을 적은 패에는 "유대인의 왕"이라고 적혀 있었다.[15:26])

[1]罪状書(ざいじょうが)き : 죄상을 적은 패.
　　[例]そしてローマの権力(けんりょく)は、からかい半分(はんぶん)に「ユダヤ人の王(おう)」という罪状書(ざいじょうが)きをその傍(かたわ)らに置(お)いた。
　　　　(그리고 로마 권력은 반 조롱조로 「유대인의 왕」이라는 죄상을 적은 패를 그 옆에 두었다.)
[2]記(しる)してある : 적혀 있다. 「타동사＋てある」로 결과의 상태를 나타낸다.
　　[例]そこには「碁(ご)を覚(おぼ)えたのは、役人(やくにん)になってから」と記(しる)してあった。

(거기에는 「바둑을 배운 것은 관리가 되고 나서」라고 적혀 있었다.)
核実験(かくじっけん)を行(おこな)うことを許可(きょか)したときに、彼(かれ)らが使(つか)った実験場(じっけんじょう)の地図(ちず)には、「無人(むじん)」と記(しる)してあった。
(핵실험을 행하는 것을 허가했을 때에 그들이 사용한 실험장의 지도에는 「무인」이라고 적혀 있었다.)

> また、[1]イエスと共(とも)に二人(ふたり)の強盗(ごうとう)を、一人(ひとり)を右(みぎ)に、一人(ひとり)を左(ひだり)に、十字架(じゅうじか)につけた。[マルコによる福音書 15:27]
> (또 예수와 함께 강도 두 사람을, 한 사람을 오른쪽에, 한 사람을 왼쪽에 십자가에 매달았다.[15:27])

[1]イエスと共(とも)に : 예수와 함께. 「〜と共(とも)に」는 공동격조사인 「〜と」에 「共(とも)に」가 결합한 복합조사로 한국어의 「〜과 함께・〜와 더불어」에 상당하는 뜻을 나타낸다. 「〜と共(とも)に」는 「〜と一緒(いっしょ)に ; 〜와 함께」의 문장체적 표현인데, 「〜につれて ; 〜함에 따라」「〜に従(したが)って ; 〜함에 따라」와 마찬가지로 명사나 동사의 연체형에 접속되어 두 개 이상의 동작・작용・변화 등을 별개의 존재로 파악하지 않고 서로 상관관계에 있다는 것을 나타낼 때 쓰는 형식이다.

1. 「AはBと共(とも)に{〜する・〜だ} ; A는 B와 함께 {〜하다・〜이다}」의 문형에서 뒤에 동작성 술어가 오는 경우에는 「동시동작」을, 상태성 술어가 오는 경우에는 「동시성」을 나타낸다.
   [例]今回(こんかい)は社長(しゃちょう)と共(とも)に、出張(しゅっちょう)することになった。

(이번에는 사장님과 함께 출장가게 되었다.)

彼(かれ)の死(し)と共(とも)に、犯行(はんこう)の動機(どうき)は永久(えいきゅう)の謎(なぞ)となった。

(그의 죽음과 더불어 범행 동기는 영구 수수께끼가 되었다.)

貿易(ぼうえき)収支(しゅうし)の赤字(あかじ)と共(とも)に、対日(たいにち)感情(かんじょう)は以前(いぜん)よりさらに悪化(あっか)したらしい。

(무역 수지 적자와 함께 대일 감정은 전보다 더욱 악화된 것 같다.)

緩(ゆる)やかな景気(けいき)回復(かいふく)と共(とも)に、株式(かぶしき)指数(しすう)が上昇(じょうしょう)してきた模様(もよう)です。

(완만한 경기 회복과 함께 주식지수가 상승하기 시작한 모양입니다.)

入社(にゅうしゃ)した喜(よろこ)びと共(とも)に、社会人(しゃかいじん)としての責任(せきにん)を強(つよ)く感(かん)じるこのごろです。

(입사한 즐거움과 함께 사회인으로서의 책임을 강하게 느끼는 요즘입니다.)

2. 「AはBすると共(とも)に~する」와 같이 B에 동사술어가 쓰일 경우에는 「A는 B함에 따라 ~하다」의 뜻을 나타내는데, 유어(類義) 표현으로는 「~につれて; ~함에 따라. ~와 함께」「~に従(したが)って; ~함에 따라」「~に伴(ともな)って; ~함에 따라」 등이 있다.

[例] 年(とし)を取(と)ると共(とも)に、体(からだ)がだんだん弱(よわ)ってきた。

(나이가 들어감에 따라 몸이 점점 약해졌다.)

滞在(たいざい)期間(きかん)が長(なが)くなると共(とも)に、語学力(ごがくりょく)も向上(こうじょう)した。

(체재 기간이 길어짐에 따라 어학실력도 향상되었다.)

わたしはこれらの欅(けやき)を眺(なが)めるたびに、自然(しぜん)のありのままの姿(すがた)を感(かん)じると共(とも)に、人間(にんげん)相互(そうご)の信

頼(しんらい)と友情(ゆうじょう)をこれらの欅(けやき)が受(う)け継(つ)いでいるように思(おも)えてなりません。

(나는 이들 느티나무를 바라볼 때마다 자연의 있는 그 대로의 모습을 느끼면서 동시에 인간 상호간의 신뢰와 우정을 이들 느티나무가 이어 받고 있는 것 같은 생각이 들어 견딜 수 없었습니다.)

終身(しゅうしん)雇用制(こようせい)は、年功序列(ねんこうじょれつ)という賃金制度(ちんぎんせいど)と共(とも)に存在(そんざい)しているから、年齢(ねんれい)がすすむと共(とも)に給料(きゅうりょう)が増(ま)し、それと共(とも)に地位(ちい)が上(あ)がる。

(종신 고용제는 연공서열이라고 하는 임금제도와 함께 존재하고 있기 때문에 연령이 많아질수록 급료가 늘고, 그것과 더불어 지위도 올라간다.)

3. 「AはB(である)と共(とも)にCだ ; A는 B임과 동시에 C이다」와 같이 B에 「である」가 쓰일 경우에는 A가 B, C의 속성이나 특징을 동시에 지니고 있다는 것을 나타낸다.

[例] 当地(とうち)は真珠(しんじゅ)の養殖場(ようしょくじょう)であると共(とも)に、観光地(かんこうち)としても有名(ゆうめい)だ。

(이 지방은 진주 양식장임과 동시에 관광지로서도 유명하다.)

彼(かれ)は勇敢(ゆうかん)な人物(じんぶつ)であると共(とも)に、心(こころ)の優(やさ)しい西部(せいぶ)の男(おとこ)でもあった。

(그는 용감한 인물임과 동시에 마음씨 착한 서부의 사나이이기도 했다.)[31]

---

31) 李成圭等著(1996)『홍익나가누마 일본어3 해설서』홍익미디어. pp. 365-366에서 인용하여 일부 수정함.

〔こうして、「彼(かれ)は罪人(つみびと)たちの一人(ひとり)に[1]数(かぞ)えられた」と[2]書(か)いてある[3]言葉(ことば)が[3]成就(じょうじゅ)したのである。〕[マルコによる福音書 15:28]
(이렇게 해서 "그는 죄인들 중의 한 사람으로 열거되었다"고 쓰여 있는 말씀이 성취된 것이다[15:28])

[1]数(かぞ)えられる : 세어지다. 간주되다. 열거되다. 「数(かぞ)える ; 세다」의 수동.

[2]書(か)いてある : 쓰여 있다. 「타동사＋てある」로 결과의 상태를 나타낸다.

[3]言葉(ことば)が成就(じょうじゅ)した : 말씀이 성취되었다. 말씀이 이루어졌다. 이 때의 「成就(じょうじゅ)する」는 자타양용동사의 자동사 용법으로 쓰인 것이다.

[例]みなさんは今(いま)片思(かたおも)いをしていますか? どうすればこの片思(かたおも)いが成就(じょうじゅ)するのか日々(ひび)悩(なや)んでいるという人(ひと)も多(おお)いでしょう。
(여러분은 지금 짝사랑을 하고 있습니까? 어떻게 하면 이 짝사랑이 이루어질까 날마다 고민하고 있다고 하는 사람도 많겠지요.)

後(あと)に残(のこ)ったのは、ただ、ある仕事(しごと)をして、それが円満(えんまん)に成就(じょうじゅ)したときの、安(やす)らかな得意(とくい)と満足(まんぞく)とがあるばかりである。
(나중에 남은 것은 그냥 어떤 일을 하고 그것이 원만하게 성취되었을 때의 편안한 득의양양과 만족이 있을 뿐이다.)

### ⟨110⟩ [マルコによる福音書 15:29 - 15:32]

> そこを通(とお)りかかった者(もの)たちは、[1][2]頭(あたま)を振(ふ)りながら、イエスを[3]罵(ののし)って言(い)った、「ああ、[4]神殿(しんでん)を打(う)ちこわして三日(みっか)のうちに建(た)てる者(もの)よ、[マルコによる福音書 15:29]
> (거기를 지나가던 사람들은 머리를 흔들면서 예수를 욕하며 말했다. "아, 성전을 부수고 사흘 만에 짓겠다는 사람아,[15:29])

[1]頭(あたま)を振(ふ)る : 머리를 흔들다.
　[例]あまりにも恐(おそ)ろしくて、正浩(まさひろ)は慌(あわ)てて頭(あたま)を振(ふ)る。
　　(너무나도 무서워서 마사히로는 당황해서 머리를 흔든다.)

[2]頭(あたま)を振(ふ)りながら : 머리를 흔들면서. 본문에서는 「〜ながら」가 동시진행의 용법으로 쓰이고 있다.
　[例]政治(せいじ)教育(きょういく)担当(たんとう)将校(しょうこう)は頭(あたま)を振(ふ)りながら、中(なか)に入(はい)り、自分(じぶん)の書類(しょるい)に没頭(ぼっとう)した。
　　(정치 교육 담당 장교는 머리를 흔들면서 안에 들어가서 자기 서류에 몰두했다.)
　ときどき顔(かお)をあげて、頭(あたま)を振(ふ)りながら、わたしを見(み)つめる。まるで自分(じぶん)の目(め)が信(しん)じられないとでもいうかのように。
　　(이따금 얼굴을 들고, 머리를 흔들면서 나를 응시한다. 마치 자기 눈을 믿을 수 없다고 하는 식으로.)

[3]罵(ののし)る : 욕을 퍼부으며 떠들다. 매도(罵倒)하다.
　[例]彼(かれ)らは自分(じぶん)の知(し)りもしないことを罵(ののし)っている。
　　(그들은 자기가 알지도 못하는 것을 욕하고 있다.)
　いつも私(わたし)を罵(ののし)ってばかりいる人(ひと)がどうした風(かぜ)の吹

(ふ)き回(まわ)しでしょう。

(언제나 나를 매도하기만 하는 사람이 {어인 일인가요·무슨 바람이 불었나요}.)

[4] 神殿(しんでん)を打(う)ちこわす : 성전을 {파괴하다·(때려) 부수다·허물다}. 복합동사「打(う)ちこわす[打ち壊す]」의 예를 들면 다음과 같다.

[例] 現代(げんだい)の文明(ぶんめい)は、それに先立(さきだ)つ文明(ぶんめい)を打(う)ち壊(こわ)し、その古(ふる)い文明(ぶんめい)に付随(ふずい)していた古(ふる)い文化(ぶんか)をも覆(くつがえ)すことによって誕生(たんじょう)したのです。

(현대 문명은 그것에 앞선 문명을 파괴하고 그 옛날 문명에 부수된 옛 문화도 뒤집어엎음으로써 탄생한 것입니다.)

私(わたし)たちの敵(てき)は、私たちを神(かみ)から離(はな)れさせ、私たちの信仰(しんこう)を打(う)ち壊(こわ)し、私たちを神(かみ)に反抗(はんこう)させようとします。

(우리들 적은 우리들을 하나님으로부터 멀어지게 하고, 우리들 신앙을 파괴하고 우리를 하나님에게 반항하게 하려고 합니다.)

---

[1] 十字架(じゅうじか)から下(お)りて来(き)て自分(じぶん)を[2]救(すく)え」。
[マルコによる福音書 15:30]
(십자가에서 내려와서 자신을 구원하라."[15:30])

---

[1] 十字架(じゅうじか)から下(お)りて来(く)る : 십자가에서 내려오다.「下(お)りて来(く)る」는「下(お)りる ; 내려오다」에 접속조사「〜て」를 매개로 하여「来(く)る ; 오다」가 접속된 것.

[例] はしごを伝(つた)って下(お)りて来(き)た連中(れんちゅう)を、父(ちち)は迎(むか)え受(う)けて殴(なぐ)りました。

(사다리를 타고 내려온 무리를 아버지는 기다리고 있다가 때렸습니다.)

> イエスは、その場所(ばしょ)に来(こ)られるとき、上(うえ)を見(み)あげて言(い)われた、「ザアカイよ、急(いそ)いで下(お)りて来(き)なさい。きょう、あなたの家(いえ)に泊(と)まることにしているから」。[口語訳 / ルカによる福音書 19:5]
> (예수께서 그 곳에 오셨을 때, 위를 쳐다보고 말씀하셨다. "삭개오야, 서둘러 내려오너라. 오늘, 네 집에 묵기로 했으니까.")[누가복음 19:5]

[2]救(すく)え : 구하라. 구원하라. 「救(すく)う」의 명령형.

　[例]我(わ)が組織(そしき)を叩(たた)き潰(つぶ)して、彼(かれ)を救(すく)え。

　　　(우리 조직 때려 부수고 그를 구하라.)

> 祭司長(さいしちょう)たちも同(おな)じように、律法(りっぽう)学者(がくしゃ)たちと一緒(いっしょ)になって、[1]代(か)わる代(が)わる嘲弄(ちょうろう)して言(い)った、「他人(たにん)を救(すく)ったが、[2]自分自身(じぶんじしん)を救(すく)うことができない。[マルコによる福音書 15:31]
> (제사장들도 마찬가지로 율법학자들과 함께 번갈아 가며 조롱하며 말했다. "남은 구원했지만 자기 자신을 구원하지 못하는구나."[15:31])

[1]代(か)わる代(が)わる : 번갈아 가며. 교대로.

　[例]車(くるま)を代(か)わる代(が)わる[に]、運転(うんてん)した。

　　　(차를 번갈아 가며 운전했다.)

　　代(か)わる代(が)わる出(で)て歌(うた)を歌(うた)う。

　　　(교대로 나가서 노래를 부르다.)

　　雨(あめ)が降(ふ)っている部分(ぶぶん)と降(ふ)っていない部分(ぶぶん)とが代(か)わる代(が)わる見(み)られた。

　　　(비가 오고 있는 부분과 오지 않는 부분이 번갈아 가며 보였다.)

[2]自分(じぶん)自身(じしん) : 자기 자신. 반조대명사(反照代名詞)로「自分(じぶん) ; 자기」를 강조한 말씨.

[例]自分自身(じぶんじしん)で反省(はんせい)してみる。

(스스로 반성해 보다.)

変(へん)だと思(おも)ったら、自分自身(じぶんじしん)で確(たし)かめてみなさい。
(이상하다고 생각하면 자기 자신이[직접] 확인해 봐라.)

例(たと)えば、信用(しんよう)できる人物(じんぶつ)を見(み)つけたければ、まず自分自身(じぶんじしん)が信頼(しんらい)される人物(じんぶつ)にならなければならない。
(예를 들어 믿을 수 있는 인물을 찾고 싶으면, 먼저 자기 자신이 신뢰받는 인물이 되어야 한다.)

---

[1]イスラエルの王(おう)キリスト、今(いま)十字架(じゅうじか)から[2]下(お)りてみるがよい。[3]それを見(み)たら信(しん)じよう」。また、一緒(いっしょ)に[4]十字架(じゅうじか)につけられた者(もの)たちも、イエスを罵(ののし)った。
[マルコによる福音書 15:32]
(이스라엘의 왕 그리스도, 지금 십자가에서 내려와 봐라. 그것을 보면 믿겠다."또 함께 십자가에 매달린 자들도 예수를 매도했다.[15:32])

---

[1]イスラエルの王(おう)キリスト : 이스라엘의 왕 그리스도. 예수를 비아냥거리는 말.

[2]下(お)りてみるがよい : 내려와 보는 것이 좋다. 내려와 봐라. 「下(お)りてみる[동사의 연체법]＋が＋よい」가 명령의 의미로 쓰이고 있는데, 「동사의 연체형＋が{よい・いい}」는 고풍스러운 말씨로 현대어에서는 문어적 표현으로 쓰이거나 관용적인 표현에 남아 있다.

[例]何(なに)か訊(き)きたいことがある者(もの)は訊(き)くがよい。
(뭐 묻고 싶은 것이 있는 사람은 물어라.)

完全(かんぜん)な人間(にんげん)になりたかったら、出(で)かけていってもてるものを売(う)り、得(え)たお金(かね)は貧乏人(びんぼうにん)にほどこすがよい。そ

うすれば、天国(てんごく)で財宝(ざいほう)を手(て)にすることになろう。
(완전한 사람이 되고 싶다면, 나가서 가지고 있는 것을 팔고 얻은 돈은 가난한 사람에게 베풀어라. 그렇게 하면, 천국에서 재보를 얻게 될 것이다.)
決起(けっき)の日取(ひど)りは追(お)って知(し)らせる。楽(たの)しみに待(ま)つがよい。
(결기의 일정은 추후에 알리겠다. 고대하며 기다려라.)
苦(くる)しむときに苦(くる)しむがよい。悩(なや)むときには徹底(てってい)して悩(なや)むがよい。迷(まよ)うときにはとことんまで迷(まよ)うがよい。だが、どんなに苦(くる)しみ迷(まよ)うても、自殺(じさつ)だけはせぬがよい。
(괴로울 때는 괴로워해라. 고민할 때는 철저하게 고민해라. 갈피를 못 잡을 때는 끝까지 갈피를 못 잡아라. 그러나 아무리 괴롭고 갈피를 못 잡아도 자살만은 하지 마라.)
選挙侯(せんきょこう)は僕(ぼく)に何(なに)ができるかを知(し)らないのです。ミュンヒェンのあらゆる音楽家(おんがくか)を呼(よ)んでくるが良(よ)い。イタリア、フランス、ドイツ、スペインの音楽家(おんがくか)を幾人(いくにん)も呼(よ)ぶがよい。僕(ぼく)はどんな人(ひと)とだってひけをとらぬと信(しん)じています!」
(선거후[12~13세기 이후 독일 국왕의 선거권을 갖는 제후]는 내가 무엇을 할 수 있는지를 모릅니다. 뮌헨의 모든 음악가를 불러와라. 이탈리아, 프랑스, 독일, 스페인의 음악가를 몇 명도 불러라. 나는 어떤 사람이라도 뒤지지 않는다고 믿고 있습니다.)
汝(なんじ)の子孫(しそん)は、奴隷(どれい)の奴隷(どれい)となるがよい。兄弟(きょうだい)の奴隷(どれい)となるがよい。
(네 자손은 노예의 노예가 되라. 형제의 노예가 되라.)

病人(びょうにん)を癒(いや)し、死人(しにん)をよみがえらせ、らい病人(びょうにん)をきよめ、悪霊(あくれい)を追(お)い出(だ)せ。ただで受(う)けたのだから、た

だで与(あた)えるがよい。[口語訳 / マタイによる福音書 10:8]

(환자를 고쳐 주고, 죽은 사람을 다시 살리며, 나병 환자를 깨끗하게 하며, 귀신을 내쫓아라. 거저 받은 것이니, 그냥 주어라.)[마태복음 10:8]

それからイエスは群衆(ぐんしゅう)を呼(よ)び寄(よ)せて言(い)われた、「聞(き)いて悟(さと)るがよい。[口語訳 / マタイによる福音書 15:10]

(그러고 나서 예수께서 군중을 가까이 불러 말씀하셨다. "듣고 깨달아라.)[마태복음 15:10]

御霊(みたま)も花嫁(はなよめ)も共(とも)に言(い)った、「きたりませ」。また、聞(き)く者(もの)も「きたりませ」と言(い)いなさい。かわいている者(もの)はここに来(く)るがよい。いのちの水(みず)がほしい者(もの)は、価(あたい)なしにそれを受(う)けるがよい。[口語訳 / ヨハネの黙示録 22:17]

(성령과 신부가 함께 말했다. "오십시오!" 그리고 듣는 사람도 "오십시오!" 하고 말하라. 목이 마른 사람은 여기에 와라. 생명의 물을 원하는 사람은 거저 그것을 받아라.) [요한계시록 22:17]

天気(てんき)が良(よ)ければ、降(お)りてみるが良(よ)し。

(날씨가 좋으면 내려와서 봐라.)

[3] それを見(み)たら信(しん)じよう : 그것을 보면 믿겠다. 「見(み)たら」는 「〜たら」에 의한 가정조건. 「信(しん)じよう」는 「信(しん)ずる・信(しん)じる」의 미연형 「信(しん)じ」에 의지의 「〜よう」가 접속된 것.

[例] 今(いま)すぐ十字架(じゅうじか)から降(お)りるがいい。それを見(み)たら、信(しん)じてやろう。

(지금 당장 십자가에서 내려와라. 그것을 보면 믿어 주겠다.)

あぁいいよ。おまえさんの言葉(ことば)を信(しん)じよう。

(아, 됐어. 네 말을 믿겠다.)

夫(おっと)などいないと前(まえ)に言(い)ったはずよ。それなのに、あなたは私(わたし)の言葉(ことば)を信(しん)じようとはしなかった。

(남편 같은 것 없다고 전에 틀림없이 말했잖아. 그런데도 당신은 내 말을 믿으려고 하지는 않았다.)

[4] 十字架(じゅうじか)につけられる : 십자가에 매달리다. 「つけられる」는 「つける」의 수동.

[例] 主(しゅ)はわたしたちのために十字架(じゅうじか)につけられ、死者(ししゃ)の中(なか)から復活(ふっかつ)された。アレルヤ。

(주께는 우리를 위해 십자가에 매달리고 죽은 자 가운데에서 다시 살아나셨다. 알렐루야!)

ユダヤ人(じん)はしるしを求(もと)め、ギリシア人(じん)は知恵(ちえ)を探(さが)しますが、わたしたちは十字架(じゅうじか)につけられたキリストを宣(のべ)べ伝(つた)えています。

(유대인은 표징을 구하고, 그리스인은 지혜를 찾습니다만, 우리들은 십자가에 매달린 그리스도를 전파하고 있습니다.)


## ((111)) [マルコによる福音書 15:33 - 15:41]

昼(ひる)の[1]十二時(じゅうにじ)になると、全地(ぜんち)は暗(くら)くなって、[2]三時(さんじ)に及(およ)んだ。[マルコによる福音書 15:33]

(낮 열두 시가 되자, 온 땅이 어두워지고 세 시까지 계속되었다.[15:33])

[1] 十二時(じゅうにじ)になると : 열두 시가 되자. 열두 시가 되었을 때. 「なると」의 「〜

と」는 기정조건의 용법으로 쓰이고 있다. 「~と」에는 소위 「기정조건(既定条件; きていじょうけん)」 또는 연속(連続)을 의미하는 용법이 있다. 기정조건이란 앞문장의 동작이 끝나고 나서 뒷문장의 동작이 시작되는 것을 의미하는데, 대개 「その時(とき); 그때」 또는 「~してすぐ; ~하고 나서」에 상당하는 뜻을 나타낸다.

[例] 男(おとこ)は目覚(めざ)まし時計(どけい)を止(と)めると、またベッドへ戻(もど)った.
  (남자는 자명종 시계를 끄고 다시 침대로 돌아갔다.)
  わたしは、東京駅(とうきょうえき)へ着(つ)くと、その足(あし)で会社(かいしゃ)へ向(む)かった.
  (나는 도쿄역에 도착한 다음 그 발로 회사를 향했다.)
  彼(かれ)は受話器(じゅわき)を置(お)くと、ため息(いき)をついた.
  (그는 수화기를 내려놓고 한숨을 쉬었다.)

「~と」에 의한 기정조건은 일반적으로 앞 문장(前件)과 뒤의 문장(後件)의 주어가 동일한 경우가 많고 의지적 동작을 나타낸다. 문말의 술어는 보통 과거형이 일반적이지만, 시나리오의 경우에는 현재형도 쓰인다.

[例] 義男(よしお)は、手(て)をふくと、ギターを手(て)に取(と)る.
  (요시오는 손을 닦고 기타를 손에 쥔다.)

이때 전건(前件)과 후건(後件)의 주어가 동일할 경우에는 접속조사 「~て」로, 주어가 다를 경우에는 「~たら」로의 치환이 가능하다.

[例] 彼女(かのじょ)は部屋(へや)に{入(はい)ると・入(はい)って}、窓(まど)を開(あ)けた.
  (그녀는 방에 들어가서 창문을 열었다.)
  朝(あさ){起(お)きると・起(お)きて}、すぐシャワーを浴(あ)びる.
  (아침에 일어나서 곧장 샤워를 한다.)
  食事(しょくじ)を{していると・していたら}、急(きゅう)にぐらっと揺(ゆ)れた.
  (식사를 하고 있을 때 갑자기 확 하고 집이 흔들렸다.)

部屋(へや)に{いると・いたら}、外(そと)で車(くるま)の止(と)まる音(おと)がした.
(방에 있었는데 밖에서 차가 멈추는 소리가 났다.)[32]

[2]三時(さんじ)に及(およ)んだ : 세 시까지 이르렀다.「及(およ)ぶ」는 「〜に及(およ)ぶ」와 같이 쓰여 「(〜까지) 미치다[이르다]」의 뜻을 나타낸다.

[例]総務(そうむ)常任(じょうにん)委員会(いいんかい)が深夜(しんや)にまで及(およ)んだ。
(총무상임위원회가 심야에까지 이르렀다.)

ある朝(あさ)の会議(かいぎ)は特(とく)に長(なが)くかかり延々(えんえん)午後(ごご)にまで及(およ)んだ。
(어느 아침 회의는 특히 장장 오래 걸려서 오후에까지 이르렀다.)

> そして、三時(さんじ)にイエスは大声(おおごえ)で、「[1]エロイ、エロイ、ラマ、サバクタニ」と[2]叫(さけ)ばれた。それは「わが神(かみ)、わが神(かみ)、どうしてわたしを[3]お見捨(みす)てになったのですか」という意味(いみ)である。
> [マルコによる福音書 15:34]
> (그리고 세 시에 예수께서는 큰 소리로 "엘로이 엘로이 레마 사박다니?"라고 부르짖으셨다. 그것은 "나의 하나님, 나의 하나님, 어찌하여 저를 버리셨습니까?"라는 의미이다.[15:34])

[1]엘로이 엘로이 레마 사박다니 : 마태복음의「엘리 엘리 라마 사박다니」는 히브리어 음역(音訳)이고 마가복음의「엘로이 엘로이 레마 사박다니」는 아람어라는 주장이 있지만 사실이 아니다. 두 표기 모두 "하느님·하나님이나 신"이라는 의미인 단어 "엘"에 1인칭 소유격 접미사 - 이를 붙여 "엘리"로 발음되었을 것인데 마가복음에서 "엘로이"라고 음차(音借)된 것도 실제로는 "엘리"로

---

32) 李成圭·権善和(2006d)『현대일본어 문법연구Ⅲ』시간의몰레. pp. 193-195에서 인용하여 일부 수정.

발음되었던 것의 다른 표기법일 뿐이다. 그리스어는 기원 전후 1세기 무렵에 모음 추이(母音推移 ; vowel shift)를 겪었고 이때 -i가 포함된 이중모음들이 /i/ 발음으로 통합되는 현상이 발생했으며, 이것을 [이오타화(iotacism)]라고 이른다. 즉 eli라고 쓰든 eloi라고 썼든 실제 발음은 /eli/였을 것. 또한 '사박다니'는 히브리어일 수가 없다. '(שבק)šbq' 어근(語根)은 히브리어에 없는 아람어의 어근으로서 히브리어라면 '(עזב)ʻzb' 어근이 사용되어 '아자브타니(עֲזַבְתָּנִי)'가 되어야 할 것이다. šabaqta는 2인칭 단수 남성 완료형으로 "(네가) 저 버렸다", 그 뒤의 -ni는 1인칭 단수 목적어 "나를"이 된다.[33]

[2]叫(さけ)ばれる : 외치시다. 부르짖으시다. 「叫(さけ)ぶ」의 レル형 경어.
　[例]神(かみ)はイスラエルのすべての罪(つみ)を赦(ゆる)し、彼(かれ)らを贖(あがな)ったことを宣言(せんげん)され、「わたしに帰(かえ)れ」と叫(さけ)ばれます。
　(하나님께서는 이스라엘의 모든 죄를 사하고 그들을 속죄한 것을 선언하시고,「나에게 돌아와라」고 외치십니다.)

　イエスは大声(おおごえ)で叫(さけ)ばれた。「父(ちち)よ、わたしの霊(れい)を御手(みて)にゆだねます。」こう言(い)って息(いき)を引(ひ)き取(と)られた。[新共同訳 / ルカによる福音書 23:46]
　(예수께서는 큰소리로 부르짖으시고 "아버지여, 내 영혼을 아버지의 손에 맡깁니다." 이렇게 말하고, 숨을 거두셨다.)[누가복음 23:46]

[3]お見捨(みす)てになったのですか : 버리셨습니까? 「見捨(みす)てる ; 버리다. 내버리다」의 ナル형 경어 「お見捨(みす)てになる」의 과거 「お見捨(みす)てになった」에 「～のですか」가 접속된 것.

---

33) 나무위키 https://namu.wiki/w/엘리 엘리 라마 사박다니 [2. 언어적 해설]
　https://namu.wiki/w/%EC%97%98%EB%A6%AC%20%EC%97%98%EB%A6%AC%20%EB%9D%BC%EB%A7%88%20%EC%82%AC%EB%B0%95%EB%8B%A4%EB%8B%88에서 인용하여 일부 수정.

[例]言(い)い換(か)えれば、偶像(ぐうぞう)礼拝(れいはい)だけをしている人(ひと)、自分(じぶん)にとって都合(つごう)のいい神(かみ)しか信(しん)じなくて、その神(かみ)をわが神(かみ)と呼(よ)んでいる人(ひと)にとって、「わが神(かみ)、わが神(かみ)、なぜわたしをお見捨(みす)てになったのですか」という嘆(なげ)きや祈(いの)りは生(う)まれてこないと言(い)えるのです。

(표현을 달리하면 우상 예배만을 하고 있는 사람, 자기에게 편한 신밖에 믿지 않고 그 신을 나의 하나님이라고 부르는 사람에게 "나의 하나님, 나의 하나님, 어찌하여 저를 버리셨습니까?"라는 한탄과 기도는 생겨나지 않는다고 할 수 있습니다.)

すると、そばに立(た)っていたある人々(ひとびと)が、これを聞(き)いて言(い)った、「[1]そら、エリヤを呼(よ)んでいる」。[マルコによる福音書 15:35]
(그러자, 옆에 서 있던 어떤 사람들이 이것을 듣고 말했다. "봐라! 엘리야를 부르고 있다."[15:35])

[1]そら、エリヤを呼(よ)んでいる : 봐라! 엘리야를 부르고 있다. 「そら」는 속어에서 주의를 촉구할 때 등에 쓰는 감동사로 「봐라·자」에 상당한다.

  [例]そら、バスが来(き)た。

    (봐라! 버스가 왔다.)

    そら、見(み)ろ。

    (자, 봐라!)

    そら、打(う)つぞ。

    (자, 친다.)

    そら、行(い)け。

    (자, 가!)

> [1]一人(ひとり)の人(ひと)が[2]走(はし)って行(い)き、[3]海綿(かいめん)に[4]酢(す)い[5]ぶどう酒(しゅ)を含(ふく)ませて[6]葦(あし)の棒(ぼう)につけ、イエスに[7]飲(の)ませようとして言(い)った、「[8]待(ま)て、エリヤが彼(かれ)を[9]下(お)ろしに来(く)る[10]かどうか、[11]見(み)ていよう」。[マルコによる福音書 15:36]
> (어떤 한 사람이 달려가서 해면에 신 포도주를 푹 적셔서 갈대에 매달아 예수에게 마시게 하려고 하면서 말했다. "기다려라! 엘리야가 그를 내려주려고 올지 어떨지 지켜보자."[15:36])

[1]一人(ひとり)の人(ひと) : 한 사람. 어떤 한 사람.

　[例]一人(ひとり)の人(ひと)と長(なが)く付(つ)き合(あ)えないのが悩(なや)みです。

　　　(어떤 한 사람과 오랫동안 사귈 수 없는 것이 고민입니다.)

[2]走(はし)って行(い)く : 달려가다.

　[例]皆(みな)歯(は)を食(く)いしばって走(はし)って行(い)きました。

　　　(다들 이를 악물고 달려갔습니다.)

[3]海綿(かいめん) : 해면. 예수께서 십자가에 달렸을 때 신 포도주를 적셔 마시게 했던 갯솜(막 15:36). 개역한글판은 '해융'이라 했다.[34]

[4]酸(す)い : 시다.

[5]ぶどう酒(しゅ)を含(ふく)ませる : 포도주를 푹 적시다.

　[例]砂(すな)の見分(みわ)け方(かた)は簡単(かんたん)。砂(すな)に水(みず)を含(ふく)ませて、手(て)で握(にぎ)ってみる。

　　　(모래를 구별하는 방식은 간단. 모래에 물을 적셔 손으로 쥐어 본다.)

　　　意識(いしき)の戻(もど)った状態(じょうたい)のときにビールを含(ふく)ませたスポンジを父(とう)さんの口(くち)に近(ちか)づけて「はい、ビール」と言(い)って差

---

34) 라이프성경사전.
　　https://terms.naver.com/entry.nhn?docId=2397242&cid=50762&categoryId=51387에서 인용.

(さ)し出(だ)した。

(의식이 돌아온 상태일 때, 맥주를 적신 스폰지를 아버지 입에 가까이 대고「자, 맥주입니다」라고 하고 내밀었다.)

[6] 葦(あし)の棒(ぼう)につける : 갈대에 매달다.

[7] 飮(の)ませる : 마시게 하다.「飮(の)む」의 사역.

[例]「頼(たの)む。飮(の)ませてくれよ」というお客(きゃく)さまが、だんだんと来(く)るようになった。

(「부탁이야. 술 좀 먹게 해줘」이라고 하는 손님이 점점 오게 되었다.)

サマリアの女(おんな)が水(みず)を汲(く)みに来(き)た。イエスは、「水(みず)を飮(の)ませてください」と言(い)われた。

(사마리아 여자가 물을 길러 왔다. 예수께서는「물 좀 먹게 해 주세요」라고 말씀하셨다.)

[8] 待(ま)て : 기다려라.「待(ま)つ」의 명령형.

[9] 下(お)ろしに来(く)る : 내려주러 오다. 동작의 목적을 나타내는 구문.「下(お)ろし+に+来(く)る」

[10] ～かどうか : ～인지 어떤지. ～일지 어떨지.「～かどうか」는「～か、そうではないか」즉, 한국어의「～인지 어떤지(현재 상태)・～일지 어떨지(미래 사실)」에 해당하는 말로 화자의 불확실한 판단을 나타내는 표현이다. 그리고「～かどうか」앞에는 용언의 보통체(기본형)이 오는데, 형용동사나 명사술어의 경우에는「～だ」를 탈락시킨 형태로 쓰이는 것이 일반적이다.「～かどうか」뒤에는 보통「知(し)りません ; 모르겠습니다」「分(わ)かりません ; 모르겠습니다」또는「覚(おぼ)えていません ; 기억이 나지 않습니다」「忘(わす)れました ; 잊었습니다」와 같은 내용의 술어가 온다. 한국어의「모릅니다・모르겠습니다」에 대해 일본어는「知(し)りません」과「分(わ)かりません」이 대응하는데,「知(し)りません」은 그것에 대한 지식이 전혀 없다는 의미를 나타내고,「分(わ)かりません」은 그것에 대해 자세히 알고 있지 않다는 뉘앙스를 내포하고 있기 때문에,

동일한 상황에서는 「知りません」보다는 「分かりません」쪽을 쓰는 것이 부드러운 느낌을 준다.

1. 「동사의 현재형＋かどうか」

    [例] A : あしたの会議(かいぎ)に彼(かれ)も出(で)ますか。

    (내일 회의에 그 사람도 나옵니까?)

    B : さあ、出(で)るかどうか知(し)りません。

    (글쎄요? 나올지 어떨지 모르겠습니다.)

    A : 北海道(ほっかいどう)は三月(さんがつ)になると、暖(あたた)かくなるでしょうか。

    (홋카이도는 3월이 되면 따뜻해질까요?)

    B : そうですね、暖かくなるかどうか分かりません。

    (글쎄요? 따뜻해질지 어떨지 모르겠습니다.)

    A : これと同(おな)じ種類(しゅるい)のものはありますか。

    (이것과 같은 종류의 것은 있습니까?)

    B : さあ、似(に)たような物(もの)はありますが、これと同(おな)じものがあるかどうか知(し)りませんね。

    (글쎄요? 비슷한 것은 있습니다만, 이것은 같은 것이 있는지 어떤지 모르겠네요.)

2. 「동사의 과거형＋かどうか」

    「～かどうか」가 동사의 과거형에 접속되어 쓰일 때는 「～たかどうか」의 형태가 된다.

    [例] A : 代理店(だいりてん)から帰(かえ)って来(き)た時(とき)は、手形(てがた)と

小切手(こぎって)は確(たし)かに鞄(かばん)の中(なか)にありましたか。

(대리점에서 돌아왔을 때는 어음과 수표는 틀림없이 가방 안에 있었습니까?)

B : さあ、かばんの中に<u>あったかどうか</u>知りません。

(글쎄요? 가방 안에 있었는지 어떤지 모르겠습니다.)


A : きのう、歓迎会(かんげいかい)の後(あと)、鈴木(すずき)部長(ぶちょう)は家(いえ)にまっすぐ帰(かえ)ったでしょうかね。

(어제 환영회가 끝난 후 스즈키 부장님은 곧장 돌아갔을까요?)

B : 酒好(さけず)きの部長(ぶちょう)ですから、まっすぐ帰(かえ)<u>ったかどうか</u>分(わ)かりませんね。

(술을 좋아하는 부장이니까, 곧장 돌아갔는지 어떤지 모르겠어요.)


3. 「가능동사＋かどうか」

[例] A : 中山(なかやま)さん、週末(しゅうまつ)の登山(とざん)へ行(い)けますか。

(나카야마 씨, 주말 등산에 갈 수 있습니까?)

B : <u>行(い)けるかどうか</u>、あとで電話(でんわ)でお知(し)らせしましょう。

(갈 수 있을지 어떨지 나중에 전화로 알려드리겠습니다.)


A : この会社(かいしゃ)は上役(うわやく)も全部(ぜんぶ)コンピューターが打(う)てますか。

(이 회사는 상사들도 전부 컴퓨터를 칠 수 있습니까?)

B : さあ、みんな<u>打(う)てるかどうか</u>分(わ)かりません。

(글쎄요? 다들 칠 수 있는지 어떤지 모르겠습니다.)


A : 最近(さいきん)の若(わか)い主婦(しゅふ)は、キムチが作(つく)れますか。

(요즘 젊은 주부는 김치를 만들 수 있습니까?)

　　B：さあ、どうでしょうか。みんながみんな作(つく)れるかどうかは分(わ)かりませんね。

　　　(글쎄요? 어떨까요? 모든 사람들이 다 만들 수 있을지 어떨지는 모르겠어요.)

4.「형용사＋かどうか」

　　[例]A：あそこはここから遠(とお)いですか。

　　　(거기는 여기에서 멉니까?)

　　B：遠(とお)いかどうか分(わ)かりません。

　　　(먼지 어떤지 모르겠습니다.)


　　A：この店(みせ)は高(たか)いですか。

　　　(이 가게는 비쌉니까?)

　　B：まだ入(はい)ったことがないから、高(たか)いかどうか分(わ)かりません。

　　　(아직 들어간 적이 없어서 비싼지 어떤지 모르겠습니다.)


　　A：コアラはオーストラリアでも珍(めずら)しいですか。

　　　(코알라는 호주에서도 희귀한 동물입니까?)

　　B：さあ、実際(じっさい)見(み)たことがないから、珍(めずら)しいかどうか知(し)りませんね。

　　　(글쎄요? 실제로 본 적이 없어서 희귀한 동물인지 어떤지 모르겠군요.)


　　A：このケーキ、おいしいですか。

　　　(이 케이크, 맛있습니까?)

　　B：そうですね。食(た)べてみないと、おいしいかどうか分(わ)かりませんね。

(글쎄요? 먹어 보지 않으면 맛있는지 어떤지 모르겠어요.)

5.「형용사의 과거＋かどうか」

「～かどうか」가 형용사의 과거형에 접속할 때는「～かったかどうか」의 형태를 취한다.

[例]A : きのうの店(みせ)は高(たか)かったですか。

(어제 가게는 비쌌습니까?)

B : 私(わたし)が払(はら)っていないから、高(たか)かったかどうか分(わ)かりません。

(제가 돈을 내지 않아서 비쌌는지 어떤지 모르겠습니다.)

A : 小学校(しょうがっこう)の時(とき)、勉強(べんきょう)は易(やさ)しかったですか。

(초등학교 때 공부는 쉬웠습니까?)

B : とうの昔(むかし)のことだから、易(やさ)しかったかどうか忘(わす)れました。

(아주 옛날 일이라서 쉬웠는지 어떤지 잊었습니다.)

6.「형용동사＋かどうか」

「～かどうか」는 형용동사에 연결될 때는 일반적으로「静(しず)かだ＋かどうか → 静(しず)かかどうか」와 같이 어미「～だ」를 탈락시키고 어간에 접속된다.

[例]A : スミスさんのお宅(たく)の近所(きんじょ)は静(しず)かですか。

(스미스 씨 댁 근처는 조용합니까?)

B : さあ、静(しず)かかどうかよく分(わ)かりません。

(글쎄요? 조용한지 어떤지 모르겠습니다.)

A : 京都(きょうと)市内(しない)は賑(にぎ)やかですか。

(교토 시내는 번화합니까?)

B : 最近(さいきん)は、行(い)っていないから、賑(にぎ)やかかどうか分(わ)かりません。

(최근에는 가지 않아서 번화한지 어떤지 모르겠습니다.)

A : 李(イー)さんは、馬刺(ばさ)しは好(す)きですか。

(이승민 씨는「바사시(말 육회」는 좋아합니까?)

B : 一緒(いっしょ)に食(た)べたことがないから、好(す)きかどうか分(わ)かりません。

(함께 먹은 적이 없어서 좋아할지 어떨지 모르겠습니다.)

A : 村山(むらやま)さんの妹(いもうと)さんはきれいですか。

(무라야마 씨 여동생은 아름답습니까?)

B : さあ、お会(あ)いしたことがまだないから、きれいかどうか分(わ)かりません。

(글쎄요? 만나 뵌 적이 아직 없어서 아름다운지 어떤지 모르겠습니다.)

7.「형용동사의 과거 + かどうか」

「〜かどうか」가 형용동사의 과거형에 연결될 때는「〜だったかどうか」의 형태를 취한다.

[例] A : この辺(あた)りは昔(むかし)も静(しず)かでしたか。

(이 부근은 옛날에도 조용했습니까?)

B : 昔(むかし)は住(す)んでいなかったから、静(しず)かだったかどうか知(し)りません。

(옛날에는 살지 않았기 때문에 조용했는지 어떤지 모르겠습니다.)

A : みどりさんは子供(こども)の時(とき)から音楽(おんがく)が大好(だいす)きでしたか。

(미도리 씨는 어릴 때부터 음악을 대단히 좋아했습니까?)

B : 大好(だいす)きだったかどうか知(し)りません。

(대단히 좋아했는지 어떤지 모르겠습니다.)

8. 「명사술어＋かどうか」

형용동사와 명사술어는 의미에 있어서는 차이가 있지만, 양자 모두 기본형이 「～だ」로 끝나기 때문에 활용에 있어서는 유사성이 인정된다. 따라서 「～かどうか」가 명사술어에 접속할 때도 형용동사와 마찬가지로 어미 「～だ」는 탈락되는 것이 보통이다.

[例] A : 三上(みかみ)さんは今(いま)も独身(どくしん)ですか。

(미카미 씨는 지금도 독신입니까?)

B : さあ、最近(さいきん)連絡(れんらく)がないから、独身(どくしん)かどうか分(わ)かりません。

(글쎄요? 요즘 연락이 없어서 독신인지 어떤지 모르겠습니다.)

A : 三浦(みうら)さんは鍋(なべ)さんの恋人(こいびと)ですか。

(미우라 씨는 나베 씨 연인입니까?)

B : わたしもその噂(うわさ)は聞(き)きましたが、恋人(こいびと)かどうか分(わ)かりません。

(저도 그 소문은 들었습니다만, 애인인지 어떤지 모르겠습니다.)

A : あした、野球(やきゅう)の試合(しあい)は中止(ちゅうし)ですか。

(내일 야구 시합은 중지입니까?)

B : さあ、ニュースを聞(き)いていないから、中止(ちゅうし)かどうか知(し)りません。

(글쎄요? 뉴스를 듣지 않아서 중지인지 어떤지 모르겠습니다.)

9. 「명사술어의 과거형＋かどうか」

「～かどうか」가 명사술어의 과거형에 연결될 때는 형용동사와 마찬가지로 「～だったかどうか」 형태로 쓰인다.

[例] A : 東京(とうきょう)で入(はい)ったデパートは小田急(おだきゅう)でしたか。

(도쿄에서 들어간 백화점은 오다큐였습니까?)

B : 小田急(おだきゅう)だったどうか覚(おぼ)えていません。

(오다큐이었는지 어떤지 기억나지 않습니다.)

A : 100メートルの世界(せかい)記録(きろく)は何秒(なんびょう)でしたか。

(100미터 세계기록은 몇 초였습니까?)

B : さあ、何秒(なんびょう)だったかどうか忘(わす)れました。

(글쎄요? 몇 초였는지 어떤지 잊었습니다.)[35]

[11] 見(み)ていよう : 보고 있자. 지켜보자. 「見(み)ている」에 의지의 「～よう」가 접속된 것.

---

イエスは[1]声(こえ)高(たか)く叫(さけ)んで、[2]ついに[3]息(いき)を引(ひ)き取(と)られた。[マルコによる福音書 15:37]
(예수께서는 소리 높여 부르짖으며 결국 숨을 거두셨다.[15:37])

---

[1] 声(こえ)高(たか)く : 소리 높여.

[例] イザヤやエレミア等々(などなど)の予言者(よげんしゃ)が次第(しだい)に声(こえ)高(たか)く告(つ)げた。

---

35) 李成圭等著(1996) 『홍익나가누마 일본어3 해설서』 홍익미디어. pp. 164-169를 인용하여 일부 수정.

(이사야와 엘레미야 등의 예언자가 점차 소리 높여 고했다.)

友達(ともだち)を声(こえ)高(たか)く呼(よ)んだけれども、何(なん)の返事(へんじ)もありませんでした。

(친구를 소리 높여 불렀지만, 아무런 대답도 없었습니다.)

[2] ついに : 드디어. 마침내. 결국.

[3] 息(いき)を引(ひ)き取(と)られる : 숨을 거두시다. 「息(いき)を引(ひ)き取(と)る」의 レル형 경어. 「引(ひ)き取(と)る」는 복합동사 「引(ひ)き + 取(と)る」

 [例] お亡(な)くなりになられました。いま息(いき)を引(ひ)き取(と)られたと記録(きろく)しておきます。

 (돌아가셨습니다. 지금 숨을 거두셨다고 기록해 두겠습니다.)

 ノブコさんは、最期(さいご)はスーッと静(しず)かに息(いき)を引(ひ)き取(と)られました。

 (노부코 씨는 마지막은 쓱 조용하게 숨을 거두셨습니다.)

---

そのとき、神殿(しんでん)の[1]幕(まく)が[2]上(うえ)から下(した)まで[3]真(ま)っ二(ぷた)つに[4]裂(さ)けた。[マルコによる福音書 15:38]
(그때, 성전의 장막이 위에서 아래까지 딱 두 쪽으로 찢어졌다.[15:38])

---

[1] 幕(まく) : 막. 휘장(揮帳). 장막

[2] 上(うえ)から下(した)まで : 위에서 아래까지.

 [例] 丸岡(まるおか)が立(た)ち止(ど)まり、僕(ぼく)の姿(すがた)を上(うえ)から下(した)まで眺(なが)め回(まわ)した。

 (마루오카가 멈추어 서서, 내 모습을 위에서 아래까지 둘러보았다.)

 正二(しょうじ)を上(うえ)から下(した)まで眺(なが)め回(まわ)すと、視線(しせん)を彼(かれ)の顔(かお)へ戻(もど)した。

 (쇼지를 위에서 아래까지 여기저기 둘러보자, 시선을 그의 얼굴로 되돌렸다.)

[3]真(ま)っ二(ぷた)つ : 딱 절반. 딱 두 동강이.

　[例]真(ま)っ二(ぷた)つになる。

　　　(딱 두 동강 나다.)

　　　真(ま)っ二(ぷた)つに切(き)る。

　　　(딱 두 동강[쪽]으로 자르다.)

[4]裂(さ)ける : 찢어지다. 터지다. 갈라지다. 「裂(さ)く[타동사]」에 대한 자동사.

　[例]落雷(らくらい)で大木(たいぼく)が裂(さ)けた。

　　　(벼락으로 큰 나무가 갈라졌다.)

　　　口(くち)が裂(さ)けても言(い)えない。

　　　(입이 찢어져도 말할 수 없다.)

---

イエスに向(む)かって立(た)っていた[1]百卒長(ひゃくそつちょう)は、[2]このようにして息(いき)をひきとられたのを見(み)て言(い)った、「[3]まことに、この人(ひと)は神(かみ)の子(こ)であった」。[マルコによる福音書 15:39]
(예수를 향해 서 있던 백부장은 이와 같이 숨을 거두신 것을 보고 말했다. "정말 이 사람은 하나님의 아들이었다."[15:39])]

---

[1]百卒長(ひゃくそつちょう) : 백부장[百夫長, centurion] 로마 보병 부대의 최소 단위인 백인대(百人隊, 100명으로 구성된 부대)의 지휘관. 신약성경에는 몇 명의 백부장이 소개되고 있다.

　①가버나움의 백부장(마 8:5-13·눅 7:2). 하인의 중풍병 치유를 위해 부하를 예수께 보낸 신실한 자이다. 그는 유대인들이 인정할 만큼 유대인과 유대 종교에 매우 호의적이었다(눅 7:1-10).

　②예수님의 십자가 곁에서 사형 집행을 관리한 백부장. 그는 주변의 조롱하는 무리들과는 달리 예수 그리스도를 '하나님의 아들'이라 고백했다(마

27:54 · 막 15:39 · 눅 23:47).[36]

[2]このようにして : 이와 같이 해서. 이렇게 해서. 지시 부사「このように ; 이와 같이. 이처럼」에「する」의 テ형「して」가 결합하여 전체가 부사화한 말이다. 그리고「そのようにして·あのようにして·どのようにして」과 같이 계열을 이루고 있다.

[例]このようにしてオプション料(りょう)の支払(しはらい)をなくすことができるのです.

(이렇게 해서 옵션료의 지불을 없앨 수 있습니다.)

そのようにして就職(しゅうしょく)活動(かつどう)せずに楽々(らくらく)入社(にゅうしゃ)できる人(ひと)は実際(じっさい)にいます。

(그렇게 해서 취업 활동을 하지 않고 편하게 입사할 수 있는 사람은 실제로 있습니다.)

きっと、多(おお)くの人(ひと)は、あのようにして死(し)んでいくのだ。それは、法(ほう)を犯(おか)したからだ。

(틀림없이 많은 사람들은 그렇게 해서 죽어 간다. 그것은 법을 어겼기 때문이다.)

生命(せいめい)がどのようにして地球上(ちきゅうじょう)に現(あらわ)れたのかについてはよくわかっていない。

(생명이 어떻게 해서 지구상에 나타났는가에 관해서는 잘 알지 못한다.)

[3]まことに[誠に] : 정말.「本当(ほんとう)に」의 정중어.

[例]まことにお世話(せわ)になりました。

(정말 신세를 많이 졌습니다.)

毎度(まいど)ご来店(らいてん)いただきまして、誠(まこと)にありがとうございました。

(매번 저희 가게에 왕림해 주셔서 정말 감사합니다.)

---

36) [네이버 지식백과] 백부장 [百夫長, centurion] (라이프성경사전, 2006. 8. 15., 생명의말씀사) https://terms.naver.com/entry.nhn?docId=2392595&cid=50762&categoryId=51387에서 인용.

先日(せんじつ)はご来店(らいてん)くださいまして、誠(まこと)にありがとうございました。
(지난번에는 저희 가게에 왕림해 주셔서 정말 고마웠습니다.)
お暑(あつ)い中(なか)わざわざお越(こ)しくださいまして、誠(まこと)にありがとうございました。
(더운 데도 불구하고 일부러 왕림해 주셔서 정말 감사합니다.)
誠(まこと)に恐(おそ)れ入(い)りますが、この電話(でんわ)を総務(そうむ)のほうに回(まわ)していただけませんか。
(정말 죄송합니다만, 이 전화를 총무로 돌려주시지 않겠습니까?)

「本当(ほんとう)に:誠(まこと)に」: 부사의 정중어.
일본어는 정중하게 말할 때 어휘와 표현이 바뀌는 것이 있는데, 이 중에서 부사의 예를 들면 다음과 같다.[37]

| 보통어 | 정중어 |
|---|---|
| 今(いま): 지금 | 只今(ただいま): 지금 |
| この間(あいだ): 요전에 | 先日(せんじつ): 지난번에 |
| 今度(こんど): 이번에 | この度(たび): 금번・今回(こんかい): 금번 |
| あとで: 나중에 | 後程(のちほど): 나중에 |
| さっき: 아까 | 先程(さきほど): 조금 전에 |
| すごく: 무척・とても: 매우 | 大変(たいへん): 대단히・非常(ひじょう)に: 대단히 |
| ちょっと: 좀・少(すこ)し: 조금 | 少々(しょうしょう): 약간 |
| 早(はや)く: 일찍 | 早(はや)めに: 일찌감치 |
| 本当(ほんとう)に: 정말로 | 誠(まこと)に: 정말로 |
| すぐ: 곧 | 早速(さっそく): 즉시 |
| どう: 어떻게 | いかが: 어떻게 |
| いくら: 얼마나 | いかほど: 어느 정도・おいくら: 얼마나 |

---

37) 李成圭等著(1996)『홍익나가누마 일본어2 해설서』홍익미디어. pp. 219-220에서 인용.

> また、[1]遠(とお)くの方(ほう)から見(み)ている女(おんな)たちもいた。[2]その中(なか)には、マグダラのマリヤ、小(しょう)ヤコブとヨセとの母(はは)マリヤ、またサロメがいた。[マルコによる福音書 15:40]
> (또 먼 곳에서 보고 있는 여자들도 있었다. 그 중에는 막달라의 마리아, 작은 야고보와 요세의 어머니 마리아, 그리고 살로메가 있었다.[15:40])

[1]遠(とお)くの方(ほう)から ; 먼 곳에서.

[2]その中(なか)には : 그 중에는. 개중에는.

> [例]その中(なか)には、二十九名(にじゅうきゅうめい)のアイヌ民族(みんぞく)の実習生(じっしゅうせい)もいた。
> (그 중에는 29명의 아이누민족의 실습생도 있었다.)
>
> その中(なか)には、いわゆる「中間小説(ちゅうかんしょうせつ)」も含(ふく)まれています。「中間小説(ちゅうかんしょうせつ)」とは、お金(かね)を稼(かせ)ぐために書(か)く、軽(かる)い小説(しょうせつ)です。
> (그 중에는 소위「중간소설」도 포함되어 있습니다.「중간소설」이란 것은 돈을 벌기 위해 쓰는 가벼운 소설입니다.)
>
> 左(ひだり)のハートは、人(ひと)がキリストを受(う)け入(い)れる前(まえ)の心(こころ)の状態(じょうたい)で、その中(なか)には生(う)まれながらの罪(つみ)の性質(せいしつ)があります。
> (왼쪽의 하트는 인간이 그리스도를 받아들이기 전의 마음의 상태로, 그 중에는 태어나면서부터 지닌 죄의 성질이 있습니다.)

[3]小(しょう)ヤコブとヨセとの母(はは)マリヤ : 작은 야고보와 요세의 어머니 마리아. 「小(しょう)ヤコブとヨセとの母(はは)マリヤ」에서는 「{[小(しょう)ヤコブ]と[ヨセ]と}の母(はは)マリヤ」와 같이 공동격 조사「〜と」가 2개 사용되고 그 전체에 연체격 조사「〜の」가 후접되어 뒤의「母(はは)マリヤ」를 수식·한정하고 있다.「〜と〜との」와 같은 동일 조사 사용은 한국어에서는 일반적으로 허용되지 않는다.

[例]そこでヨシュアは自(みずか)らに託(たく)された大使命(だいしめい)、神(かみ)と民(たみ)との契約(けいやく)を成立(せいりつ)させるのである。
(거기에서 여호수아는 자신에게 맡겨진 큰 사명, 하나님과 백성의 계약을 성립시킨다.)

この事件(じけん)での評価額(ひょうかがく)と実際(じっさい)の土地(とち)価額(かがく)との差(さ)は十五億円(じゅうごおくえん)以上(いじょう)で、相続税(そうぞくぜい)負担(ふたん)では七億円(ななおくえん)以上(いじょう)の差(さ)が生(しょう)じていた。
(이 사건에서의 평가액과 실제 토지가액의 차는 15억 엔 이상으로 상속세 부담에서는 7억 엔 이상의 차가 생겼다.)

> [1]彼(かれ)らは[2]イエスがガリラヤにおられたとき、そのあとに従(したが)って仕(つか)えた女(おんな)たちであった。なおそのほか、イエスと共(とも)に[3]エルサレムに上(のぼ)って来(き)た多(おお)くの女(おんな)たちもいた。
> [マルコによる福音書 15:41]
> (그들은 예수께서 갈릴리에 있었을 때, 그 뒤를 따라다니며 섬겼던 여자들이었다. 또한 그밖에 예수와 함께 예루살렘에 올라온 많은 여자들도 있었다.)

[1]彼(かれ)ら : 그들. 그녀들. 「彼(かれ)」는 화자·청자 이외의 사람을 가리키는데, 메이지(明治) 시기까지는 남성에도 여성에도 사용했다. 본문에서는 뒤에 나오는 「女(おんな)たち」와의 대응관계에서 여성들을 지칭하는 것으로 해석된다.

[2]イエスがガリラヤにおられたとき : 예수께서 갈릴리에 있었을 때. 「おられた」는 「いる」의 レル형 경어 「おられる」의 과거.

[例]学者(がくしゃ)たちはその星(ほし)を見(み)て喜(よろこ)びにあふれた。家(いえ)に入(はい)ってみると、幼子(おさなご)は母(はは)マリアと共(とも)におられた。

(학자들은 그 별을 보고 기쁨에 넘쳤다. 집에 들어가 보니, 어린아이는 어머니 마리아와 함께 계셨다.)

その方(かた)は、ここにはおられない。よみがえられたのだ。まだガリラヤにおられたとき、あなたがたにお話(はな)しになったことを思(おも)い出(だ)しなさい。[口語訳 / ルカによる福音書 24:6]

(그는 여기에는 계시지 않는다. 살아나셨다. 아직 갈릴리에 계실 때에 너희에게 말씀하신 것을 상기해라.)[누가복음 24:6]

[3] エルサレムに上(のぼ)って来(く)る : 예루살렘에 올라오다. 지방에서 수도를 향해 오는 것을 「上(のぼ)る」라고 하고, 수도에서 지방으로 내려가는 것을 「下(くだ)る」라고 한다.

[例] 堀(ほり)も京都(きょうと)に上(のぼ)って来(き)た。

(호리도 교토에 올라왔다.)

この時(とき)、ちょうど彼(かれ)の父(ちち)も都(みやこ)に上(のぼ)って来(き)ていて、同僚(どうりょう)と身(み)なりを変(か)えて人目(ひとめ)につかぬように見物(けんぶつ)に来(き)ていた。

(이때, 때 마침 그의 아버지도 도읍에 올라와서, 동료와 복장을 바꿔서 남의 눈에 띄지 않도록 구경하러 와 있었다.)

## ((112)) [マルコによる福音書 15:42 - 15:47]

さて、すでに夕方(ゆうがた)になったが、その日(ひ)は[1]準備(じゅんび)の日(ひ)、すなわち[2]安息日(あんそくにち)の[3]前日(ぜんじつ)であったので、[マルコによる福音書 15:42]

(그런데, 이미 저녁때가 되었는데, 그 날은 준비일, 즉 안식일 전날이었기 때문에,[15:42])

[1] 準備(じゅんび)の日(ひ) : 준비의 날. 준비일[準備日, Preparation Day]. 이에 해당하는 원어 '파라스큐에'는 '파라스큐아조'(준비하다)에서 파생된 말로서, 원래는 단순히 '명절 전날'을 가리켰다. 이것이 점차 '안식일 전날', 곧 안식일을 준비하는 날인 금요일로 인식되었다(마 27:62; 막 15:42; 눅 23:54). 이날 예수님의 십자가 고난이 있었다(요 19:14-42). 개역한글판에서는 '예비일'(予備日)로 묘사했다.[38]

[2] 安息日(あんそくにち) : 안식일.「あんそくじつ」「あんそくび」라고도 한다. ①유대교에서 한 주의 7일째의 성일(聖日). 현재의 금요일 일몰에서 토요일 일몰까지. 모든 업무와 노동을 중지하고 휴식을 취한다. ②기독교에서 일요일. 일을 쉬고 의식을 행한다. 예수가 일요일 아침에 부활했다고 하는 전승에 기인한다.

[3] 前日(ぜんじつ) : 전날.

[例] それが、約束(やくそく)した日(ひ)の前日(ぜんじつ)であったのである。しばらくして、戦争(せんそう)が終(お)わった。

(그것이 약속한 날의 전날이었던 것이다. 얼마 있다가 전쟁은 끝났다.)

---

[1] アリマタヤのヨセフが[2]大胆(だいたん)にもピラトの所(ところ)へ行(い)き、[3]イエスのからだの引(ひ)き取(と)りかたを願(ねが)った。彼(かれ)は地位(ちい)の高(たか)い議員(ぎいん)であって、彼(かれ)自身(じしん)、神(かみ)の国(くに)を[4]待(ま)ち望(のぞ)んでいる人(ひと)であった。[マルコによる福音書 15:43]

(아리마대 출신의 요셉이 대담하게도 빌라도에게 가서, 예수의 시신 인수를 청했다. 그는 지위가 높은 의원으로 그 자신이 하나님의 나라를 바라는 사람이었다.[15:43])

---

38) [네이버 지식백과] 준비일 [準備日, Preparation Day] (라이프성경사전, 2006. 8. 15., 생명의말씀사) https://terms.naver.com/entry.nhn?docId=2396294&cid=50762&categoryId=51387에서 인용.

[1]アリマタヤ[Arimathea] : 아리마대. '고원', '고지'(高地)란 뜻. 위치는 정확하지 않으나 라마다임 산지, 곧 사무엘의 고향인 '라마다임 소빔'과 동일한 곳으로 본다(삼상 1:1). 그런 맥락에서 헬라어 명칭 '아리마다이아'는 히브리어 '라마타임'에 관사를 결합시킨 말을 헬라어로 음사(音写)한 것이라고 본다. 아리마대 사람 요셉은 자신을 위해 준비한 새 무덤에 예수님의 시신을 안치하였다. 요셉의 새 무덤은 예루살렘 근처에 있었다(마 27:57; 막 15:43; 눅 23:51; 요 19:38).[39]

[2]大胆(だいたん)にも : 대담하게도. 형용동사「大胆(だいたん)だ ; 대담하다」의 연용형「大胆(だいたん)に」에 조사「〜も」가 연결된 것.

[例]もう私(わたし)はいても立(た)ってもいられなくなり、大胆(だいたん)にも、たった一人(ひとり)で未知(みち)の国(くに)日本(にほん)を訪(おとず)れる決心(けっしん)をしたのです。

(나는 더 이상 그냥 가만히 있을 수 없게 되어, 대담하게도 오직 혼자서 미지의 나라 일본을 방문할 결심을 한 것입니다.)

[3]からだの取(と)り引(ひ)きかた : 몸을 인수하는 것. 시신을 인수하는 것. 시신 인수.「引(ひ)き取(と)りかた」는 복합동사「引(ひ)き取(と)る」의 연용형이 전성명사화된「引(ひ)き取(と)り ; 떠맡는 것. 인수하는 것.」에「〜하는 일」의 뜻을 지닌 접미사「〜方(かた)」가 접속된 것.

[4]待(ま)ち望(のぞ)む : 이루어지기를 바라다. 희망하다. 바라다. 복합동사「待(ま)ち＋望(のぞ)む」

[例]それは長(なが)い間(あいだ)待(ま)ち望(のぞ)んだ挑戦(ちょうせん)だった。

(그것은 오랫동안 바라던 도전이었다.)

わたしは主(しゅ)を待(ま)ち望(のぞ)みます。わたしの魂(たましい)は待(ま)ち望(のぞ)みます。神(かみ)の言葉(ことば)によって、望(のぞ)みます。わたしの魂(たましい)は主(しゅ)を待(ま)ち望(のぞ)みます。

---

39) [네이버 지식백과] 아리마대 [Arimathea] (라이프성경사전, 2006. 8. 15., 생명의말씀사)
https://terms.naver.com/entry.nhn?docId=2394601&cid=50762&categoryId=51387에서 인용.

(나는 주를 희망합니다. 내 영혼은 희망합니다. 하나님의 말씀에 의해 희망합니다. 내 영혼은 주를 간절히 바랍니다.)

> ピラトは、イエスが[1]もはや[2]死(し)んでしまったのかと[3]不審(ふしん)に思(おも)い、百卒長(ひゃくそつちょう)を呼(よ)んで、もう死(し)んだのかと尋(たず)ねた。[マルコによる福音書 15:44]
> (빌라도는 예수가 벌써 죽어 버렸을까 하고 의아하게 생각하고, 백부장을 불러 이제 죽었느냐 하고 물었다.[15:44])

[1]もはや[最早] : 벌써. 이미. 어느새.

  [例]もはや十年(じゅうねん)の歳月(さいげつ)が過(す)ぎ去(さ)った.

    (벌써 10년의 세월이 지나갔다.)

    いまとなってはもはや遅(おそ)すぎる。

    (지금에 와서는 이미 너무 늦다.)

[2]死(し)んでしまう : 죽어 버리다. 「死(し)ぬ」에 심리적 종결을 나타내는 보조동사 「~てしまう」가 접속된 것.

  [例]車(くるま)は、殺(ころ)す気(き)がなくても事故(じこ)で死(し)んでしまうので、怖(こわ)いです。

    (차는 죽일 생각이 없어도 사고로 죽어 버리기 때문에 무섭습니다.)

  もし雨(あめ)が降(ふ)らなければ植物(しょくぶつ)は枯(か)れ、動物(どうぶつ)も人(ひと)も死(し)んでしまう。

    (만일 비가 내리지 않으면 식물은 마르고 동물도 사람도 죽어 버립니다.)

  残念(ざんねん)なことに、お寺(てら)ができたときに、二頭(にとう)の牛(うし)は、とうとう力(ちから)尽(つ)きて死(し)んでしまいました。

    (유감스럽게도 절이 생겼을 때에 소 두 마리는 결국 탈진하여 죽어 버렸습니다.)

[3] 不審(ふしん)に思(おも)い : 이상하게 생각하고. 「不審(ふしん)だ」는 「미심쩍다·의심스럽다·의아하다」의 뜻을 나타내는 형용동사이다.

  [例] 彼は、どうしてこの男(おとこ)が、自分(じぶん)の名前(なまえ)を知(し)っているのだろうかと、不審(ふしん)に思(おも)いながら答(こた)えた。

    (그는 어찌해서 이 남자가 자기 이름을 알고 있는 것일까 하고 의아하게 생각하면서 대답했다.)

    彼(かれ)はいつもと変(か)わらずただ静(しず)かに見(み)つめているだけで、特(とく)に動揺(どうよう)したり不審(ふしん)に思(おも)ったりしている様子(ようす)もなかった。

    (그는 여느 때와 마찬가지로 그냥 조용히 응시하고 있을 뿐, 특별히 동요하거나 이상하게 생각하거나 하는 모습은 없었다.)

> そして、[1]百卒長(ひゃくそつちょう)から[2]確(たし)かめた上(うえ)、[3]死体(したい)をヨセフに渡(わた)した。[マルコによる福音書 15:45]
> (그리고 백부장을 통해 확인하고 나서, 시신을 요셉에게 내어주었다.[15:45])

[1] 百卒長(ひゃくそつちょう)から確(たし)かめる : 백부장을 통해 확인하다. 격조사 「から」에는 경유나 경로를 나타내는 용법이 있는데, 이에 관한 예를 들어보자.

  [例] それを聞(き)いた人(ひと)から確(たし)かめたほうがいいと思(おも)う。

    (그것을 들은 사람을 통해 확인하는 것이 좋다고 생각한다.)

    奥村(おくむら)が部屋(へや)にいるのなら、話(はな)し声(ごえ)が聴(き)こえるだろう。それをドアの外(そと)から確(たし)かめておきたかった。

    (오쿠무라가 방에 있다면, 말하는 소리가 들릴 것이다. 그것을 문 밖에서 확인해두고 싶었다.)

[2] 確(たし)かめた上(うえ) : 확인한 다음. 확인하고 나서. 동사의 과거형에 「〜上(う

え)[で]」가 접속되면 순차동작을 나타내는데 한국어로는「～한 다음·～하고 나서·～한 뒤·～한 결과」에 대응한다.

[例]だが、部長(ぶちょう)の細川(ほそかわ)は相当(そうとう)長(なが)く拘留(こうりゅう)された上(うえ)、起訴(きそ)と決定(けってい)した。

(그러나 부장인 호소카와는 상당히 오랫동안 구류된 다음, 기소로 결정되었다.)

彼(かれ)がどんなふうに変(か)わっているか、東郷(とうごう)はそれを確(たし)かめた上(うえ)、処置(しょち)を決(き)めるつもりであった。

(그가 어떤 식으로 변해 있는지 도고는 그것을 확인하고 나서 처치를 결정할 생각이었다.)

[3]死体(したい)を渡(わた)す : 시체를 건네다. 시신을 내어주다.

[例]この人(ひと)がピラトの所(ところ)へ行(い)って、イエスのからだの引取(ひきと)りかたを願(ねが)った。そこで、ピラトはそれを渡(わた)すように命(めい)じた。[口語訳 / マタイによる福音書 27:58]

(이 사람이 빌라도에게 가서, 예수의 시신 인수를 청했다. 그러자, 빌라도는 그것(시신)을 내어 주라고 명했다.)[마태복음 27:58]

そこで、ヨセフは亜麻布(あまぬの)を[1]買(か)い求(もと)め、イエスを[2]取(と)り下(お)ろして、その亜麻布(あまぬの)に包(つつ)み、[3]岩(いわ)を掘(ほ)って造(つく)った墓(はか)に納(おさ)め、墓(はか)の入口(いりぐち)に[4][5]石(いし)を転(ころ)がしておいた。[マルコによる福音書 15:46]

(그래서 요셉은 아마 천을 사 가지고 와서 예수를 내리고 그 아마 천에 싸서 바위를 파서 만든 무덤에 안치하고 무덤 입구에 돌을 굴려 놓았다.[15:46])

[1]買(か)い求(もと)める : 돈을 치르고 손에 넣다. 매입하다. 복합동사「買(か)い+

求(もと)める」

 [例]結局(けっきょく)、どこかで買(か)い求(もと)めるしかない。

  (결국 어딘가에서 매입할 수밖에 없다.)

  わたしは外国(がいこく)出張(しゅっちょう)の際(さい)には、スプーンとともに、その国(くに)の安(やす)い切手(きって)を必(かなら)ず買(か)い求(もと)める。

  (나는 외국에 출장 갈 때에는 스푼과 함께 그 나라의 싼 우표를 반드시 산다.)

[2] 取(と)り下(お)ろす : 위에 있는 것을 내려놓다. 복합동사「取(と)り＋下(お)ろす」

 [例]それを取(と)り下(お)ろして亜麻布(あまぬの)に包(つつ)み、まだだれも葬(ほう)むったことのない、岩(いわ)を掘(ほ)って造(つく)った墓(はか)に納(おさ)めた。

  [口語訳 / ルカによる福音書 23:53]

  (그것(시신)을 내리고 아마 천에 싸서, 아직 아무도 묻힌 적이 없는, 바위를 파서 만든 무덤에 안치했다.)[누가복음 23:53]

[3] 岩(いわ)を掘(ほ)る : 바위를 파다.

 [例]いつだってナイフを使(つか)って掘(ほ)るんだ。それも土(つち)を掘(ほ)るんじゃないぜ。大概(たいがい)の場合(ばあい)は硬(かた)い岩(いわ)を掘(ほ)るんだ。

  (언제나 나이프를 사용해서 판다. 그것도 흙을 파는 것이 아니야. 대개의 경우는, 단단한 바위를 파는 것이야.)

[4] 石(いし)を転(ころ)がす : 돌을 굴리다.「転(ころ)がす」는 타동사이고 이에 대응하는 자동사는「転(ころ)がる」이다.

 [例]主(しゅ)の天使(てんし)が天(てん)から下(くだ)って近寄(ちかよ)り、石(いし)を転(ころ)がし、その上(うえ)に座(すわ)ったのである。

  (주의 천사가 하늘에서 내려와 다가가서 돌을 굴리고 그 위에 앉았다.)

  また、地面(じめん)でボールを転(ころ)がすと、はじめは勢(いきお)いよく転(ころ)がっていても、だんだん遅(おそ)くなり、やがて止(と)まってしまう。

  (다시 지면에서 볼을 굴리자, 처음에는 기세 좋게 구르다가, 점점 늦어지고 이윽고 멈춰 버린다.)

[5] 石(いし)を転(ころ)がしておく: 돌을 굴려 놓다. 「転(ころ)がしておく」는 타동사 「転(ころ)がす」에 접속조사 「て」를 매개로 하여 보조동사 「おく」가 결합된 것.

[例] 『ヨセフはイエススの遺体(いたい)を受(う)け取(と)ると、きれいな亜麻布(あまぬの)に包(つつ)み、岩(いわ)に掘(ほ)った自分(じぶん)の新(あたら)しい墓(はか)の中(なか)に納(おさ)め、墓(はか)の入(い)り口(ぐち)には大(おお)きな石(いし)を転(ころ)がしておいて立(た)ち去(さ)った』、このあとピラトゥスは、厳重(げんじゅう)に番兵(ばんぺい)をつけて見張(みは)らせた.

('요셉은 예수의 시신을 받자, 깨끗한 아마 천에 싸서 바위에 판 자신의 새 무덤 안에 안치하고, 무덤 입구에는 커다란 돌을 굴려 놓고 떠났다.' 이후 빌라도[라틴어로는 폰티우스 필라투스(Pontius Pilatus)]는 경비병을 붙여 엄중하게 망을 보게 했다.)

「~ておく」의 의미・용법

1. 「置(お)く」(본동사)

「置(お)く」는 본동사로 쓰이면 사물이나 사람을 어떤 위치나 상태에 「두다・놓다고정시키다」의 뜻을 나타낸다.

[例] 書類(しょるい)をテーブルの上(うえ)に置(お)く。

(서류를 테이블 위에 두다.)

荷物(にもつ)をここに置(お)いてください。

(짐을 여기에 두세요.)

子供(こども)を一人(ひとり)家(いえ)に置(お)いて出(で)かけるのは危険(きけん)です。

(아이를 혼자 집에 두고 나가는 것은 위험합니다.)

2. 「~ておく」(보조동사)

「~ておく」는 「書(か)く; 쓰다」「入(い)れる; 넣다」 등의 설치동사(設置動詞)나

「言(い)う ; 말하다」「調(しら)べる ; 조사하다」 등의 처치동사(処置動詞)와 같이 쓰이면「～해 두다·～해 놓다」의 뜻을 나타낸다.

2.1 준비 : 어떤 목적을 위해 미리 어떤 일을 해 두는 것을 나타내는 경우.
　[例]彼(かれ)にはよく話(はな)しておく。
　　(그에게 잘 이야기해 두겠다.)
　　ハンカチと定期券(ていきけん)と財布(さいふ)はここに置(お)いておくよ。
　　(손수건하고 정기권하고 지갑은 여기에 놓아둘 게요.)
　　来週(らいしゅう)の試験(しけん)のために、勉強(べんきょう)しておいたほうがいいよ。
　　(다음 주 시험을 위해 공부해 두는 것이 좋겠어.)
　　この問題(もんだい)を次(つぎ)の授業(じゅぎょう)までに考(かんが)えておいて。
　　(이 문제를 다음 수업 시간까지 생각해 봐요.)

2.2 유지 : 이미 어떤 상태에 있는 것을 그대로 지속시키는 경우.
　[例]夕(ゆう)べは暑(あつ)かったので、一晩中(ひとばんじゅう)窓(まど)を開(あ)けておいた。
　　(어젯밤은 더워서 밤새 창을 열어 놓았다.)
　　出(で)かける時(とき)は、かぎをかけておいたほうがいいよ。
　　(나갈 때는 자물쇠를 채워 놓는 것이 좋아.)
　　生物(なまもの)だから、冷蔵庫(れいぞうこ)に入(い)れておいて。
　　(날 것이니까 냉장고에 넣어 두어요.)
　　佐藤(さとう)さん、この箱(はこ)は外(そと)に出(だ)しておいてもいいんですか。
　　(사토 씨 이 상자는 밖에 내 놓아도 좋습니까?)[40]

---

40) 李成圭等著(1996)『홍익나가누마 일본어2 해설서』홍익미디어. pp. 255-256에서 인용하여 일부 수정.

> マグダラのマリヤとヨセの母(はは)マリヤとは、イエスが[1]納(おさ)められた場所(ばしょ)を[2]見届(みとど)けた。[マルコによる福音書 15:47]
> (막달라 마리아와 요세의 어머니 마리아는 예수께서 안치된 장소를 끝까지 지켜보았다.[15:47])

[1]納(おさ)められる : 안치되다. 「納(おさ)める ; 안치하다」의 수동.

  [例]入口(いりぐち)のすぐ傍(かたわ)らの礼拝所(れいはいしょ)の一(ひと)つに、おびただしい聖者(せいじゃ)たちの遺物(いぶつ)が納(おさ)められている。

  (입구 바로 옆에 있는 예배소의 한 곳에 성자들의 매우 많은 유물이 안치되어 있다.)

[2]見届(みとど)ける : 끝까지 보고 확인하다. 마지막까지 지켜보다. 복합동사「見(み)＋届(とど)ける」

  [例]安全(あんぜん)を見届(みとど)けてから横断(おうだん)する。

  (안전을 확인한 다음 횡단하다.)

  戦友(せんゆう)の最後(さいご)を見届(みとど)ける。

  (전우의 마지막[임종]을 지켜보다.)

  子供(こども)の成長(せいちょう)を見届(みとど)ける。

  (어린이의 성장을 지켜보다.)

# XVI. マルコによる福音書 第16章

## 《113》[マルコによる福音書 16:1 - 16:8]

> さて、安息日(あんそくにち)が終(おわ)ったので、マグダラのマリヤとヤコブの母(はは)マリヤとサロメとが、行(い)って[1]イエスに塗(ぬ)るために、[2]香料(こうりょう)を買(か)い求(もと)めた。[マルコによる福音書 16:1]
> (그런데, 안식일이 끝났기 때문에 막달라 마리아와 야고보의 어머니 마리아와 살로메가 가서 예수를 바르기 위해 향료를 구입했다.[16:1])

[1]イエスに塗(ぬ)る : 예수에게 바르다.

  [例]お風呂(ふろ)上(あ)がりなどに体(からだ)に塗(ぬ)る、ボディ用(よう)乳液(にゅうえき)や、ボディ用(よう)化粧水(けしょうすい)などは、みなさんどこに塗(ぬ)ってますか?

  (목욕 등을 하고 나서 몸에 바르는, 보디용 유액이나 보디용 화장수 등은 여러분 어디에 바르고 있습니까?)

[2]香料(こうりょう)を買(か)い求(もと)める : 향료를 구입하다. 복합동사「買(か)い+求(もと)める」

  [例]それから、エスカレーターで地下(ちか)へ降(お)りて行(い)って、食料品(しょくりょうひん)を買(か)い求(もと)めた。

  (그리고 나서 에스컬레이터로 지하에 내려가서 식료품을 구입했다.)

そして[1]週(しゅう)の初(はじ)めの日(ひ)に、[2]早朝(そうちょう)、[3]日(ひ)の出(で)のころ墓(はか)に行(い)った。[マルコによる福音書 16:2]
(그리고 주의 첫날 이른 아침, 해가 돋을 무렵에 무덤에 갔다.[16:2])

[1]週(しゅう)の初(はじ)めの日(ひ) : 주의 첫날.
[2]早朝(そうちょう) : 조조. 이른 아침.
　[例]失踪(しっそう)したのは奥(おく)さんの信子(のぶこ)さん[現在(げんざい)56歳(ごじゅうろくさい)]。平成(へいせい)14年(じゅうよねん)9月(くがつ)12日(じゅうににち)のことである。早朝(そうちょう)6時(ろくじ)半(はん)、ご主人(しゅじん)と一緒(いっしょ)に外(そと)へ出(で)た。
　(실종한 사람은 부인인 노부코 씨[현재 56세]. 헤이세이 14년 9월 12일 일이다. 이른 아침 6시 반에 부군과 함께 밖으로 나갔다.)
　今(いま)も早朝(そうちょう)に胸痛(きょうつう)発作(ほっさ)があることを主治医(しゅじい)にご相談(そうだん)なさるとよろしいかと思(おも)います。
　(지금도 이른 아침에 흉통 발작이 있는 것을 주치의에게 상담하시면 좋지 않을까 생각합니다.)
[3]日(ひ)の出(で) : 일출. 해돋이. 해가 돋을 때. ·「日(ひ)の入(い)り ; 일몰. 해넘이.」
　[例]風景(ふうけい)としての月(つき)をねらうなら、日(ひ)の出(で)のころか日没(にちぼつ)直後(ちょくご)、薄明(うすあか)りの中(なか)で撮(と)るとよい。
　(풍경으로서의 달을 노린다면, 해가 돋을 무렵이나 일몰 직후 하늘이 희미하게 밝을 때 찍으면 좋다.)

そして、[1]彼(かれ)らは「だれが、わたしたちのために、墓(はか)の[2]入口(いりぐち)から[3]石(いし)を転(ころ)がしてくれる[4]のでしょうか」と[5]話(はな)し合(あ)っていた。[マルコによる福音書 16:3]
(그래서 그녀들은 "누가 우리들을 위해 무덤 입구에서 돌을 굴려 줄까요?"라고 서로 이야기하고 있었다.[16:3])

[1] 彼(かれ)ら : 그들. 그녀들. 여기에서는 여성을 가리키는 부정칭(不定称)의 복수로 쓰이고 있다.

[2] 入(い)り口(ぐち)から : 입구로부터. 입구에서. 이때의 「〜から」는 경유보다는 기점으로 해석하는 것이 무난하다.

  [例]その入(い)り口(ぐち)から、なぜか人(ひと)が消(き)えていた。

  (그 입구에서 왠지 모르지만 사람이 사라졌다.)

[3] 石(いし)を転(ころ)がしてくれる : 돌을 굴러 주다. 「転(ころ)がす」에 수수표현 「〜てくれる」가 접속된 것.

  [例]それを、青木(あおき)が、話(はな)してくれるでしょうか?

  (그것을 아오키가 이야기해 줄까요?)

  どうやって聞(き)けば教(おし)えてくれるでしょうか?

  (어떻게 물으면 가르쳐 줄까요?)

  １冊(いっさつ)あたりいくらくらいで買(か)い取(と)ってくれるでしょうか?

  (한 권당 얼마 정도로 매입해 줄까요?)

[4] 〜のでしょうか : 〜(할)까요? 객관적인 근거에 기초하여 추측을 나타내는 「〜のでしょう」에 질문의 「〜か」가 접속된 것.

  [例]なぜ、わたしだけがこんないわれのない責(せ)め苦(く)を受(う)けなければならないのでしょうか。

  (왜 나만이 이런 이유 없는 시련을 받아야만 하는 것일까요?)

  唐突(とうとつ)な質問(しつもん)をするようですが、小松(こまつ)さんは、たぬき課長(かちょう)のこと、いつもどう思(おも)っているのでしょうか。

  (당돌한 질문을 하는 것 같습니다만, 고마쓰 씨는 너구리 과장을 항상 어떻게 생각하고 있습니까?)

  このページにたどり着(つ)かれた方(かた)は、これまでに受(う)けられたカウンセリングに納得(なっとく)がいかなかったのでしょうか。

  (이 페이지에 오신(이르신) 분께서는 지금까지 받으신 카운슬링에 납득이 되지 않으셨습니까?)

「～のでしょう」: 추측·추론

「～のでしょう」는 어떤 사항을 근거로 하여 화자의 추측을 나타내거나 상대에게 동의나 확인을 구할 때 쓰는 표현이다. 「～のでしょう」는 추측이나 확인의 근거를 명확히 하고 있다는 점에서 「～でしょう」에 비해 추측 판단에 대한 화자의 확신이 강하게 나타난다.

[例] 彼(かれ)は性格(せいかく)が几帳面(きちょうめん)だから、仕事(しごと)も真面目(まじめ)なのでしょう。

(그는 성격이 꼼꼼하니까, 일도 성실하지요?)

岡本(おかもと)さんがこんな美人(びじん)ですから、きっと妹(いもうと)さんもきれいなのでしょう。

(오카모토 씨가 이렇게 미인이니까, 틀림없이 여동생 분도 미인이지요?)

泳(およ)ぎを知(し)っていたからこそ、助(たす)かったのでしょう。

(헤엄치는 법을 알고 있었기에 살아난 것이겠지요.)

一生懸命(いっしょうけんめい)勉強(べんきょう)したからこそ、合格(ごうかく)したのでしょう。

(열심히 공부했기 때문에 합격한 것이겠지요.)

A: 田中(たなか)さんはサッカーが好(す)きなんだから、今日(きょう)の試合(しあい)、見(み)るのでしょう。

(다나카 씨는 축구를 좋아하니까, 오늘 시합, 보겠지요?)

B: それはもう……。行(い)くに決(き)まってるじゃないですか。

(그건 뭐 당연한 이야기지요. 가는 게 뻔하지 않습니까?)

[5] 話(はな)し合(あ)う: 서로 이야기하다. 대화하다. 복합동사 「話(はな)し＋合(あ)う」

[例] なるほど、石塚(いしづか)を殺(ころ)そうとしていた浦山(うらやま)は列車内(れっしゃない)で、共犯者(きょうはんしゃ)の女(おんな)とその方法(ほうほう)を話(はな)し合(あ)っていた。

(역시 아니나 다를까? 이시즈카를 죽이려고 했던 우라야마는 열차 안에서 공범인 여자와 그 방법을 서로 이야기하고 있었다.)

保健省(ほけんしょう)の執務室(しつむしつ)や廊下(ろうか)では、緊急(きんきゅう)予防(よぼう)措置(そち)を取(と)る必要性(ひつようせい)について、人々(ひとびと)が話(はな)し合(あ)っていた。
(보건성 집무실이나 복도에서는 긴급 예방 조치를 취할 필요성에 관해 사람들이 대화하고 있었다.)

ところが、[1]目(め)をあげて見(み)ると、石(いし)はすでに[2]転(ころ)がしてあった。[3]この石(いし)は非常(ひじょう)に大(おお)きかった。[マルコによる福音書 16:4]
(그런데 눈을 들어 보니, 돌은 이미 굴러져 있었다. 이 돌은 엄청나게 컸다.[16:4])

[1]目(め)をあげて見(み)ると : 눈을 들어 보니. 「見(み)ると」의 「～と」는 발견의 용법으로 쓰인 것이다.

[例]宮武(みやたけ)が机上(きじょう)の時計(とけい)を見(み)ると、10時(じゅうじ)45分(よんじゅうごふん)だった。
(미야타케가 책상 위의 시계를 보니, 10시 45분이었다.)

思(おも)わず近(ちか)づいて見(み)ると、柔(やわ)らかなおくるみに包(つつ)まれた赤(あか)ん坊(ぼう)が元気(げんき)よく泣(な)いていたのである。
(엉겁결에 가까이 가서 보니, 부드러운 포대기에 싸인 갓난아이가 힘차게 울고 있었던 것이다.)

[2]転(ころ)がしてあった : 굴려져 있었다. 「～てある」는 결과의 상태를 나타내는데, 동작주의 존재를 암시하는 구문이기 때문에 여기에서는 누군가에 의해 돌이 굴려졌다는 뜻을 내포하고 있다.

[예]私(わたし)は、煙草(たばこ)に火(ひ)をつけた。応接室(おうせつしつ)なので、灰皿(はいざら)が置(お)いてあった。[타동사＋てある]
(나는 담배에 불을 붙였다. 응접실이라서 재떨이가 놓여 있었다.)
次(つぎ)の行(ぎょう)には「朝鮮語(ちょうせんご)の勉強(べんきょう)は進(すす)んでいますか?」といったようなことが書(か)いてあった。[타동사＋てある]
(다음 줄에는「조선어 공부는 진전되고 있습니까?」라는 그런 것이 쓰여 있었다.)

그리고「수동태」에 접속하는「～てある」구문도 다음과 같이 관찰된다. 이것에 관해서는 오용이라고 견해도 있고 새로운 용법의 출현이라는 입장이 있다.
[예]克哉(かつや)から受(う)け取(と)ったメモには、駒沢(こまざわ)の住所(じゅうしょ)が書(か)かれてあった。[타동사의 수동＋てある]
(가쓰야에게서 받은 메모에는 고마자와의 주소가 쓰여 있었다.)
手帳(てちょう)には、様々(さまざま)な体制(たいせい)批判(ひはん)が記(しる)されてあった。[타동사의 수동＋てある]
(수첩에는 온갖 체제 비판이 적혀 있었다.)

[3]この石(いし)は非常(ひじょう)に大(おお)きかった : 이 돌은 엄청나게 컸다.「大(おお)きかった」는 형용사의 과거형.
[예]真(ま)っ暗(くら)な中(なか)で、眠(ねむ)るのが怖(こわ)かった。
(칠흑 같은 데에서 자는 것은 무서웠다.)
返事(へんじ)は短(みじか)かった。「帰(かえ)れ」
(대답은 짧았다.「돌아가!」)
芝生(しばふ)や邸内路(ていないろ)に停(と)まっている車(くるま)は、どれも新品(しんぴん)同様(どうよう)で、アメリカの車(くるま)よりも外国(がいこく)の車(くるま)のほうが多(おお)かった。
(잔디와 저택 안에 있는 도로에 서 있는 차는, 전부 신품과 다름없었고 미

국 차보다도 외국 차 쪽이 많았다.)

しばらく待(ま)っていてほしい、そう言(い)ってあの人(ひと)が姿(すがた)を消(け)して以来(いらい)、ずっと寂(さび)しかった。

(잠시 기다리고 있어 줘. 그렇게 말하고 그 사람이 모습을 감춘 이후, 죽 외로웠다.)

最初(さいしょ)は緊張(きんちょう)したが、でも、やってみると結構(けっこう)楽(たの)しかった。

(처음에는 긴장했지만, 하지만 해 보니 꽤 즐거웠다.)

---

[1]墓(はか)の中(なか)に入(はい)ると、[2]右手(みぎて)に[3]真白(まっしろ)な長(なが)い衣(ころも)を着(き)た若者(わかもの)が座(すわ)っているのを見(み)て、非常(ひじょう)に驚(おどろ)いた。[マルコによる福音書 16:5]
(무덤 안에 들어가서 오른쪽에 새하얀 긴 옷을 입은 젊은이가 앉아 있는 것을 보고 매우 놀랐다.[16:5])

---

[1]墓(はか)の中(なか)に入(はい)ると : 「入(はい)ると」를 기정조건으로 해석할 경우에는 「入(はい)ると、〜見(み)て、〜驚(おどろ)いた ; 들어가서, 〜보고, 〜놀랐다」와 같이 하나의 동작이 끝나고 그 다음 동작으로 이행되고 있는 것을 나타낸다. 그리고 「入(はい)ると」를 발견의 용법으로 해석할 경우에는, 「彼(かれ)らが〜入(はい)ると、若者(わかもの)が座(すわ)っていた ; 그들이 〜들어가자, 젊은이가 앉아 있었다」와 같이 어떤 행위의 결과 다음과 같은 사실을 알게 되었다는 뜻을 나타낸다.

[2]右手(みぎて) : 오른쪽. 오른손.

[例]やがて右手(みぎて)に高速道路(こうそくどうろ)の入(い)り口(ぐち)ランプが現(あらわ)れた。

(얼마 후 오른쪽에 고속도로 입구 램프가 나타났다.)

右手(みぎて)にあるコップがコーヒーです。左手(ひだりて)にあるコップがお茶(ちゃ)です。
　　(오른쪽에 있는 컵이 커피입니다. 왼쪽에 있는 컵은 차입니다.)
[3] 真(ま)っ白(しろ)な長(なが)い衣(ころも) : 새하얀 긴 옷. 새 하얗고 긴 옷. [「真(ま)っ白(しろ)な」(형용동사의 연체형)＋「長(なが)い」(형용사의 연체형)][衣(ころも)]과 같이 2개의 연체수식어가 뒤에 오는 명사를 수식·한정하는 예이다.

[「형용동사1＋형용사2」＋「명사」] 구조
「형용동사1＋형용사2」와 같이 2종의 형용사 어류(語類)가 뒤에 오는 명사를 수식·한정할 경우, 명사 바로 앞에 있는 술어인 [형용사2]는 반드시 연체형이어야 한다. 그리고 [형용동사1]은 「テ형」인 「静(しず)かで」이외에도 연체형「静(しず)かな」도 허용된다.
[例] [そこは静(しず)かな公園(こうえん)です]＋[そこはいい公園(こうえん)です]
　　([그곳은 조용한 공원입니다]＋[그곳은 좋은 공원입니다])
　　→ そこは{静(しず)かでいい·静かないい}公園(こうえん)です。
　　(그곳은 조용하고 좋은 공원입니다.)
　　観光(かんこう)で一度(いちど)行(い)きました。静(しず)かないいところです。
　　(관광으로 한 번 갔습니다. 조용하고 좋은 곳입니다.)

　　[その旅館(りょかん)は立派(りっぱ)な建物(たてもの)です]
　　＋[その旅館(りょかん)は新(あたら)しい建物(たてもの)です]
　　([그 여관은 멋진 건물입니다]＋[그 여관은 새 건물입니다])
　　→ その旅館(りょかん)は{立派(りっぱ)で新(あたら)しい·立派な新しい}建物(たてもの)です。
　　(그 여관은 멋지고 새 건물입니다.)
　　私(わたし)たちは龍岩市(りゅうがんし)の奥地(おくち)にしては立派(りっぱ)な新

(あたら)しいホテルに一泊(いっぱく)して、そこから永定県(えいていけん)まで足(あし)を伸(の)ばして土楼(どろう)の見学(けんがく)に行(い)きました。
(우리들은 용암시의 벽지치고는 멋지고 새로 지은 호텔에서 1박하고, 거기에서 영정현까지 더욱 멀리 가서 토루를 견학하러 갔습니다.)

단, [형용동사1＋형용동사2]의 형태로 뒤의 명사를 수식·한정하는 경우는 [형용동사1]은「テ형」이 자연스럽고, 연체형은 부자연스럽다.
[例][今日(きょう)は爽(さわ)やかな日(ひ)です]＋[今日は閑(のどか)な日(ひ)です]
　　　([오늘은 상쾌한 날입니다]＋[오늘은 화창한 날입니다])
　→ 今日(きょう)は{爽(さわ)やかで閑(のどか)な·?爽やかな閑な}日(ひ)です。
　　　(오늘은 상쾌하고 화창한 날입니다.)[41]

---

すると、この若者(わかもの)は言(い)った、「[1]驚(おどろ)くことはない。[2]あなたがたは十字架(じゅうじか)につけられたナザレ人(びと)[3]イエスを捜(さが)しているのであろうが、イエスは甦(よみがえ)って、[4]ここにはおられない。[5]ごらんなさい、ここが[6]お納(おさ)めした場所(ばしょ)である。[マルコによる福音書 16:6]

(그러자, 이 젊은이는 말했다. "놀라지 마라. 당신들은 십자가에 매달린 나사렛 사람 예수를 찾고 있겠지만, 예수께서는 살아나셔서 여기에는 계시지 않는다. 보아요. 여기가 안치했던 곳이다"[16:6])

---

[1]驚(おどろ)くことはない : 놀랄 것은 없다. 놀라지 마라.「～ことはない」가 명령표현으로 쓰이고 있다.
[2]あなたがた : 당신들은. 경어적 상위자인 천사가 하위자인 부인들에게 사용하고 있다.

---

41) 李成圭等著(1996)『홍익나가누마 일본어2 해설서』홍익미디어. p. 28에서 인용하여 일부 수정.

[3]イエスを捜(さが)しているのであろうが : 예수를 찾고 있겠지만.「捜(さが)している」에 어떤 사항을 근거로 하여 화자의 추측을 나타낼 때 쓰이는「~のであろう」와 종조사「~が」가 접속된 표현이다.

[例]たぶん労働者(ろうどうしゃ)一人(ひとり)当(あ)たりの年間(ねんかん)労働(ろうどう)時間(じかん)を指(さ)して言(い)っているのであろうが、政府(せいふ)のデータはかなり意図的(いとてき)、作為的(さくいてき)であるからまともには信(しん)ずるには足(た)りない。

(아마 노동자 1인당 연간 노동 시간을 가리키고 말하고 있는 것이겠지만, 정부 데이터는 꽤 의도적, 작위적이기 때문에 있는 그대로 믿을 수는 없다.)

青年(せいねん)たちが痩(や)せていることが、気(き)になっていた。炭鉱(たんこう)での力仕事(ちからしごと)で、体(からだ)が締(し)まってきているのであろうが、食事(しょくじ)も口(くち)に合(あ)わないのかもしれないと、彼(かれ)は思(おも)った。

(청년들이 말랐다는 것이 걱정이 되었다. 탄광에서의 육체노동이어서 몸이 단단해졌겠지만 식사도 입에 맞지 않을지도 모른다고 그는 생각했다.)

[4]ここにはおられない : 여기에는 계시지 않다.「おられない」는「いる」의 레루형 경어인「おられる」의 부정.

[例]イエスが自分(じぶん)たちと一緒(いっしょ)におられないことに気(き)がつき、振(ふ)り返(かえ)ってイエスを捜(さが)した。

(예수가 자기들과 함께 계시지 않는 것을 알아차리고 뒤를 돌아다보고 예수를 찾았다.)

十字架(じゅうじか)につけられたイエスを捜(さが)しているのだろうが、あの方(かた)はここにはおられない。前(まえ)に話(はな)しておられたように、復活(ふっかつ)なさったのだ。

(십자가에 매달린 예수를 찾고 있겠지만, 그 분은 여기에는 계시지 않는다. 전에 말씀하신 대로 부활하셨다.)

[5]ごらんなさい : 보시오. 보아요. 여기에서는 경어적 상위자인 천사가 하위자인

부인들에게 사용하고 있는 예로 쓰이고 있다.

[6] お納(おさ)めする : 안치하다. 안장하다. 「納(おさ)める」에 겸양어 I의 「お〜する」가 접속된 것.

[例] 殯斂地(ひんれんち) = 正式(せいしき)ご埋葬(まいそう)の前(まえ)に、仮(かり)にお納(おさ)めする所(ところ)。

(빈렴지 = 정식으로 매장하기 전에 임시로 안치하는 곳.)

当時(とうじ)は水運(すいうん)が発達(はったつ)し水上(すいじょう)交通(こうつう)が一般的(いっぱんてき)であったため、御神霊(ごしんれい)をお納(おさ)めする御神輿(おみこし)も船(ふね)で運(はこ)んだわけです。

(당시는 수운이 발달하여 수상 교통이 일반적이었기 때문에 신령을 안치하는 영여(靈輿)[제례 때 신위(神位)를 모시고 메는 가마]도 배로 날랐던 것이다.)

---

今(いま)から弟子(でし)たちとペテロとの所(ところ)へ行(い)って、[1]こう伝(つた)えなさい。イエスはあなたがたより先(さき)にガリラヤへ[2]行(い)かれる。[3]かねて、あなたがたに[4]言(い)われたとおり、そこで[5]お会(あ)いできるであろう、と」。[マルコによる福音書 16:7]

(지금부터 제자들과 베드로에게 가서 이렇게 전하라. 예수께서 너희보다 먼저 갈리리로 가신다. 전부터 너희에게 말씀하신 대로 거기에서 만나 뵐 수 있을 것이라, 고"[16:7])

---

[1] こう伝(つた)えなさい : 이렇게 전하라. 「イエスは〜であろう、と伝(つた)えなさい」에 상당하는 문에서 전달내용과 전달동사가 도치되고 전달내용을 부사 「こう」로 대신하고 있다.

[例] お父(とう)さんに伝(つた)えなさい。問題(もんだい)は必(かなら)ず解決(かいけつ)されるはずだ、とね。

(아버님께 전하라. 문제는 반드시 틀림없이 해결될 것이라고.)

[2] 行(い)かれる : 가시다. 「行(い)く」의 レル형 경어.

[例] ですから、あなたが行(い)かれたお店(みせ)も本当(ほんとう)に材料(ざいりょう)が良(よ)いものだったのかもしれません。

(그러니, 당신이 가신 가게도 정말 재료가 좋은 것이었는지 모릅니다.)

こういうことでございました。そこで早速(さっそく)、それじゃどんな方(かた)が行(い)かれて、そしてどんな結果(けっか)だったのか示(しめ)してもらいたいということを申(もう)しました。

(이런 것이었습니다. 그래서 즉시, 그럼 어떤 분이 가셔서, 그리고 어떤 결과이었는지 보여 주었으면 좋겠다는 것을 말했습니다.)

[3] かねて[予て] : 미리. 전부터. ＝「前(まえ)もって」·「以前(いぜん)より」·「予(あらかじ)め」

[例] 予(かね)て婚約中(こんやくちゅう)の二人(ふたり)。

(전부터 약혼 중인 두 사람.)

予(かね)てからの懸案(けんあん)事項(じこう)。

(전부터의 현안 사항.)

予(かね)て聞(き)いていたとおり。

(이전부터 들었던 대로.)

予(かね)てご案内(あんない)申(もう)し上(あ)げましたように。

(미리 안내 말씀 드린 바와 같이.)

そして食事(しょくじ)を共(とも)にしているとき、彼(かれ)らにお命(めい)じになった、「エルサレムから離(はな)れないで、予(かね)てわたしから聞(き)いていた父(ちち)の約束(やくそく)を待(ま)っているがよい。[口語訳 / 使徒行伝 1:4]

(그리고 식사를 함께 하고 있을 때 그들에게 명하셨다. "예루살렘에서 떠나지 말고, 전부터 내게서 들은 아버지의 약속을 기다리고 있어라.)[사도행전 1:4]

それから彼(かれ)らは、シケムに移(うつ)されて、予(かね)てアブラハムがいくらかの金(かね)を出(だ)してこの地(ち)のハモルの子(こ)らから買(か)っておいた墓(はか)に、葬(ほうむ)られた。[口語訳 / 使徒行伝 7:16]

(그리고 그들은 세겜으로 옮겨져서, 전에 아브라함이 얼마간의 돈을 내서 이 땅의 하몰 자손으로부터 사 둔 무덤에 묻어졌다.)[사도행전 7:16]

[4] 言(い)われる : 말씀하시다. 「言(い)う」의 레루형 경어. 「言(い)われる」는 구어역 신약성서에서는, 지문에서 하나님이나 예수 그리고 천사의 발화를 나타내는 데에 쓰이고 있다.

[例] しかし、イエスは答(こた)えて言(い)われた、「今(いま)は受(う)けさせてもらいたい。このように、すべての正(ただ)しいことを成就(じょうじゅ)するのは、われわれにふさわしいことである」。そこでヨハネはイエスの言(い)われるとおりにした。[口語訳 / マタイによる福音書 3:15]

(그러나 예수께서 대답하여 말씀하셨다. "지금은 그대에게 받고자 한다. 이와 같이 모든 올바른 것이 성취되는 것은 우리에게 적합한 것이다." 그러자 요한은 예수께서 말씀하신 대로 했다.)[마태복음 3:15]

すると、主(しゅ)が彼(かれ)に言(い)われた、『あなたの足(あし)から、くつを脱(ぬ)ぎなさい。あなたの立(た)っているこの場所(ばしょ)は、聖(せい)なる地(ち)である。[口語訳 / 使徒行伝 7:33]

(그러자, 주께서 그(모세)에게 말씀하셨다. '네 발에서 신발을 벗어라. 네가 서 있는 이 곳은 거룩한 땅이다.)[사도행전 7:33]

御使(みつかい)が「帯(おび)をしめ、くつを履(は)きなさい」と言(い)ったので、彼(かれ)はそのとおりにした。それから「上着(うわぎ)を着(き)て、ついて来(き)なさい」と言(い)われたので、[口語訳 / 使徒行伝 12:8]

(천사가 [베드로에게] "띠를 매고, 신을 신어라"라고 말해서 그는 그대로

했다. 그리고 "겉옷을 입고, 따라 오너라"라고 말씀하셨기에,)[사도행전 12:8]

[5] お会(あ)いできる : 만나 뵐 수 있다. 「会(あ)う」의 겸양어I인 「お会(あ)いする」에 가능의 「できる」가 접속된 것. 달리는 「お会(あ)いする+ことができる」와 같이 우언적(迂言的) 가능 형식을 사용할 수도 있다.

[例] そしてキリストの日(ひ)が来(く)るまで ― 私(わたし)たちがキリストにお会(あ)いする時(とき)までに、つまり地上(ちじょう)の生涯(しょうがい)の最後(さいご)の日(ひ)までに ― 、それを継続(けいぞく)してくださるのです。
(그리고 그리스도의 날이 올 때까지 – 우리들이 그리스도를 만나 뵙는 날까지 즉 지상에서의 생애의 마지막 날까지 -, 그것을 계속해 주시는 것입니다.)
先生(せんせい)にも、帰(かえ)りがけにお会(あ)いすることが出来(でき)ました。
(선생님도 돌아오는 길에 만나 뵐 수가 있었습니다.)
それでは、またお会いできる日(ひ)を楽(たの)しみにしております。
(그럼, 다시 만나 뵐 수 있는 날을 고대하고 있겠습니다.)
毎年(まいねん)こうしてお会(あ)いできるのも、みんなが元気(げんき)でいる証拠(しょうこ)ですね。
(매년 이렇게 만나 뵐 수 있는 것도 모두가 건강하게 있는 증거입니다.)
五十億(ごじゅうおく)ほどお願(ねが)いできないでしょうか。
(50억 정도 부탁드릴 수 없을까요?)
将来(しょうらい)の構想(こうそう)について大臣(だいじん)のお考(かんが)えをお聞(き)きできればと思(おも)います。
(미래 구상에 관해 대신의 생각을 배청할 수 있으면 영광이라고 생각합니다.)
こういうすぐれた世界(せかい)各国(かっこく)からの、また日本(にほん)の研究者(けんきゅうしゃ)の方(かた)たちの前(まえ)でお話(はな)しできますことは、もっとも嬉(うれ)しいことです。

(이렇게 훌륭한 세계 각국에서 오신 연구자 분들, 그리고 일본 연구자 분들 앞에서 말씀드릴 수 있는 것은 가장 기쁜 일입니다.)

> 女(おんな)たちは[1]おののき恐(おそ)れながら、墓(はか)から出(で)て[2]逃(に)げ去(さ)った。そして、[3]人(ひと)には何(なに)も言(い)わなかった。[4]恐(おそ)ろしかったからである。[マルコによる福音書 16:8]
> 
> (여자들은 벌벌 떨며 두려워하면서 무덤에서 나와 도망갔다. 그리고 다른 사람들에게는 아무 말도 하지 않았다. 두려워했기 때문이다.[16:8])

[1]おののき恐(おそ)れる : 벌벌 떨며 두려워하다. 복합동사「おののき+恐(おそ)れる」. 구어역 신약성서에서는「恐(おそ)れおののく; 두려워하며 벌벌 떨다」와「おののき恐(おそ)れる」와 같이 2유형의 복합동사가 사용되고 있다. 인터넷 검색 등에서는「おののき恐(おそ)れる」의 용례는 극히 적은 것으로 나타난다.

[例]また彼(かれ)は、あなたがた一同(いちどう)が従順(じゅうじゅん)であって、恐(おそ)れおののきつつ自分(じぶん)を迎(むか)えてくれたことを思(おも)い出(だ)して、ますます心(こころ)をあなたがたの方(ほう)に寄(よ)せている。[口語訳 / コリント人への第二の手紙 7:15]

(또 그(디도)는, 너희 모두가 순종하고, 두려워하며 벌벌 떨면서 자기를 맞이해 준 것을 상기하며, 더욱더 마음을 너희 쪽에 기울이고 있다.)[고린도후서 7:15]

全然(ぜんぜん)分(わ)からないところに足(あし)を踏(ふ)み込(こ)んで行(い)くのだから、いざという時(とき)はおののき恐(おそ)れるものよ。

(전혀 모르는 곳에 발을 들여놓고 가는 것이니까, 일단 유사시에는 벌벌 떨며 두려워하는 거야.)

[2]逃(に)げ去(さ)る : 도망가다. 도망치다. 복합동사「逃(に)げ+去(さ)る」

[例]それでも放課後(ほうかご)には見(み)つかってしまい、こそこそ逃(に)げ去(さ)ろうとするぼくのあとを、「レオ、レオ!」と大声(おおごえ)で呼(よ)びながら追(お)い掛(か)けて来(き)た。

(하지만 방과 후에는 들켜 버려서 살금살금 도망치려고 하는 내 뒤를「레오, 레오!」라고 큰 소리로 부르면서 뒤쫓아 왔다.)

[3] 人(ひと)には何(なに)も言(い)わなかった : 다른 사람들에게는 아무 말도 하지 않았다.「人(ひと)」에는 자기 이외의 사람. 즉 타인을 뜻하는 용법이 있다.

[例] 人(ひと)の物(もの)に手(て)をつける。

(다른 사람 물건에 손을 대다.)

人(ひと)に言(い)えない苦(くる)しみ。

(남에게 말할 수 없는 고통.)

人間(にんげん)誰(だれ)しもそういう願望(がんぼう)はあるんです。でも、人(ひと)には言(い)わないだけですよ。

(인간 누구나 할 것 없이 그런 원망이 있는 것입니다. 하지만 남에게는 말하지 않을 뿐이에요.)

こういうような、人(ひと)には言(い)わない、ちょっと言(い)えない、しかし、誰(だれ)もが心(こころ)の中(なか)で勝手(かって)に考(かんが)えている、あるいは無意識(むいしき)のうちに考(かんが)えている、'個人(こじん)俗源説(ぞくげんせつ)'というようなものが、中国語(ちゅうごくご)を学(まな)んでいく過程(かてい)にはあるような気(き)がします。

(이와 같은, 남에게는 말하지 않는, 좀 말할 수 없는, 그러나 누구나 마음속에서 멋대로 생각하고 있는, 혹은 무의식중에 생각하고 있는, '개인 속원설'이라고 하는 그런 것이 중국어를 배워 나가는 과정에는 있는 듯한 생각이 듭니다.)

[4] 恐(おそ)ろしい : 두렵다. 무섭다. 겁나다. 동사「おそる」가 형용사화한 것.

[例] 戦争(せんそう)になるのが恐(おそ)ろしい。

(전쟁이 나는 것이 두렵다.)

むしろ聞(き)かない方(ほう)がよかった。自分(じぶん)で想像(そうぞう)するだけでも恐(おそ)ろしかった。

(오히려 듣지 않는 것이 다행이었다. 스스로 상상하는 것만으로도 무서웠다.)

それが意味(いみ)するものがあまりにも恐(おそ)ろしかったからです。つまり、そういうことはどこでも起(お)こり得(う)るという事実(じじつ)がね。

(그것이 의미하는 것이 너무나도 무서웠기 때문입니다. 즉, 그런 것은 어디나 일어날 수 있다는 사실이.)

### (114) [マルコによる福音書 16:9 - 16:11]

〔週(しゅう)の初(はじ)めの日(ひ)の朝(あさ)早(はや)く、イエスは甦(よみがえ)って、まずマグダラのマリヤに[1][2]御自身(ごじしん)を現(あら)わされた。イエスは以前(いぜん)に、この女(おんな)から[3]七(なな)つの悪霊(あくれい)を追(お)い出(だ)されたことがある。[マルコによる福音書 16:9]

(주의 첫날 아침 일찍 예수께서는 다시 살아나셔, 먼저 막달라 마리아에게 자신을 드러내셨다. 예수께서는 이전에 이 여자들로부터 일곱 악령을 쫓아내신 일이 있다.[16:9])

[1]現(あら)わす : 드러내다. 나타내다. 「現(あら)わす」는 「보이는 형태로 출현시키다」의 뜻을 나타낸다.

[例] 姿(すがた)を現(あら)わす。

(모습을 드러내다.)

全貌(ぜんぼう)を現(あら)わす。

(전모를 드러내다.)

正体(しょうたい)を現(あら)わす。

(정체를 드러내다.)

本性(ほんしょう)を現(あら)わす。

(본성을 드러내다.)

頭角(とうかく)を現(あら)わす。

(두각을 나타내다.)

[2] 御自身(ごじしん)を現(あら)わされる : 자신을 드러내셨다. 「御自身(ごじしん)」은 「自身(じしん)」에 존경의 접두사 「御(ご)」가 접속된 것이고 「現(あら)わされる」는 「現(あら)わす」의 레르형 경어이다.

[例] イエスは、この最初(さいしょ)のしるしをガリラヤのカナで行(おこな)い、その栄光(えいこう)を現(あらわ)された。そして弟子(でし)たちはイエスを信(しん)じた。[口語訳 / ヨハネによる福音書 2:11]

예수께서는 이 최초의 표징을 갈릴리의 가나에서 행하고 그 영광을 드러내셨다. 그래서 제자들은 예수를 믿었다.)[요한복음 2:11]

わたしは思(おも)う。今(いま)のこの時(とき)の苦(くる)しみは、やがてわたしたちに現(あらわ)されようとする栄光(えいこう)に比(くら)べると、言(い)うに足(た)りない。[口語訳 / ローマ人への手紙 8:18]

(나는 생각한다. 지금 이때의 고통은 장차 우리에게 드러내시려고 하는 영광에 비하면 언급할 만한 가치가 없다.)[로마서(Romans)-표준새번역]-제8장]

[3] 七(なな)つの悪霊(あくれい)を追(お)い出(だ)される : 일곱 악령을 쫓아내시다. 「追(お)い出(だ)される」는 복합동사 「追(お)い出(だ)す」의 레르형 경어.

[例] 悪霊(あくれい)どもはイエスに願(ねが)って言(い)った、「もしわたしどもを追(お)い出(だ)されるのなら、あの豚(ぶた)の群(む)れの中(なか)に遣(つか)わして下(くだ)さい」。[口語訳 / マタイによる福音書 8:31]

(악령들은 예수에게 간청하며 말했다. "만일 저희들을 쫓아내실 생각이라면 저 돼지들 속으로 보내 주십시오.") [마태복음 8:31]

그리고「追(お)い出(だ)される」는 구어역 신약성서에서는 다음과 같이 수동으로도 사용되고 있다.

[例]この国(くに)の子(こ)らは外(そと)のやみに追(お)い出(だ)され、そこで泣(な)き叫(さけ)んだり、歯(は)がみをしたりするであろう」。[口語訳 / マタイによる福音書 8:12]
(이 나라의 아들들은 바깥 어두운 데로 쫓겨나서, 거기에서 울부짖거나 이를 갈거나 할 것이다.")[마태복음 8:12]

イエスは、その人(ひと)が外(そと)へ追(お)い出(だ)されたことを聞(き)かれた。そして彼(かれ)に会(あ)って言(い)われた、「あなたは人(ひと)の子(こ)を信(しん)じるか」。[口語訳 / ヨハネによる福音書 9:35]
(예수께서는 그 사람이 밖으로 쫓겨났다는 말을 들으셨다. 그를 만나 말씀하셨다. "너는 인자를 믿느냐?")[요한복음 9:35]

> マリヤは、イエスと一緒(いっしょ)にいた人々(ひとびと)が[1]泣(な)き悲(かな)しんでいる所(ところ)に行(い)って、それを知(し)らせた。[マルコによる福音書 16:10]
> (마리아는 예수와 함께 있었던 사람들이 울면서 슬퍼하고 있는 곳에 가서 그것을 알렸다.[16:10])

[1]泣(な)き悲(かな)しむ : 울면서 슬퍼하다. 복합동사「泣(な)き+悲(かな)しむ」
　[例]人々(ひとびと)はみな、娘(むすめ)のために泣(な)き悲(かな)しんでいた。イエスは言(い)われた、「泣(な)くな、娘(むすめ)は死(し)んだのではない。眠(ねむ)っているだけである」。[口語訳 / ルカによる福音書 8:52]

(사람들은 모두 딸아이 때문에 울면서 슬퍼하고 있었다. 예수께서는 말씀하셨다. "울지 마라. 그 아이는 죽은 것이 아니다. 자고 있을 뿐이다.")[누가복음 8:52]

よくよくあなたがたに言(い)っておく。あなたがたは泣(な)き悲(かな)しむが、この世(よ)は喜(よろこ)ぶであろう。あなたがたは憂(うれ)えているが、その憂(うれ)いは喜(よろこ)びに変(かわ)るであろう。[口語訳/ヨハネによる福音書 16:20]
(너희에게 진정으로 말해 둔다. 너희는 울며 슬퍼하지만, 이 세상은 기뻐할 것이다. 너희는 걱정하고 있지만, 그 근심은 기쁨으로 바뀔 것이다.)[요한복음 16:20]

彼(かれ)らは、イエスが[1]生(い)きておられる事(こと)と、彼女(かのじょ)に御自身(ごじしん)を現(あら)わされた事(こと)を聞(き)いたが、信(しん)じなかった。[マルコによる福音書 16:11]
(그들은 예수께서 살아 계시는 것과 그녀에게 자신을 드러내신 것을 들었지만 믿지 않았다.[16:11])

[1]イエスが生(い)きておられる : 예수께서 살아 계시다. 「生(い)きておられる」는 「生(い)きている」의 레루형 경어.

[例]そして、ただ一人(ひとり)、死者(ししゃ)の中(なか)からよみがえって今(いま)も生(い)きておられる彼(かれ)のみが、人類(じんるい)に命(いのち)を与(あた)えることができる方(かた)なのです。
(그리고 오직 한 사람, 죽은 자 가운데에서 살아나서 지금도 살아 계시는 그 사람만이 인류에게 생명을 줄 수 있는 분입니다.)
イエス・キリストは、今日(こんにち)も生(い)きておられる神(かみ)です。信(しん)じる者(もの)に、大(おお)きな希望(きぼう)と目的(もくてき)を与(あた)えてくださ

る救(すく)い主(ぬし)です。

(예수 그리스도는 오늘날도 살아 계신 신입니다. 믿는 사람에게 커다란 희망과 목적을 주시는 구세주입니다.)

しかし、キリストの場合(ばあい)はそれで終(お)わりません。三日後(みっかご)によみがえり昇天(しょうてん)し、またいつかおいでになります。今(いま)も生(い)きておられるお方(かた)、私(わたくし)たちとともにいて下(くだ)さるお方(かた)です。

(그러나 그리스도의 경우는 그것으로 끝나지 않습니다. 3일 후에 살아나서 승천하고 다시 언젠가 오십니다. 지금도 살아 계신 분, 저희들과 함께 있어 주실 분입니다.)


## ⟨115⟩ [マルコによる福音書 16:12 - 16:13]

[1]この後(のち)、そのうちの二人(ふたり)が、いなかの方(ほう)へ[2]歩(ある)いていると、イエスは[3]違(ちが)った姿(すがた)で御自身(ごじしん)を現(あら)わされた。[マルコによる福音書 16:12]

(이후, 그들 중의 두 사람이 시골을 향해 걷고 있었는데 예수께서 다른 모습으로 자신을 드러내셨다.[16:12])

[1]この後(のち) : 금후. 이후. 그 뒤에.

[例]この後(のち)、わたしは四人(よにん)の御使(みつかい)が地(ち)の四(よ)すみに立(た)っているのを見(み)た。彼(かれ)らは地(ち)の四方(しほう)の風(かぜ)を引(ひ)き止(と)めて、地(ち)にも海(うみ)にもすべての木(き)にも、吹(ふ)きつけないようにしていた。[口語訳 / ヨハネの黙示録 7:1]

(그 뒤에, 나는 천사 네 명이 땅의 네 모퉁이에 서 있는 것을 보았다. 그들은 땅의 사방의 바람을 붙잡아, 땅에도 바다에도 모든 나무에도 바람이 세

차게 불지 못하도록 하고 있었다.)[요한계시록 7:1]

第一(だいいち)のわざわいは、過(す)ぎ去(さ)った。見(み)よ、この後(のち)、なお二(ふた)つのわざわいが来(く)る。[口語訳/ヨハネの黙示録 9:12]
(첫 번째 재앙은 지나갔다. 보아라. 이후에 두 가지 재앙이 더 온다.) [요한계시록 9:12]

[2] 歩(ある)いていると : 걷고 있었는데. 「〜と」는 기정조건의 용법으로 쓰이고 있다.
 [例] 汗(あせ)をかきながら、炎天下(えんてんか)の長(なが)い坂道(さかみち)を、ぶらぶらと歩(ある)いていると、ふと、こんな光景(こうけい)に出(で)くわして、一瞬(いっしゅん)、思(おも)わず、びっくりした。
(땀을 흘리면서 염천 하의 긴 비탈길을 어슬렁어슬렁 걷고 있었는데 갑자기 이런 광경을 만나서 그 순간, 엉겁결에 깜짝 놀랐다.)
美術館(びじゅつかん)入(い)り口(くち)付近(ふきん)を歩(ある)いていると、二台(にだい)の乗用車(じょうようしゃ)が追(お)い越(こ)して停車(ていしゃ)し、望遠(ぼうえん)レンズを着(つ)けたアマチュアカメラマンが降(お)りて来(き)て写真(しゃしん)を撮(と)らせてくれと言(い)う。
(미술관 입구 부근을 걷고 있었는데, 승용차 두 대가 추월해서 정차하고 망원렌즈를 장착한 아마추어 카메라맨이 내려 와서 사진을 찍게 해 달라고 한다.)

[3] 違(ちが)った姿(すがた) : 다른 모습. 관계를 나타내는 동사 「違(ちが)う」가 연체수식어로 사용될 때는 「違(ちが)う姿(すがた)」와 같이 ル형도 가능하고 「違(ちが)った姿(すがた)」와 같이 タ형도 가능하며, 양자 사이에 애스펙트적 의미의 차도 없다.
 [例] しかし、小学(しょうがく)一年生(いちねんせい)には酷(こく)と思(おも)われるこの山道(やまみち)も、帰(かえ)り道(みち)は違(ちが)う姿(すがた)を見(み)せてくれた。

(그러나 초등학교 1학년에게는 가혹하게 생각되는 이 산길도 돌아오는 길은 다른 모습을 보여 주었다.)

対話者(たいわしゃ)の働(はたら)きかけや評価(ひょうか)の視点(してん)を少(すこ)し変(か)えることによって、同(おな)じ人(ひと)がずいぶん違(ちが)った姿(すがた)を見(み)せてくれることはしばしばあることです。

(대화자의 작용이나 평가 시점을 조금 바꿈으로써 같은 사람이 무척 다른 모습을 보여 주는 것은 종종 있는 일입니다.)

> この二人(ふたり)も、ほかの人々(ひとびと)の所(ところ)に行(い)って話(はな)したが、彼(かれ)らは[1]その話(はなし)を信(しん)じなかった。[マルコによる福音書 16:13]
> 
> (이 두 사람도 다른 사람들에게 가서 이야기했지만, 그들은 그 이야기를 믿지 않았다.[16:13])

[1]その話(はなし)を信(しん)じなかった : 그 이야기를 믿지 않았다. 「信(しん)じなかった」는 「信(しん)じる」의 부정 「信(しん)じない」의 과거이다. 동사의 부정 과거의 예를 들면 다음과 같다.

[例] ただ、私(わたし)は急(いそ)いでやるのがよいことだとは言(い)わなかった。
(단지 나는 서둘러 하는 것이 좋은 것이라고는 말하지 않았다.)

そういえば、せっかく京都(きょうと)にまで来(き)たのに、どこにも行(い)かなかった。
(그리고 보니 모처럼 교토에까지 왔는데 어디에도 가지 않았다.)

誰(だれ)も考(かんが)えていることを彼女(かのじょ)に話(はな)さなかった。
(누구나 생각하고 있는 것을 그녀에게 이야기하지 않았다.)

宗教(しゅうきょう)の形式(けいしき)は浮田(うきた)にとって特(とく)に重要(じゅうよう)な意味(いみ)を持(も)たなかった。
(종교 형식은 우키타로서 특별히 중요한 의미를 가지지 않았다.)

日本(にほん)の学会(がっかい)で出(だ)された学術(がくじゅつ)雑誌(ざっし)なんて、ほとんど私(わたし)は読(よ)まなかった。
(일본 학회에서 나오는 학술 잡지 같은 것은 거의 나는 읽지 않았다.)
おれも、どうすればいいのか、判(わか)らなかった。
(나도 어떻게 하면 좋을지 몰랐다.)
わたしは彼(かれ)の行(い)くところを見(み)なかった。
(나는 그가 가는 데를 보지 않았다.)
しかし光子(みつこ)は、ほとんどご飯(はん)を食(た)べなかった。
(그러나 미쓰코는 거의 밥을 먹지 않았다.)
彼(かれ)もそれ以上(いじょう)は、口出(くちだ)しをしなかった。
(그도 그 이상은 말참견을 하지 않았다.)
五分(ごふん)ほど遊覧船(ゆうらんせん)の前(まえ)に立(た)っていたが、とうとう誰(だれ)も来(こ)なかった。
(5분 정도 유람선 앞에 서 있었지만, 결국 아무도 오지 않았다.)

《116》[マルコによる福音書 16:14 - 16:18]

その後(のち)、イエスは十一弟子(じゅういちでし)が食卓(しょくたく)に着(つ)いている所(ところ)に現(あらわ)れ、彼(かれ)らの[1]不信仰(ふしんこう)と、[2]心(こころ)の頑(かたく)ななことを[3]お責(せ)めになった。彼(かれ)らは、[4]甦(よみがえ)られたイエスを見(み)た人々(ひとびと)の言(い)うことを、信(しん)じなかったからである。[マルコによる福音書 16:14]
(그 이후 예수께서는 11제자가 식탁에 앉아 있는 곳에 나타나서 그들이 믿음이 없고 마음이 완고한 것을 책망하셨다. 그들이 부활하신 예수님을 본 사람들이 하는 말을 믿지 않았기 때문이다.[16:14])

[1]不信仰(ふしんこう) : 불신앙. 신앙이 없는 것. 믿지 않는 것.

[例]たった一度(いちど)きりの人生(じんせい)です。不信仰(ふしんこう)や疑(うたが)いに包(つつ)まれて生(い)きるのではなく、信(しん)じる喜(よろこ)びに輝(かがや)く人生(じんせい)を体験(たいけん)なさってください。

(단 한 번뿐인 인생입니다. 불신앙이나 의심에 싸여서 사는 것이 아니라, 믿는 기쁨에 빛나는 인생을 체험하십시오.)

そして彼(かれ)らの不信仰(ふしんこう)のゆえに、そこでは力(ちから)あるわざを、あまりなさらなかった。[口語訳 / マタイによる福音書 13:58]

(그리고 그들의 믿지 않는 것 때문에, 거기에서는 기적을 그다지 행하지 않으셨다.)[마태복음 13:58]

[2]心(こころ)の頑(かたく)ななこと : 마음이 완고한 것. 마음이 비뚤어지고 고집이 센 것.

[3]甦(よみがえ)られる : 부활하시다. 살아나시다. 「甦(よみがえ)る」의 レル형 경어.

[例]イエス・キリストは死(し)に勝利(しょうり)してよみがえられました。このイエス・キリストを信(しん)じる信仰(しんこう)こそ、世界(せかい)で最(もっと)も大(おお)きな力(ちから)です。

(예수 그리스도는 죽음에 승리해서 부활하셨습니다. 이 예수 그리스도를 믿는 신앙이야 말로 세계에서 가장 커다란 힘입니다.)

もし復活(ふっかつ)の事実(じじつ)がなかったならば、罪(つみ)も汚(けが)れもない神(かみ)の御子(みこ)キリストの十字架(じゅうじか)の苦難(くなん)と死(し)は、人間(にんげん)の救(すく)いのために何(なん)の意味(いみ)もなかったようにみなされるとともに、世界(せかい)最大(さいだい)の悲劇(ひげき)として、その真意(しんい)は永遠(えいえん)に不可解(ふかかい)なるがゆえに謎(なぞ)として取(と)り残(のこ)されたままになってしまったことであろう。しかし、主(しゅ)はまさしくよみがえられたのであった。

(만일 부활의 사실이 없었더라면 죄도 더러움도 없는 하나님의 아드님이신 그리스도의 십자가 고난과 죽음은 인간 구원을 위해 아무런 의미도 없

었던 것처럼 간주되고 동시에 세계 최대의 비극으로서 그 진의는 영원히 불가해하기 때문에 수수께끼로서 남겨진 채로 되고 말았을 것이다. 그러나 주는 정말 부활하셨던 것이었다.)

[4]お責(せ)めになる : 책망하시다. 「責(せ)める」의 ナル형 경어.

[例]そんなに自分(じぶん)をお責(せ)めにならないでください。

(그렇게 자신을 책망하시지 마세요.)

すると突然(とつぜん)、「そんなにご自分(じぶん)をお責(せ)めになる必要(ひつよう)はありませんよ。」と彼女(かのじょ)は言(い)った。

(그러자, 갑자기 「그렇게 자신을 책망하실 필요는 없어요.」라고 그녀는 말했다.)

「私(わたし)が記憶(きおく)にないというと、お叱(しか)りになって、何日間(なんにちかん)にもわたって、しつこく、厳(きび)しくお責(せ)めになりました」と伊藤(いとう)は検事(けんじ)に言(い)う。

(「내가 기억에 없다고 하면 꾸중을 하시고 몇 일간에 걸쳐 집요하게, 혹독하게 책망하셨습니다.」라고 이토는 검사에게 말한다.)

---

そして、彼(かれ)らに言(い)われた、「全世界(ぜんせかい)に出(で)て行(い)って、[1]すべての造(つく)られたものに[2]福音(ふくいん)を宣(の)べ伝(つた)えよ。[マルコによる福音書 16:15]

(그리고 그들에게 말씀하셨다. "온 세상에 나가서 모든 만들어진 것에 복음을 전파하라.[16:15])

---

[1]すべての造(つく)られたもの : 모든 만들어진 것. 만민. 여기에서의 「造(つく)られる」는 「造(つく)る」의 수동.

[例]また、男(おとこ)は女(おんな)のために造(つく)られたのではなく、女(おんな)が男(おとこ)のために造(つく)られたのである。[口語訳 / コリント人への第一の手紙 11:9]

(또 남자는 여자를 위해 만들어진 것이 아니라, 여자가 남자를 위해 만들어진 것이다.)[고린도전서 11:9]

だれでもキリストにあるならば、その人(ひと)は新(あたら)しく造(つく)られた者(もの)である。古(ふる)いものは過(す)ぎ去(さ)った、見(み)よ、すべてが新(あたら)しくなったのである。[口語訳 / コリント人への第二の手紙 5:17]
(누구든지 그리스도 안에 있으면, 그 사람은 새롭게 만들어진 사람이다. 오래된 것은 지나갔다. 보아라, 모든 것이 새롭게 되었다.) [고린도후서 5:17]

그리고 구어역 신약성서에서는 「造(つく)られる」는 존경의 의미로도 사용되고 있다.

[예]しかし、天地(てんち)創造(そうぞう)の初(はじ)めから、『神(かみ)は人(ひと)を男(おとこ)と女(おんな)とに造(つく)られた。[口語訳 / マルコによる福音書 10:6]
(그러나 천지 창조 때부터 '하나님께서는 사람을 남자와 여자로 만드셨다.')[마가복음 10:6]

愚(おろ)かな者(もの)たちよ、外側(そとがわ)を造(つく)ったかたは、また内側(うちがわ)も造(つく)られたではないか。[口語訳 / ルカによる福音書 11:40]
(어리석은 사람들아, 바깥쪽을 만든 분이 또한 안쪽도 만드시지 않았겠느냐?) [누가복음 11:40]

[2] 福音(ふくいん)を宣(の)べ伝(つた)えよ : 복음을 전파하라. 「宣(の)べ伝(つた)えよ」는 「宣(の)べ伝(つた)える」의 문어체 명령형.

> 信(しん)じてバプテスマを受(う)ける者(もの)は[1]救(すく)われる。しかし、不信仰(ふしんこう)の者(もの)は[2]罪(つみ)に定(さだ)められる。[マルコによる福音書 16:16]
> (믿고 세례를 받는 사람은 구원을 받는다. 그러나 믿음이 없는 사람은 죄가 있는 것으로 정해진다.[16:16])

[1]救(すく)われる : 구원되다. 구원을 받다. 「救(すく)う」의 수동.

[例]聖書(せいしょ)では、誰(だれ)でもこの方(かた)[イエス・キリスト]の名(な)を信(しん)じる者(もの)は救(すく)われるということを言(い)っています。
(성서에서는 누구든지 이 분[예수 그리스도]의 이름을 믿는 사람은 구원을 받는다는 것을 말합니다.)

旧約聖書(きゅうやくせいしょ)は「神様(かみさま)が私(わたし)たちに救(すく)い主(ぬし)イエスキリストを与(あた)えて下(くだ)さる」という約束(やくそく)であり、新約聖書(しんやくせいしょ)は「イエスキリストを救(すく)い主(ぬし)と信(しん)じるならば救(すく)われる」という約束(やくそく)を伝(つた)えています。
(구약성서는 「하나님께서 우리들에게 구세주 예수 그리스도를 주신다」고 하는 약속이며, 신약성서는 「예수 그리스도를 구세주라고 믿는다면 구원을 받는」다는 약속을 전하고 있습니다.)

[2]罪(つみ)に定(さだ)められる : 죄가 있는 것으로 정해지다. 정죄(定罪)되다. 「定(さだ)められる」는 「定(さだ)める」의 수동.

[例]こういうわけで、今(いま)やキリスト・イエスにある者(もの)は罪(つみ)に定(さだ)められることがない。[口語訳 / ローマ人への手紙 8:1]
(이런 까닭에 이제는 그리스도 예수 안에 있는 사람들은 죄가 있는 것이 정해지지 않는다.)[로마서 8:1]

> 信(しん)じる者(もの)には、[1]このようなしるしが伴(ともな)う。すなわち、彼(かれ)らはわたしの名(な)で悪霊(あくれい)を追(お)い出(だ)し、新(あたら)しい言葉(ことば)を語(かた)り、[マルコによる福音書16:17]
> (믿는 사람에게는 이와 같은 표적이 따른다. 즉, 그들은 내 이름으로 악령을 쫓아내고 새로운 말로 말하고,[16:17])

[1]このようなしるしが伴(ともな)う : 이와 같은 표적이 따르다. 「伴(ともな)う」가 자동사로 쓰이면 「따르다. 수반하다.」의 뜻을 나타낸다.

　[例]危険(きけん)に伴(ともな)う手術(しゅじゅつ)。

　　　(위험이 따르는 수술.)

　　　人口(じんこう)増加(ぞうか)に伴(ともな)う住宅(じゅうたく)問題(もんだい)。

　　　(인구 증가에 수반되는 주택 문제.)

　　　自由(じゆう)と責任(せきにん)はあい伴(とも)なう。

　　　(자유와 책임은 서로 따라다닌다.)

> [1]蛇(へび)をつかむであろう。また、[2]毒(どく)を飲(の)んでも、決(けっ)して[3]害(がい)を受(う)けない。病人(びょうにん)に手(て)をおけば、[4]いやされる」。[マルコによる福音書16:18]
> (손으로 뱀을 쥘 것이다. 또 독을 마셔도 결코 해를 입지 않는다. 병자에게 손을 얹으면 병이 낫는다.[16:18])

[1]蛇(へび)をつかむ : 손으로 뱀을 쥐다. 「つかむ」는 ①[잡다], ②[손으로 쥐다·붙잡다], ③[손에 넣다·수중에 거두다]의 뜻을 나타낸다.

[2]毒(どく)を飲(の)む : 독을 마시다.

　[例]笠木(かさぎ)にはそれが無理(むり)だし、第一(だいいち)自分(じぶん)で毒(どく)を飲(の)むのであれば、なにも配(くば)る前(まえ)に入(い)れる必要(ひつよう)は

ないのじゃからな。

(가사기에게는 그것이 무리이고, 첫째로 자기가 독을 마시는 것이라면 일부러 나누어 주기 전에 넣을 필요는 없으니까요.)

[3] 害(がい)を受(う)ける : 해를 받다[입다].

[例] 人(ひと)に害(がい)をなす。

(사람에게 해를 주다.)

健康(けんこう)に害(がい)がある。

(건강에 해가 있다[해롭다].)

[4] いやされる : 병이 낫다. 「いやされる」는 「いやす ; 병을 고치다」의 수동.

[例] イエスは振(ふ)り向(む)いて、この女(おんな)を見(み)て言(い)われた、「娘(むすめ)よ、しっかりしなさい。あなたの信仰(しんこう)があなたを救(すく)ったのです」。するとこの女(おんな)はその時(とき)に、いやされた。[口語訳 / マタイによる福音書 9:22]

(예수께서 뒤돌아보고 이 여자를 보고 말씀하셨다. "딸아, 기운을 차려라. 네 믿음이 너를 구원하였다." 그러자 이 여자는 그 때 나았다.) [마태복음 9:22]

イエスがお叱(しか)りになると、悪霊(あくれい)はその子(こ)から出(で)て行(い)った。そして子(こ)はその時(とき)いやされた。[口語訳 / マタイによる福音書 17:18]

(예수께서 꾸짖으시자, 악령은 그 아이에서 나갔다. 그리고 아이는 그 때 나았다.) [마태복음 17:18]

한편, 구어역 신약성서에서는 「いやされる」가 존경의 의미로도 사용되고 있다.

[例] ある日(ひ)のこと、イエスが教(おし)えておられると、ガリラヤやユダヤの方々(ほうぼう)の村(むら)から、またエルサレムから来(き)たパリサイ人(びと)や律法(りっぽう)学者(がくしゃ)たちが、そこにすわっていた。主(しゅ)の力(ちから)が働(はた

ら)いて、イエスは人々(ひとびと)をいやされた。[口語訳 / ルカによる福音書 5:17]
(어느 날 일이었다. 예수께서 가르치고 계시자, 갈릴리와 유대의 모든 마을 그리고 예루살렘에서 온 바리새파 사람들과 율법학자들이 거기에 앉아 있었다. 주의 힘이 작용하여 예수께서는 사람들을 고쳐주셨다.)[누가복음 5:17]

律法(りっぽう)学者(がくしゃ)やパリサイ人(びと)たちは、イエスを訴(うった)える口実(こうじつ)を見付(みつ)けようと思(おも)って、安息日(あんそくにち)にいやされるかどうかをうかがっていた。[口語訳 / ルカによる福音書 6:7]
(율법학자들과 바리새파 사람들은 예수를 고발할 구실을 찾으려고, 안식일에 병을 고치시는지 어떤지 엿보고 있었다.)[누가복음 6:7]

## (117) [マルコによる福音書 16:19 - 16:20]

[1]主(しゅ)イエスは彼(かれ)らに[2]語(かた)り終(おわ)ってから、[3]天(てん)に上(あ)げられ、神(かみ)の右(みぎ)に座(すわ)られた。[マルコによる福音書 16:19]
(주 예수께서는 그들에게 다 말씀하시고 나서 하늘에 올라가서 하나님의 오른쪽에 앉으셨다.[16:19])

[1]主(しゅ)イエス : 주 예수. 여기에서는「イエス」를 [신적 예수]로 간주하여「主(しゅ)」가 쓰이고 있다.
[2]語(かた)り終(おわ)る : 다 말하다.「語(かた)る」에 종료상을 나타내는 후항동사「―終(おわ)る」가 접속된 것. 그리고 종료상의 후항동사로는 다음과 같이 타동사「―終(お)える」도 쓰인다.

[例]イエスは十二弟子(でし)にこのように命(めい)じ終(お)えてから、町々(まちまち)で教(おし)えまた宣(の)べ伝(つた)えるために、そこを立(た)ち去(さ)られた。[口語訳 / マタイによる福音書 11:1]
(예수께서는 열두 제자에게 이와 같이 명하는 것을 마치고나서 여러 도시에서 가르치고, 또 전파하기 위해 거기를 떠나셨다.)[마태복음 11:1]

彼(かれ)がまだ話(はな)し終(お)えないうちに、たちまち、輝(かがや)く雲(くも)が彼(かれ)らをおおい、そして雲(くも)の中(なか)から声(こえ)がした、「これはわたしの愛(あい)する子(こ)、わたしの心(こころ)にかなう者(もの)である。これに聞(き)け」。[口語訳 / マタイによる福音書 17:5]
(그가 아직 말을 다 끝내기 전에 갑자기 빛나는 구름이 그들을 뒤덮고 그리고 구름 속에서 소리가 났다. "이는 내가 사랑하는 아들이다. 내 마음에 맞는 사람이다. 이 사람에게 들어라.")[마태복음 17:5]

彼(かれ)らが祈(いの)り終(お)えると、その集(あつ)まっていた場所(ばしょ)が揺(ゆ)れ動(うご)き、一同(いちどう)は聖霊(せいれい)に満(み)たされて、大胆(だいたん)に神(かみ)の言(ことば)を語(かた)り出(だ)した。[口語訳 / 使徒行伝 4:31]
(그들이 기도를 다 마치니, 그들이 모여 있던 곳이 흔들리고, 그들 모두가 성령에 충만해서, 대담하게 하나님의 말씀을 말하기 시작했다.)[사도행전 4:31]

「〜終(お)わる・〜終(お)える」
1.「終(お)わる」(본동사)[자동사・타동사]
본동사「終(お)わる」는 원래는 자동사인데 최근에는 타동사 용법도 생겨 타동사인「終(お)える」의 영역을 침식하고 있다.
[例]英語(えいご)の授業(じゅぎょう)が終(お)わると、次(つぎ)は給食(きゅうしょく)の時間(じかん)です。

(영어 수업이 끝나면 다음은 급식 시간입니다.)

これで、運動会(うんどうかい)についてのお知(し)らせを終(おわ)ります。

(이것으로 운동회에 관한 안내 말씀을 마치겠습니다.)


2. 「～終(お)わる・～終(お)える」: 복합동사의 후항동사

「～終(お)わる」가 복합동사의 후항동사(後項動詞)로 쓰이면 동작의 종료를 나타내는데, 원래의 타동사인「～終(お)える」도「～終(お)わる」와 마찬가지로 동작의 종료를 나타낸다. 현재는「～終(お)わる」쪽의 사용 범위가 더 넓은데, 앞에 오는 동사가 타동사인 경우에는「～終(お)える」를 쓰면 어감이 강조된다.

[例] 全員(ぜんいん)走(はし)り終(お)わりました。

(전원 다 달렸습니다.)

この家(いえ)のローンを払(はら)い終(お)わるのは、二十年(にじゅうねん)先(さき)ですよ。

(이 집의 융자를 다 갚는 것은 20년 후 일입니다.)

ご飯(はん)を食(た)べ終(お)わったら、テーブルを片付(かたづ)けてください。

(밥을 다 먹으면 테이블을 치워 주세요.)

塗(ぬ)り終(お)えたら、よく乾(かわ)かします。

(다 칠하면 잘 말립니다.)

そのトンネルは数十年(すうじゅうねん)かかって、やっと掘(ほ)り終(お)えた。

(그 터널은 수십 년 걸려서 겨우 다 뚫었다.)

このカメラは撮(と)り終(お)えると、フィルムが自動的(じどうてき)に巻(ま)き戻(もど)される。

(이 카메라는 다 찍으면 필름이 자동적으로 감긴다.)[42]

---

42) 李成圭 等著(1996)『홍익나가누마 일본어2 해설서』홍익미디어. pp.210-211에서 인용하여 일부 수정.

[3] 天(てん)にあげられる : 하늘에 올라가다. 「あげられる」는 「あげる」의 수동.

[例] 祝福(しゅくふく)しておられるうちに、彼(かれ)らを離(はな)れて、〔天(てん)にあげられた。〕[口語訳 / ルカによる福音書 24:51]

(축복하고 계신 동안, 그들을 떠나 [하늘에 올라갔다.] [누가복음 24:51]

こうして決定的(けっていてき)な逆転(ぎゃくてん)をして人間(にんげん)より上(うえ)の存在(そんざい)になってしまうわけです。そしてついに死後(しご)には天(てん)に上(あ)げられ、王冠(おうかん)を授(さず)けられ、玉座(ぎょくざ)に座(すわ)っている、というのです。

(이렇게 해서 결정적인 역전을 하고 인간보다 위의 존재가 되는 것입니다. 그리고 결국 사후에는 하늘에 올라가서 왕관을 받고 옥좌에 앉아 있다는 것입니다.)

[4] 神(かみ)の右(みぎ)に座(すわ)られる : 하나님 오른쪽에 앉으시다. 「座(すわ)られる」는 「座(すわ)る」의 레루형 경어.

[例] それでは、女(おんな)の体(からだ)から神(かみ)のみ座(ざ)に座(すわ)られるお方(かた)として誕生(たんじょう)され、神(かみ)のみ言(ことば)をもって万国(ばんこく)を治(おさ)めるその男子(だんし)とは、いったい誰(だれ)であろうか。

(그러면, 여자 몸에서 하나님의 자리에 앉으시는 분으로서 태어나서, 하나님 말씀으로 만국을 다스리는 남자란 도대체 누구일까?)

---

弟子(でし)たちは出(で)て行(い)って、[1]至(いた)る所(ところ)で福音(ふくいん)を宣(の)べ伝(つた)えた。[2]主(しゅ)も彼(かれ)らと共(とも)に働(はたら)き、[3][4]御言(みことば)に伴(ともな)うしるしをもって、[5]その確(たし)かなことを[6]お示(しめ)しになった。〕[マルコによる福音書 16:20]

(제자들은 나가서 곳곳에서 복음을 전파했다. 주께서도 그들과 함께 일하고, 말씀에 따르는 표적으로 그 확실함을 보여주셨다.[16:20])

[1]至(いた)る所(ところ)で : 이르는 곳에서. 곳곳에서.

[例]すなわち、主(しゅ)の言葉(ことば)はあなたがたから出(で)て、ただマケドニヤとアカヤとに響(ひび)きわたっているばかりではなく、至(いた)るところで、神(かみ)に対(たい)するあなたがたの信仰(しんこう)のことが言(い)いひろめられたので、これについては何(なに)も述(の)べる必要(ひつよう)はないほどである。[口語訳 / テサロニケ人への第一の手紙 1:8]

(즉, 주의 말씀은 너희로부터 나와 단지 마케도니아와 아가야에만 울려 퍼진 것뿐만 아니라, 곳곳에서 하나님에 대한 너희의 신앙에 관한 것이 널리 퍼졌기 때문에 이것에 관해서는 아무 것도 말할 필요는 없을 정도이다.)[데살로니가전서 1:8]

至(いた)るところに需要(じゅよう)があり、至(いた)るところで人手(ひとで)が欠(か)かせなくなっているはずです。

(곳곳에 수요가 있고, 이르는 곳마다 일손이 없어서는 안 되게 되어 있을 것입니다.)

たしかに日本人(にほんじん)の見学(けんがく)マナーは最低(さいてい)である。国内(こくない)でも国外(こくがい)でも、至(いた)るところでそういう光景(こうけい)に出(で)くわす。

(아마 틀림없이 일본인의 견학 매너는 최저이다. 국내에서도 국외에서도 곳곳에서 그런 광경을 마주치게 된다.)

[2]主(しゅ) : 주님. 여기에서 [신적 예수]를 지칭하고 있다.

[3]御言(みことば)に伴(ともな)うしるし : 말씀에 따르는 표적[표징]. 御言(みことば)는 「言(ことば)」에 존경의 접두사 御(み)가 접속된 것.

[4]御言(みことば)に伴(ともな)うしるしをもって : 말씀에 따르는 표적으로. 「~をもって」는 「~を」에 「もつ」의 テ형 「もって」가 결합된 복합조사로서 여기에서는 수단·방법을 나타내는 용법으로 쓰이고 있다.

[例]夕暮(ゆうぐれ)になると、人々(ひとびと)は悪霊(あくれい)につかれた者(もの)を大(おお)ぜい、みもとに連(つ)れて来(き)たので、イエスは御言葉(みことば)をもって霊(れい)どもを追(お)い出(だ)し、病人(びょうにん)をことごとくおいやしになった。[口語訳 / マタイによる福音書 8:16]
(해질녘이 되자, 사람들은 악령이 들린 사람들을 많이 예수께로 데리고 왔기 때문에 예수께서는 말씀으로 악령들을 내쫓고, 병자를 모두 고치셨다.)[마태복음 8:16]

その後(のち)やもめぐらしをし、八十四歳(はちじゅうよんさい)になっていた。そして宮(みや)を離(はな)れずに夜(よる)も昼(ひる)も断食(だんじき)と祈(いのり)とをもって神(かみ)に仕(つか)えていた。[口語訳 / ルカによる福音書 2:37]
(그 후, 과부 생활을 해서, 여든네 살이 되어 있었다. 그리고 성전을 떠나지 않고, 밤낮으로 단식과 기도로 하나님을 섬기고 있었다.)[누가복음 2:37]

[5] その確(たし)かなことを : 그 확실한 것을. 그 확실함을. 「確(たし)かな」는 형용동사「確(たし)かだ : 확실하다. 틀림없다」의 연체형이다.
[例]農民数(のうみんすう)が減少(げんしょう)していく中(なか)にあって、職員数(しょくいんすう)を増加(ぞうか)させてきたことは確(たし)かなことである。
(농민수가 감소하고 있는 중에 직원 수를 증가시켜 온 것은 틀림없는 일이다.)
結婚(けっこん)して蓋(ふた)を開(あ)けて見(み)なければ確(たし)かなことは分(わ)からないと思(おも)いますが、なるべく穏(おだ)やかな旦那(だんな)さんを見(み)つけたいです。
(결혼해서 뚜껑을 열어 보지 않으면 확실한 것은 알 수 없을 것 같습니다만, 되도록 자상한 남편을 찾고 싶습니다.)
[6] お示(しめ)しになる : 보여주시다. 「示(しめ)す」의 ナル형 경어.

[例]なぜなら、父(ちち)は子(こ)を愛(あい)して、自(みずか)らなさることは、すべて子(こ)にお示(しめ)しになるからである。そして、それよりもなお大(おお)きなわざを、お示(しめ)しになるであろう。あなたがたが、それによって不思議(ふしぎ)に思(おも)うためである。[口語訳 / ヨハネによる福音書 5:20]
(왜냐하면, 아버지께서는 아들을 사랑하여, 직접 하시는 일을 모두 아들에게 보여 주시기 때문이다. 그리고 그보다 더 큰 일들을 보여 주실 것이다. 너희가 그것에 의해 이상하게 생각하기 때문이다.)[요한복음5:20]

イエスはこう言(い)って、自分(じぶん)がどんな死(し)に方(かた)で死(し)のうとしていたかを、お示(しめ)しになったのである。[口語訳 / ヨハネによる福音書 12:33]
(예수께서는 이렇게 말하고 자신이 어떤 방식으로 죽으려고 하고 있었는지를 보여 주신 것이다.)[요한복음 12:33]

いま先生(せんせい)がお示(しめ)しになりました事例(じれい)は、まさに老齢(ろうれい)福祉(ふくし)年金(ねんきん)を受(う)けられないケースでございます。
(지금 선생님께서 보여 주신 사례는 정말 노령 복지 연금을 받지 못하는 케이스입니다.)
陛下(へいか)が多(おお)くのキリスト教徒(きょうと)に対(たい)してお示(しめ)しになられた、あまたの礼儀正(れいぎただ)しき取(と)り扱(あつか)いと友情(ゆうじょう)に深(ふか)く感謝(かんしゃ)申(もう)し上(あ)げます。
(폐하께서 많은 기독교도에 대해 보여 주신 허다한 예의 바른 취급과 우정에 머리 숙여 감사의 말씀을 드립니다.)

일본어 구어역 마가복음의 언어학적 분석 Ⅳ

A Linguistic Anlaysis of the Colloquial Japanese Version of the Gospel of Mark Ⅳ

# 색인

## ■ 로마자

### Ⓐ

AがB{に·から}〜てもらう 163
AはBすると共(とも)に〜する 187
AはB(である)と共(とも)にCだ 188
AはBと共(とも)に{〜する·〜だ} 186

## ■ 한국어

### ㄱ

가능동사＋かどうか 204
가능의 주체 84
가상(仮想) 123
「경어 연결(敬語連結)」과 그 적부(適否) 85
경위·경로 60
권유 125

### ㄷ

동사의 과거형＋かどうか 203
동사의 연용형＋は＋しなかった 103
동사의 연체형＋が{よい·いい} 193
동사의 현재형＋かどうか 203
동사＋ことはしない 63
동사＋たびごと(に) 148
「동사＋と」(가정조건) 40

### ㅁ

명사술어의 과거형＋かどうか 209
명사술어＋かどうか 208
「명사술어＋と」(가정조건) 42
명사＋の＋あまり(に) 79
명사＋の＋末(すえ) 142
명사＋の＋たびごと(に) 148
무생명사 176
문맥지시 134
문맥지시 용법 167
문맥지시의 용법 54

### ㅂ

발견의 용법 47
복타동사와 사역 174
부사의 정중어 213
[부적절한 경어연결의 예] 86

### ㅇ

엘로이 엘로이 레마 사박다니 198
연용중지법 59
연체수식절 내에서의 주격 역할 97
용언＋あまり(に) 79
유생명사(有生名詞) 176
유지 224
의미 분야(意味分野) 28
의미 영역(意味領域) 28
의지 123
의지를 나타내는 용법 121
이오타화(iotacism) 199
인칭대명사로 전용 54

### ㅈ

자타양용동사 189

재료, 구성요소 62
전건(前件) 197
준비 224

**ㅊ**

추량 126
추량을 나타내는 용법 122

**ㅌ**

타동사＋てある 185

**ㅎ**

하루의 시간대를 나타내는 말을 모아둔 사이트의 내용 48
한어＋される 39
한어＋なさる 39
[허용되는 경어연결의 예] 86
현장지시 134
현장지시 용법 166
[형용동사1＋형용동사2] 234
[「형용동사1＋형용사2」＋「명사」] 구조 233
형용동사의 과거＋かどうか 207
형용동사＋かどうか 206
「형용동사＋と」(가정조건) 41
형용사의 과거＋かどうか 206
형용사＋かどうか 205
「형용사＋と」(가정조건) 42
후건(後件) 197

■ **가나**

**あ**

合図(あいず)する 97
～間(あいだ) 77
～間(あいだ)に 77
悪事(あくじ) 170
～あげく 179
葦(あし)の棒(ぼう) 177
葦(あし)の棒(ぼう)につける 202
与(あた)えられる 59
与(あた)える 34
頭(あたま)を振(ふ)る 190
集(あつ)まって来(く)る 106
あの人(ひと) 166
あのような 113
あのようにして 212
アバ[Abba] 84
油(あぶら)を注(そそ)ぐ 27
～あまり(に) 79
編(あ)む 174
あらかじめ[予め] 96
現(あら)わされる 243
現(あら)わす 242
アリマタヤ 218
歩(ある)いていると 247
あろう 119
安息日(あんそくにち) 217
あんなにまで 146

**い**

言(い)い当(あ)ててみよ 129
言(い)い当(あ)てる 128
言(い)い出(だ)す 135

言(い)いはじめる 129
言(い)い張(は)る 138
「言(い)う」의 겸양어II 73
イエスに塗(ぬ)る 226
イエスのことを 144
行(い)かれる 237
生(い)きておられる 245
憤(いきどお)る 17
息(いき)を引(ひ)き取(と)られる 210
いけない 13
行(い)こう 94
石(いし)を転(ころ)がす 222
イスラエルの王(おう)キリスト 193
至(いた)る所(ところ)で 260
一同(いちどう) 76
いっそう[一層(いっそう)] 170
いったい[一体] 169
言(い)っておく 51
言(い)っておられる 44
祈(いの)られる 91
祈(いの)りつづける 83
いばらの冠(かんむり) 174
いやされる 255
いらっしゃる 38
入(い)り口(ぐち)から 228
入(い)れてある 16
言(い)われる 238
岩(いわ)を掘(ほ)る 222

## う

う 119
〜上(うえ)・〜上(うえ)で 11
上(うえ)から下(した)まで 210
伺(うかが)っていただく 86
伺(うかが)ってくださる 86
打(う)ち消(け)す 131
打(う)ちこわす 112
打(う)ちこわす[打ち壊す 191
訴(うった)える 145
〜うとする 51
う.よう 119
裏切(うらぎ)る 51
上着(うわぎ)を着(き)せる 180

## え

得(え)られない 109
得(え)られる 109
得(え)る 109

## お

お会(あ)いする+ことができる 239
お会(あ)いできる 239
追(お)い出(だ)される 243
お受(う)けにならなかった 183
お納(おさ)めする 236
拝(おが)む 178
「置(お)く」(본동사) 223
お答(こた)えする 91
お答(こた)えにならなかった 115, 148
お答(こた)えになる 115, 144
納(おさ)められる 225
押(お)しかける 155
お示(しめ)しになる 261
お〜する 91
お責(せ)めになる 251
恐(おそ)れおののく 78, 240
恐(おそ)ろしい 241
おっしゃる 38
同(おな)じこと 75
同(おな)じ言葉(ことば)で 90
同(おな)じようなこと 75
おののき恐(おそ)れる 240
おまえたち 165

お見捨(みす)てになる 199
お読みになっていただく 86
思(おも)い返(かえ)す 139
思(おも)い出(だ)す 139
お読(よ)みになっていらっしゃる 86
お読(よ)みになってくださる 86
おられた 215
おられない 235
下(お)りて来(く)る 191
下(お)ろしに来(く)る 202
負(お)わせる 181
「終(お)わる」(본동사)[자동사·타동사] 257
〜終(お)わる·〜終(お)える 257
「〜終(お)わる·〜終(お)える」: 복합동사의
　　후항동사 258

### か

書(か)いてある 189
海綿(かいめん) 201
買(か)い求(もと)める 221, 226
害(がい)を受(う)ける 255
数(かぞ)えられる 189
語(かた)られる 32
傍(かたわ)ら 100
〜かどうか 202
〜が〜に〜を与(あた)える 34
かねて[予て] 237
金(かね)を与(あた)える 34
かぶらせる 174
〜から 60, 62
彼(かれ) 215
彼(かれ)ら 215, 228
〜かろ+う 92
代(か)わる代(が)わる 192
感謝(かんしゃ)する 59
官邸(かんてい) 173

### き

機会(きかい)をねらう 36
聞(き)きただす 114
着(き)させる 175
偽証(ぎしょう)を立(た)てる 110
着(き)せる 173, 175
来(き)てごらんになる 89
記念(きねん)として 32
厳(きび)しく咎(とが)める 20
着物(きもの)を分(わ)ける 184
協議(きょうぎ)を凝(こ)らす 141
切(き)り落(お)とす 101
切(き)りかかる 101

### く

くじ[籤]を引(ひ)く 183
くださる 38
下(くだ)る 216
群衆(ぐんしゅう)を扇動(せんどう)する 164

### け

契約(けいやく)の血(ち) 61
敬礼(けいれい)をする 176
汚(けが)し言(ごと) 127
剣(けん)を抜(ぬ)く 101

### こ

ご+한어+される 39
ご+한어+なさる 39
ご+한어+になる 39
ご案内(あんない)していただく 87
ご案内(あんない)してくださる 87
ご案内(あんない)してさしあげる 86
強盗(ごうとう)に向(む)かう 102

御自身(ごじしん) 243
〜毎(ごと) 148
ことができたのに 19
〜ことができる 19
〜ことにしていた 152
〜ことにしている 152
〜ことはない 234
この後(のち) 246
このような 113
このようにして 212
小羊(こひつじ) 37
こぶしでたたく 128
困(こま)らせる 21
これ以上(いじょう) 118
これらの人々(ひとびと) 114
転(ころ)がしてあった 230
転(ころ)がしてくれる 228
こんなにまで 146

### さ

罪状書(ざいじょうがき) 185
先(さき) 66
策略(さくりゃく)をもって 11
叫(さけ)ばれる 199
裂(さ)ける 211
座敷(ざしき) 44
差(さ)し出(だ)す 183
定(さだ)めたうえ 184
去(さ)って行(い)く 57
されこうべ[髑髏] 182
騒(さわ)ぎを起(お)こす 14
賛美(さんび)を歌(うた)う 64

### し

死刑(しけい)にする 108
死体(したい)を渡(わた)す 221

支度(したく) 31
下役(したやく) 107
知(し)っていない 70
知(し)っている 70
してやる 22
してやれる 22
死(し)に当(あ)たる 127
しはじめる 177
しばらくして 136
縛(しば)る 143
自分(じぶん)自身(じしん) 192
主(しゅ) 260
主(しゅ)イエス 256
十字架(じゅうじか)につけられる 196
十字架(じゅうじか)につける 168
囚人(しゅうじん) 151
週(しゅう)の初(はじ)めの日(ひ) 227
準備(じゅんび) 28
準備(じゅんび)の日(ひ) 217
証言(しょうげん) 110
証言(しょうげん)が合(あ)わない 110
証拠(しょうこ)を見(み)つける 109
成就(じょうじゅ)される 103
成就(じょうじゅ)する 103, 189
除酵祭(じょこうさい) 36
除酵(じょこう)の祭(まつり) 10
女中(じょちゅう) 130
知(し)らない 70, 131
記(しる)してある 185
信(しん)じなかった 248
信(しん)じよう 195
死(し)んでしまう 219
神殿(しんでん)を建(た)てる 112

### す

酸(す)い 201
〜末(すえ) 141

過越(すぎこし)の祭(まつ)り 10
過(す)ぎ去(さ)らせる 82
過(す)ぎ去(さ)る 82
救(すく)え 192
救(すく)われる 253
進(すす)み寄(よ)る 95
「する」의 자동사 용법(1) 136
するままにさせておく 20
座(すわ)られる 259

**せ**

席(せき)に着(つ)く 50
席(せき)を整(ととの)える 45
石膏(せっこう)のつぼ 17
接吻(せっぷん)する 97
前日(ぜんじつ) 217
全世界(ぜんせかい) 32
全部隊(ぜんぶたい) 173

**そ**

早朝(そうちょう) 227
総督(そうとく) 173
そこへ 181
注(そそ)ぎかける 17
その確(たし)かなことを 261
そのとおりである 144
その中(なか)には 214
その人(ひと) 137
そのような 113
そのようにして 212
そば 99
そら 200
それ 54
そんなにまで 146

**た**

大胆(だいたん)にも 218
互(たが)いに 18
確(たし)か 56
確(たし)かに 55
確(たし)かめた上(うえ) 220
立(た)て 94
たとい 67
たとえ 67
たとえ～{ても・でも・とも} 67
～度(たび) 148
たびごと[度毎] 148
黙(だま)る 115
～たら 197
断定(だんてい)する 127

**ち**

誓(ちか)いはじめる 138
違(ちが)う姿(すがた) 247
近(ちか)づいてくる 94
違(ちが)った姿(すがた) 247
力(ちから)ある者(もの) 117
力(ちから)を込(こ)める 72
嘲弄(ちょうろう)したあげく 179
嘲弄(ちょうろう)する 179
散(ち)らされる 66
血(ち)を流(なが)す 61

**つ**

着(つ)いておられる 15
ついに 111, 210
使(つか)いに出(だ)す 40
次々(つぎつぎ)に 147
造(つく)られる 112, 251
～つづける 83

唾(つばき)をかける 128
つまずく 65
罪(つみ)に定(さだ)められる 253
連(つ)れて行(い)かれる 78

### て

〜て 197
テ형 59
出会(であ)う 43
〜てあげられる 23
であった 185
〜ていただきたい 159
〜ていらっしゃる 44
〜ていられる 45
〜ておいでになる 44
〜ておく 51
「〜ておく」(보조동사) 223
「〜ておく」의 의미·용법 223
〜ておられる 44
できることなら 82
〜てください 84, 85
〜てくださる 82
〜て来(く)る 95
〜てくれる 21, 228
〜てごらんになる 89
〜て差(さ)し上(あ)げられる 24
手(て)で造(つく)られない 112
手(て)のひら 129
〜てほしい 155, 157
〜ても 67
〜てもらいたい 157
〜てもらう 163
〜てやる 22, 151
〜てやれる 22
手(て)をかける 99
天(てん)にあげられる 259

### と

「〜と」에 의한 기정조건 197
〜(という)ことではない 24
〜と言(い)った 13
〜と言(い)っていた 13
通(とお)りかかる 181
時(とき)が来(き)た 93
ときに 33
特(とく)に 51
毒(どく)を飲(の)む 254
〜とすぐ 99
〜と共(とも)に 186
隣(とな)り 101
どのような 113
どのようにして 212
〜とも 67
伴(ともな)う 254
捕(と)らえた上(うえ) 11
捕(と)らえに来(く)る 102
取(と)り下(お)ろす 222
取(と)りのける 84
どんなにまで 146

### な

〜なかった方(ほう)がよかった 57
中庭(なかにわ) 107, 130
仲間(なかま) 135
〜ながら 190
泣(な)き悲(かな)しむ 244
泣(な)きつづける 140
鳴(な)く前(まえ)に 69
なさってください 85
なさる 37, 85
悩(なや)みはじめる 78
何(なん)とかして 12

## に

~に 84
~に及(およ)ぶ 198
肉体(にくたい)が弱(よわ)い 90
逃(に)げ去(さ)る 104, 240
逃(に)げて行(い)く 105
~にでも 19
二度(にど)と 62
庭口(にわぐち) 133

## ね

願(ねが)い出(で)る 151
寝(ね)かす 175
~ねがならなくなった 72
寝(ね)させる 175
妬(ねた)み 162
熱(ねっ)する 90
~ねばならない 72

## の

~の 97
~のことを訴(うった)える 145
~のであろう 235
~のでしょう 228
~の所(ところ) 34
~のに 19
罵(ののし)る 190
宣(の)べ伝(つた)えよ 252
上(のぼ)る 216
飲(の)ませる 202
飲(の)むことはしない 63
~の用意(ようい)をする 27

## は

入(はい)り込(こ)む 107
剥(は)ぎ取(と)る 179
走(はし)って行(い)く 201
裸(はだか) 105
鉢(はち) 53
話(はな)し合(あ)う 229
バラバ[Barabbas] 154
万歳(ばんざい) 176

## ひ

引(ひ)き裂(さ)く 118
引(ひ)き出(だ)す 143, 180
引(ひ)き取(と)りかた 218
引(ひ)き取(と)る 129
ひざまずく[跪く] 177
浸(ひた)す 53
羊飼(ひつじか)い 65
引(ひ)っ張(ぱ)って行(い)く 98
引(ひ)っ張(ぱ)る 98
人(ひと) 241
人殺(ひとごろ)し 153
人殺(ひとごろ)しする 154
人殺(ひとごろ)しをする 154
一時(ひととき) 89
一人(ひとり)の人(ひと) 201
ひとりひとり 52
一人一人 52
一人(ひとり)びとり 52
火(ひ)に当(あ)たる 108, 130
日(ひ)の出(で) 227
百卒長(ひゃくそつちょう) 211
ひれ伏(ふ)す 82
広間(ひろま) 46

### ふ

不思議(ふしぎ)だ 147
不信仰(ふしんこう) 250
不審(ふしん)に思(おも)い 220
ぶどう酒(しゅ)を含(ふく)ませる 201
不利(ふり)だ 109

### へ

蛇(へび)をつかむ 254

### ほ

暴徒(ぼうと) 154
暴動(ぼうどう)を起(お)こす 153
葬(ほうむ)り 27
施(ほどこ)す 19
ほふる[屠る] 37
ほむべき 116
ほむべき者(もの) 116
本当(ほんとう)に 212

### ま

まいる 74
幕(まく) 210
まことに[誠に] 212
混(ま)ざる 107, 183
混(ま)じる 107, 183
混(ま)ぜる 183
またもや 134
間違(まちが)いなく 98
待(ま)ち望(のぞ)む 218
真(ま)っ二(ぷた)つ 211
待(ま)て 202
まとう 105
満足(まんぞく)させる 171

満足(まんぞく)する 171

### み

右手(みぎて) 232
右(みぎ)に座(ざ)する 117
御言(みことば) 260
見(み)させる 175
水(みず)がめ 43
見捨(みす)てる 104
見(み)せてくれる 46
見(み)せる 175
見(み)つめる 130
見(み)ていよう 209
見届(みとど)ける 225
見(み)よ 94
見(み)ると 230
みんなの人(ひと) 69
みんなの者(もの) 68

### む

む 119
無駄(むだ)にする 18
鞭打(むちう)つ 172
無理(むり)に 181

### め

目隠(めかく)しをする 128

### も

申(もう)し立(た)てる 114
申(もう)す 73, 74
没薬(もつやく) 183
もはや[最早] 219

## ゆ

誘惑(ゆうわく)に陥(おちい)る 90
ユダヤ人(じん)の王(おう) 144
許(ゆる)してもらう 163
許(ゆる)してやる 151

## よ

用意(ようい) 29
用意(ようい)される 46
用意(ようい)する 27
要求(ようきゅう)しはじめる 156
〜ようと思(おも)う 171
夜(よ)が明(あ)ける 141
よかろう 92
よく言(い)っておく 62
横(よこ) 101
呼(よ)び集(あつ)める 173
甦(よみがえ)られる 250

## れ

〜れる / 〜られる 44

## わ

わからない 132
わかる 162
〜わけじゃない 24
〜わけではない 24
わざわい[災い] 57
わたしがそれである 117

## を

〜をもって 11, 260

# 참고문헌 일람

다국어 성경(Holy-Bible) : www.holybible.or.kr/B_SAE/
대한성서공회(2001) 『표준새번역 성경』 대한성서공회. www.basicchurch.or.kr/%EC%83%
　　　　　　　　88%EB%B2%88%EC%97%AD-%EC%84%B1%EA%B2%BD/
대한성서공회(2002) 『한일대조 성경전서』(개역개정판/신공동역) 대한성서공회.
GOODTV 온라인성경 : goodtvbible.goodtv.co.kr/bible.asp
생명의말씀사 편집부(1982) 『현대인의성경』 생명의말씀사.
GODpia 성경 : bible.godpia.com/index.asp#popup
李成圭(1993~1996) 『東京日本語1, 2, 3, 4, 5』 時事日本語社.
＿＿＿ 等著(1995) 『現代日本語研究1, 2』 不二文化社.
＿＿＿ 等著(1996) 『홍익나가누마 일본어1, 2, 3』 홍익미디어.
＿＿＿ 等著(1996) 『홍익나가누마 일본어1, 2, 3 해설서』 홍익미디어.
＿＿＿ 等著(1997) 『홍익일본어독해1, 2』 홍익미디어.
＿＿＿(1998) 『東京現場日本語1』 不二文化社.
＿＿＿(2000) 『東京現場日本語2』 不二文化社.
＿＿＿(2003a) 『도쿄 비즈니스 일본어1』 不二文化.
＿＿＿(2003b) 『日本語受動文の研究』 不二文化.
＿＿＿(2003c) 『日本語 語彙Ⅰ- 日本語 実用文法の展開 Ⅱ-』 不二文化.
＿＿＿(2006a) 「使役受動의 語形에 대한 일고찰」 『日本学報』 68輯 韓国日本学会. pp. 69-80.
＿＿＿(2006b) 「使役受動 語形의 移行에 대하여」 『日本学報』 69輯 韓国日本学会. pp. 67-82.
＿＿＿(2007a) 「日本語 依頼表現 研究의 課題」 『日本学報』 70輯 韓国日本学会. pp. 111-124.
＿＿＿(2007b) 「〈お/ご~くださる〉 계열의 서열화 및 사용가능성에 대해」 『日本学報』 71輯
　　　　　韓国日本学会. pp. 93-110.

_____(2007c)『일본어 의뢰표현Ⅰ-肯定의 依賴表現의 諸相-』시간의물레. pp. 16-117.

_____(2008a)「일본어 의뢰표현의 유형화 및 서열화에 대해-〈てくれる〉계열〈てもらえる〉계열을 대상으로 하여-」『日本学報』74輯 韓国日本学会. pp. 17-34.

_____(2010a)「「おっしゃる」와「言われる」의 사용상의 기준 - 신약성서(신공동역)의 4복음서를 대상으로 하여-」『日本学報』82輯 韓国日本学会. pp. 99-110.

_____(2010b)「잉여적 선택성에 기초한「なさる」와「される」의 사용상의 기준 - 신약성서(신공동역)의 4복음서를 대상으로 하여-」『日本学報』84輯 韓国日本学会. pp. 209-225.

_____(2011a)「ナル형 경어와 レル형 경어의 사용상의 기준 - 복수의 존경어 형식이 혼용되고 있는 예를 중심으로-」『日本学報』86輯 韓国日本学会. pp. 121-141.

_____(2011b)「ナル형 경어와 レル형 경어의 사용실태 - 화체적 요인을 중심으로 하여-」『日本学報』87輯 韓国日本学会. pp. 39-52.

_____(2011c)「사용상의 기준과 복음서 간의 이동 - ナル형 경어와 レル형 경어의 사용실태를 대상으로 하여-」『日本語教育』56輯 韓国日本語教育学会. pp. 175-203.

_____(2012)「〈ないでもらえる〉계열의 의뢰표현 - 각 형식의 사용실태 및 표현가치(정중도)를 중심으로 하여-」『日本学報』92輯 韓国日本学会. pp. 63-83.

_____(2013a)「의뢰표현 <ないでくださいますか>의 표현가치」『외국학연구』23 중앙대학교 외국학연구소. pp. 121-38.

_____(2013b)「〈ないでくださる?〉〈ないでくださらない?〉의 의뢰표현 - 사용실태 및 사용가능성, 그리고 표현가치-」『日本学報』95輯 韓国日本学会. pp. 47-61.

_____(2014a)「의뢰표현 <ないでくださいませんか>의 운용 실태와 표현가치」『외국학연구』27 中央大学校 外国学研究所. pp. 237-257.

_____(2014b)「〈ないでくださるでしょうか〉의 의뢰표현 ― 사용 가능성 및 표현가치 ―」『日本学報』99 韓国日本学会. pp. 137-150.

_____(2016b)『일본어 의뢰표현 - 부정의 의뢰표현의 제상-』시간의물레.

_____(2016c)「「お答えになる」・「答えられる」・「言われる」의 사용상의 기준에 있어서의 번역자의 표현의도 - 일본어 성서(新共同訳) 4복음서를 대상으로 하여-」『일본언어문화』제36집, 한국일본언어문화학회. pp. 155-176.

_____(2017a)「日本語口語訳新約聖書における<おる>の使用実態」『日本言語文化』第

　　　　38輯, 韓国日本言語文化学会. pp. 67-84

_____(2017b)「〈おる〉〈ておる〉の意味・用法 - リビングバイブル旧約聖書(1984)を対象として -」『日本言語文化』第40輯, 韓国日本言語文化学会. pp. 69-90

_____(2017c)『신판 생활일본어』시간의물레.

_____(2017d)『신판 비즈니스 일본어1』시간의물레.

_____(2017f)『신판 비즈니스 일본어2』시간의물레.

_____(2018a)「「なさる」에 의한 존경어 형식과 사역의 존경화 - 일본어 구어역 신약성서를 대상으로 하여 -」『日本研究』第48輯, 中央大学校 日本研究所. pp 7-29

_____(2018b)「発話動詞〈言う〉の尊敬語の使用実態 - 日本語口語訳新約聖書を対象として -」『日本言語文化』第43輯, 韓国日本言語文化学会. pp. 105-120

李成圭・権善和(2004a)『일본어 조동사 연구Ⅰ』不二文化.

_____(2004b)『일본어 조동사 연구Ⅱ』不二文化.

_____(2006a)『일본어 조동사 연구Ⅲ』不二文化.

_____(2006b)『현대일본어 문법연구Ⅰ』시간의물레.

_____(2006c)『현대일본어 문법연구Ⅱ』시간의물레.

_____(2006d)『현대일본어 문법연구Ⅲ』시간의물레.

_____(2006e)『현대일본어 문법연구Ⅳ』시간의물레.

李成圭・閔丙燦(1999)『現代日本語敬語の研究』不二文化社.

_____(2006)『일본어 경어의 제문제』不二文化.

荒木博之(1983)『敬語日本人論』PHP研究所.

尾山令仁(2001)『現代訳聖書』現代訳聖書刊行会. www.fbible.com/seisho/gendaiyaku.htm

オンライン聖書 回復訳編集部(2009)『オンライン聖書 回復訳』www.recoveryversion.jp/

菊地康人(1996)『敬語再入門』丸善ライブラリー 丸善株式会社.

_____(1997)『敬語』講談社学術文庫 講談社.

窪田冨男(1990)『日本語教育指導参考書17 敬語教育の基本問題(上)』国立国語研究所.

_____(1992)『日本語教育指導参考書18 敬語教育の基本問題(下)』国立国語研究所.

坂田幸子・倉持保男(1980)『教師用日本語教育ハンドブック④ 文法(ぶんぽう) Ⅱ』国際交流基金 凡人社.

柴谷方良(1978)『日本語の分析』大修館書店. pp. 346-349

新改訳聖書刊行会(1970)『新改訳聖書』日本聖書刊行会

新約聖書翻訳委員会(1995)『岩波翻訳委員会訳』岩波書店.

聖書本文検索(口語訳) 日本聖書協会. www.bible.or.jp/read/vers_search.html

聖書本文検索(新共同訳) 日本聖書協会. www.bible.or.jp/read/vers_search.html

プロジェクト(2012)『現代日本語書き言葉均衡コーパス』(BCCWJ:Balanced Corpus of Contemporary Written Japanese)

大学共同利用機関法人人間文化研究機構国立国語研究所と文部科学省科学研究費特定領域研究「日本語コーパス」プロジェクト www.kotonoha.gr.jp/shonagon/

高橋照男・私家版(2003)『塚本虎二訳 新約聖書・電子版03版』www.ne.jp/asahi/ts/hp/index.html#Anchor94064

高橋照男編(2004)『BbB - BIBLE by Bible 聖書で聖書を読む』bbbible.com/

塚本虎二(1991)『新約聖書 福音書』岩波書店.

寺村秀夫(1982)『日本語のシンタクスと意味I』くろしお出版. pp. 155-161

日本語聖書口語訳統合版(口語訳+文語訳)聖書 口語訳「聖書」(1954/1955年版) bible.salterrae.net/

日本語版リビングバイブル改訂委員会(1993)『リビングバイブル』erkenntnis.icu.ac.jp/jap/LivBibleJIF.htm#Instructions

日本聖書協会(1954)『聖書』(口語訳). pp. (新)1-(新)409. 日本聖書協会.

日本聖書協会(1987)『聖書』(新共同訳). pp. (新)1-(新)480. 日本聖書協会.

庭三郎(2004)『現代日本語文法概説』(net版).

フランシスコ会聖書研究所(1984)『新約聖書』サンパウロ.

文化審議会(2007)『敬語の指針』(答申) 文化審議会. pp.14-26

文化庁(2007)『敬語の指針』文化庁.

前田護郎(1983)『新約聖書』中央公論社.

松下大三朗(1930)『標準日本口語法』中文館書店. 復刊, (改正再版), 勉誠社. 1978.

柳生直行(1985)『新約聖書』新教出版社.

Martin, Samuel. 1975. *A Reference Grammar of Japanese*. Yali Univ. Press.

□ 이 성 규(李成圭)

**전공 : 일본어학(일본어문법 · 일본어경어 · 일본어교육)**

忠北 淸州 出生

(현) 인하대학교 교수

(현) 한국일본학회 고문

(전) KBS 일본어 강좌「やさしい日本語」진행

(전) 한국일본학회 회장(2007.3.~2009.2.)

한국외국어대학교 일본어과 졸업

일본 쓰쿠바(筑波)대학 대학원 분예 · 언어연구과(일본어학) 수학

언어학박사(言語学博士)

□ 저서

『도쿄일본어 1, 2, 3, 4, 5』, 시사일본어사. (1993~1997)

『現代日本語研究 1, 2』, 不二文化社. (1995)〈共著〉

『仁荷日本語 1, 2』, 不二文化社. (1996)〈共著〉

『홍익나가누마 일본어 1, 2, 3』, 홍익미디어. (1996)〈共著〉

『홍익일본어독해 1, 2』, 홍익미디어. (1997)〈共著〉

『도쿄겐바일본어 1, 2』, 不二文化社. (1998~2000)

『現代日本語敬語の研究』, 不二文化社. (1999)〈共著〉

『日本語表現文法研究 1』, 不二文化. (2000)

『클릭 일본어 속으로』, 가산출판사. (2000)〈共著〉

『実用日本語 1』, 가산출판사. (2000)〈共著〉

『日本語 受動文 研究의 展開1』, 不二文化. (2001)

『도쿄실용일본어』, 不二文化. (2001)〈共著〉

『도쿄 비즈니스 일본어1』, 不二文化. (2003)

『日本語受動文の研究』, 不二文化. (2003)

『日本語 語彙論 구축을 위하여』, 不二文化. (2003)

『일본어 어휘I』, 不二文化. (2003)

『日本語受動文 用例研究1』, 不二文化. (2003)〈共著〉

『日本語受動文 用例研究II』, 不二文化. (2003)

『일본어 조동사 연구I』, 不二文化. (2004)〈共著〉

『일본어 조동사 연구II』, 不二文化. (2004)〈共著〉

『일본어 문법연구 서설』, 不二文化. (2005)

『日本語受動文 用例研究III』, 不二文化. (2005)〈共著〉

『일본어 조동사 연구III』, 不二文化. (2006)〈共著〉

『현대일본어 경어의 제문제』, 不二文化. (2006)〈共著〉

『현대일본어 문법연구I』, 시간의물레. (2006)〈共著〉

『현대일본어 문법연구II』, 시간의물레. (2006)〈共著〉

『현대일본어 문법연구III』, 시간의물레. (2006)〈共著〉

『현대일본어 문법연구IV』, 시간의물레. (2006)〈共著〉

『일본어 의뢰표현I - 肯定의 依賴表現의 諸相 - 』, 시간의물레. (2007)

『일본어 의뢰표현 - 부정의 의뢰표현의 제상 - 』, 시간의물레. (2016)

『신판 생활일본어』, 시간의물레. (2017)

『신판 비즈니스일본어1』, 시간의물레. (2017)

『신판 비즈니스일본어2』, 시간의물레. (2017)

외, 논문 다수 있음.

## 일본어 구어역 마가복음의 언어학적 분석 IV

A Linguistic Anlaysis of the Colloquial Japanese Version of the Gospel of Mark IV

초판인쇄 2020년 4월 24일
초판발행 2020년 4월 28일
저　　자 이 성 규
발 행 인 권 호 순
발 행 처 시간의물레
등　　록 2004년 6월 5일
등록번호 제1-3148호
주　　소 서울시 마포구 마포대로 4다길 3(1층)
전　　화 02-3273-3867
팩　　스 02-3273-3868
전자우편 timeofr@naver.com
블 로 그 http://blog.naver.com/mulretime
홈페이지 http://www.mulretime.com
정　　가 25,000원

ISBN : 978-89-6511-310-2 (94730)

*이 책의 저작권은 저자에게, 출판권은 시간의물레에 있습니다.
*잘못된 책은 바꿔드립니다.